Theologica

Theologica

Publicações de Teologia, sob a responsabilidade da
Faculdade de Teologia
FAJE — Faculdade Jesuíta de Filosofia e Teologia
31720-300 Belo Horizonte, MG
telefone (31) 3115 7000 / fax (31) 3491 7421
faje.bh@faculdadejesuita.edu.br
www.faculdadejesuita.edu.br

FABRÍCIO
VELIQ

PNEUMATOLOGIA E DIÁLOGO INTER-RELIGIOSO

Em busca de um novo critério de discernimento

Edições Loyola

Dados Internacionais de Catalogação na Publicação (CIP)
(Câmara Brasileira do Livro, SP, Brasil)

Veliq, Fabrício
  Pneumatologia e diálogo inter-religioso : em busca de um novo critério de discernimento / Fabrício Veliq. -- 1. ed. -- São Paulo : Edições Loyola, 2023. -- (Coleção Theologica)

  Bibliografia.
  ISBN 978-65-5504-246-7

  1. Hermenêutica - Aspectos religiosos - Cristianismo 2. Pneumatologia 3. Teologia dogmática I. Título II. Série.

23-142915   CDD-231.3

Índices para catálogo sistemático:
1. Pneumatologia : Teologia dogmátca cristã   231.3
Aline Graziele Benitez - Bibliotecária - CRB-1/3129

Conselho Editorial
Álvaro Mendonça Pimentel (UFMG, Belo Horizonte)
Danilo Mondoni (PUG, Roma)
Élio Gasda (Univ. Comillas, Madrid)
Gabriel Frade (FAU-USP, São Paulo)
Geraldo Luiz De Mori (Centre Sèvres, Paris)
Lúcia Pedrosa-Pádua (PUC-Rio, Rio de Janeiro)
Raniéri Araújo Gonçalves (Loyola University Chicago)

Preparação: Marta Almeida de Sá
Capa: Mauro C. Naxara
Diagramação: Sowai Tam

Edições Loyola Jesuítas
Rua 1822 nº 341 — Ipiranga
04216-000 São Paulo, SP
T 55 11 3385 8500/8501, 2063 4275
editorial@loyola.com.br
vendas@loyola.com.br
www.loyola.com.br

Todos os direitos reservados. Nenhuma parte desta obra pode ser reproduzida ou transmitida por qualquer forma e/ou quaisquer meios (eletrônico ou mecânico, incluindo fotocópia e gravação) ou arquivada em qualquer sistema ou banco de dados sem permissão escrita da Editora.

ISBN 978-65-5504-246-7

© EDIÇÕES LOYOLA, São Paulo, Brasil, 2023

Dedico este livro aos queridos companheiros de caminhada: Johan Konings e Ulpiano Vázquez, que com gentileza e amabilidade cooperaram para a formação teológica que tornou possível este livro. Foram pessoas amorosas, abertas e sempre com uma palavra de sabedoria para dizer, mostrando a leveza com a qual a vida deve ser vivida. Considero-me privilegiado por ter convivido com dois teólogos como eles.

Sumário

Introdução 11

Capítulo 1 **Primeiro momento: da hermenêutica judaica à hermenêutica dos reformadores** 17
    Da hermenêutica judaica a Santo Agostinho 17
    Hermenêutica medieval 21
    Hermenêutica da Reforma 26
    Rumo ao segundo momento: da passagem do dogmático
        para o histórico 31

Capítulo 2 **Segundo momento: hermenêuticas filosóficas modernas e contemporâneas** 33
    Schleiermacher 33
    Wilhelm Dilthey 35
    Considerações sobre a pneumatologia do século XVII ao século XIX ... 38
    Heidegger 39
    Gadamer 41
    Paul Ricoeur 43

Capítulo 3 **Terceiro momento: hermenêuticas teológicas** 47
    Karl Barth 47
    Rudolf Bultmann 50
    Pequenas considerações sobre as hermenêuticas de Karl Barth
        e Rudolf Bultmann 52

Nova hermenêutica 53
E a pneumatologia? 56
O desafio de uma pneumatologia hermenêutica................................ 58
Uma teologia hermenêutica 58
Consequências de uma teologia hermenêutica 66
Pneumatologia hermenêutica 68

Capítulo 4 **Pneumatologia e a concretude da vida** 73
A experiência de vida como experiência do Espírito:
superando a dicotomia entre vida e Espírito 73
Experiências pessoais... 76
Experiências coletivas 79
Experiências religiosas 80
A transcendência imanente 81

Capítulo 5 **A criação no Espírito**.. 87
Espírito e Natureza 89
Teologia da criação e teologia da natureza 92
Deus como criador 94
Pneumatologia e criação 96
Algumas críticas feitas à pneumatologia de Moltmann 99

Capítulo 6 *Status quaestionis* **de uma abordagem
pneumatológica do diálogo inter-religioso** 103
Introdução 103
A questão do *Filioque* 104
Um impasse no diálogo inter-religioso 107

Capítulo 7 **As tentativas de Jacques Dupuis, Georges Khodr
e Stanley Samartha**... 111
Jacques Dupuis 111
Georges Khodr: uma perspectiva ortodoxa 117
Stanley J. Samartha: uma abordagem protestante 124

Capítulo 8 **Clark Pinnock: uma abordagem evangélica**................ 131
O Espírito no pensamento de Pinnock 132
A ação do Espírito nas outras religiões... 135

Capítulo 9 **As tentativas de Amos Yong**... 145
Pneumatologia fundacional e imaginação pneumatológica............. 148
As propostas de diálogo inter-religioso de Yong............................... 150

Capítulo 10 **Moltmann e o diálogo inter-religioso** 163
    A posição de Moltmann a respeito do *Filioque* 174
    O diálogo direto de Moltmann com as outras religiões 180

Capítulo 11 **Contrapontos necessários**.. 191

Capítulo 12 **Possíveis contribuições de Moltmann para o diálogo inter-religioso atual** 201
    Que diremos, pois, à vista dessas coisas? 204

Referências Bibliográficas.. 211

Introdução

O diálogo inter-religioso não é um tema novo para a teologia. Desde os primeiros tempos da Era Cristã, e até mesmo desde a época do povo de Israel, a convivência com outras religiões é algo comum. No entanto, é possível perceber que, durante muito tempo, essa relação não foi pela via dialogal. Muito pelo contrário, são diversos os embates e as disputas que perpassam essa relação entre o cristianismo e as religiões não cristãs.

Eventos como as Cruzadas contra o povo islâmico e as perseguições às chamadas religiões pagãs poderiam ser citados como exemplos do ambiente muitas vezes hostil em que essa relação se constituiu ao longo da história cristã, principalmente no período da Cristandade, que teve início no século IV e durou até a Idade Moderna.

Ao se deparar com uma nova forma de ver o mundo, bastante marcada pelo Iluminismo e pelo Racionalismo, a Idade Moderna começa a questionar o cristianismo como religião normativa a respeito do que é certo e errado para a sociedade. O processo de emancipação da Europa Ocidental das categorias religiosas até então dominantes abre uma nova maneira de pensar o mundo e o próprio ser humano dentro desse novo quadro.

Com isso, a ideia de uma verdade meramente dogmática trazida por uma religião que se diz verdadeira e acima de todas as outras começa a ficar sem sentido para a sociedade que exige fatos e provas racionais para acreditar em algo. Diante disso, o cristianismo perde o seu *status* privilegiado de ser um guardião dos segredos divinos e passa a ser visto, principalmente em solo europeu, como uma entre outras religiões.

A resposta dada pela Igreja Católica, no Concílio Vaticano I, mostra-se pouco dialogal. De fato, os documentos desse Concílio expõem uma Igreja que tenta se defender atacando as novas situações da sociedade de seu tempo, o que nos leva a pensar: não seria uma reação à perda de domínio sobre as consciências o que levou o Concílio Vaticano I a reforçar as posições tridentinas e enrijecer as questões dogmáticas? Se assim for, não teria o catolicismo tentado recuperar sua voz mais por meio da força do que por meio do diálogo, enrijecendo-se em si mesmo e fechando-se para o novo, em vez de se tornar como água que flui e abrir caminhos onde antes não havia?

Do lado Protestante, a resposta a esse novo padrão de sociedade tem base na Teologia Liberal, que se inicia com Schleiermacher[1]. Essa teologia, ao contrário do hermetismo dogmático do catolicismo, tendo como base a subjetividade de cada ser humano, abriria mão de toda a base escriturística. O que se torna importante é o sentimento na relação com Deus, ou seja, a experiência que cada um faz do divino.

Que isso gera uma grande relativização para a fé nos parece claro. Nesse sentido, é interessante observar que a resposta Protestante às novas demandas da sociedade se mostra, na esteira da Teologia Liberal, como o oposto àquilo que foi feito pelo catolicismo. Enquanto este se fecha sobre si mesmo, não aceitando as vozes que vêm de fora, o protestantismo, por sua vez, arrisca perder totalmente sua identidade ao negociar questões fundamentais da fé cristã. Assim, a Teologia Liberal, na ânsia de acompanhar o seu tempo, leva o cristianismo a se tornar um indigente dentro do mundo moderno. Curiosamente, a resposta a esse movimento que é proposta por Karl Barth e sua teologia dialética, a nosso ver, leva o cristianismo a uma posição semelhante à do Vaticano I, o que demonstra certa postura pendular no cristianismo da Idade Moderna.

Com o Concílio Vaticano II abre-se uma nova perspectiva para a relação do cristianismo com outras religiões. Os documentos do Concílio, ainda que mantivessem grandes limitações no que tange a questão do diálogo inter-religioso e a inclusão dessas limitações no projeto de salvação de Deus para a humanidade, representam um passo fundamental para se pensar o diálogo inter-religioso em perspectiva contemporânea.

---

1. Friedrich Daniel Ernst Schleiermacher (1768-1834) foi pregador em Berlim na Igreja da Trindade e professor de Filosofia da Teologia na Universidade de Berlim. Traduziu as obras de Platão para o alemão. Foi influenciado por Kant e Fichte, mas não se tornou um idealista subjetivo. (N. da R.)

INTRODUÇÃO

A proposta de *aggiornamento* que é trazida pelo Vaticano II faz a teologia, seja católica, seja protestante, tentar se ressignificar na sociedade atual, pois uma teologia que não diz nada às pessoas de seu tempo dificilmente se mostra como uma voz digna de ser ouvida; pelo contrário, passa a ser uma das vozes silenciadas pela própria sociedade, uma vez que serve mais para retroceder do que para fazer avançar as questões de nosso tempo.

Com os contornos desenhados pelo Concílio Vaticano II, tem início a tentativa de um diálogo inter-religioso por meio da Cristologia. Alternando entre exclusivistas, inclusivistas e pluralistas, são diversos os discursos e os textos que tentam conciliar os fatos cristãos com a realidade trazida pelas religiões não cristãs.

É sabido que a Cristologia, desde seu início, tentou trazer os fatos cristãos para as categorias de seu tempo. Basta lembramos as diversas formulações cristológicas que foram feitas nos concílios de Niceia e Constantinopla. No que concerne ao diálogo inter-religioso, essa característica se mantém extremamente viva, motivo pelo qual se pode dizer que o esforço feito por diversos cristólogos se mostrou fecundo, sendo grandes os avanços que uma cristologia de caráter hermenêutico produziu na questão do diálogo inter-religioso.

A pneumatologia, por sua vez, ao longo da história cristã, se mostrou uma temática de difícil elaboração. O fato de somente uma pequena menção ao Espírito aparecer no Credo Niceno e de sua elaboração mais sistemática ter sido ratificada pela Igreja somente no Concílio de Constantinopla, graças ao trabalho de Basílio de Cesareia, bem como as diversas lutas da Igreja contra os diversos movimentos carismáticos e místicos que surgiram no percurso cristão, deixam em evidência essa constatação.

Somente no século XX, após o que é considerado o período de "esquecimento do Espírito", que a pneumatologia começa, novamente, a ser estudada de forma mais sistemática dentro da teologia cristã. Nesse sentido, há um "reavivamento" da questão do Espírito, muito influenciado pelo movimento pentecostal surgido nos Estados Unidos, em âmbito Protestante, bem como pelo movimento carismático em ambiente católico.

A obra *Creio no Espírito Santo*, de Yves Congar, pode ser considerada um coroamento no meio católico dessa nova atenção dada à questão do Espírito em tempos atuais. No entanto essa obra, em vez de propor uma pneumatologia que faça sentido para as novas sociedades que vivem fora da cristandade, a nosso ver, somente retoma as definições do Espírito que ao longo da tradição se consolidaram dentro do cristianismo, sem repensar como descrever o Espírito para homens e mulheres de nosso tempo e dialogar com questões contemporâneas tais como o diálogo inter-religioso.

A partir da virada hermenêutica da teologia, torna-se extremamente importante que teólogos e teólogas tentem falar a respeito da fé em categorias que façam sentido para o ser humano hodierno. É dentro da proposta de uma teologia hermenêutica, como a desenvolvida por Geffré[2], que se insere, então, pensar uma pneumatologia que também seja de caráter hermenêutico, ou seja, que possa ser citada e compreendida pela sociedade atual, contribuindo assim, dentre outras coisas, para o diálogo inter-religioso na atualidade.

Para isso, nosso percurso foi dividido em três etapas. Num primeiro momento, abordo a forma como se desenvolveu a hermenêutica cristã e a pneumatologia ao longo da história do cristianismo. Assim, quero situar o leitor e a leitora no contexto do desenvolvimento de uma pneumatologia de caráter hermenêutico e mostrar que essa surge como necessidade do fazer teológico, a fim de que a pessoa do Espírito possa ser entendida não como um fantasma ou fruto de uma imaginação cristã, mas, sim, como pessoa na Trindade e fonte de vida para o mundo. Para tal, adotei uma perspectiva histórica de modo que o leitor e a leitora possam acompanhar a evolução do desenvolvimento tanto da hermenêutica cristã quanto da própria pneumatologia, que, ao mesmo tempo em que gera essa hermenêutica, é também fruto dela.

Depois disso, veremos um exemplo de pneumatologia hermenêutica, que é a pneumatologia de Jürgen Moltmann. Mostramos como ele traz a pneumatologia para a concretude da vida a relacionando tanto com as experiências humanas quanto com a própria Criação.

Tendo feito esse percurso, coloco em questão a pneumatologia e o diálogo inter-religioso, apresentando o *status quaestionis* do diálogo inter-religioso de viés pneumatológico encontrado nas ideias desenvolvidas por teólogos de diversas tradições cristãs. Esses teólogos são Jacques Dupuis, do catolicismo, Georges Khodr, da Igreja Ortodoxa, Stanley Samartha, teólogo protestante, Clark Pinnock, do movimento evangélico, Amos Yong, teólogo pentecostal, e Jürgen Moltmann, teólogo reformado.

Por último, apresento uma contraposição entre as propostas feitas por esses teólogos e incluo três contribuições que a pneumatologia de Jürgen Moltmann pode trazer para o diálogo inter-religioso. Tomando por base

---

2. Claude Geffré (1926-2017) foi um teólogo católico francês. (N. da R.)

sua pneumatologia integral, proponho um novo critério de discernimento para a ação do Espírito no mundo e nas outras religiões que também abre caminho para se pensar um diálogo com as religiões de matrizes indígenas dentro de um pensamento decolonial.

Este livro visa também a servir como suporte para pesquisadores e pesquisadoras que se interessem pela temática do diálogo inter-religioso sob o viés pneumatológico. Em consequência do baixo volume de livros que abordam essa temática disponível em português, acreditamos que tal iniciativa também coopera com novas pesquisas sobre a relação entre pneumatologia e diálogo inter-religioso na teologia cristã.

Capítulo 1
Primeiro momento: da hermenêutica judaica à hermenêutica dos reformadores

Da hermenêutica judaica a Santo Agostinho

Falar de uma hermenêutica judaica pressupõe falar da Torá, que para o povo de Israel é de extrema importância, uma vez que fornece a "plena verdade necessária à vida do homem"[1]. Uma hermenêutica judaica parte, então, de uma necessidade espiritual do povo e, nesse sentido, não tem caráter filosófico.

De acordo com Jeanrond[2], podemos identificar quatro métodos de interpretação dentro da hermenêutica judaica: a interpretação literária, a *midráshica*, a *pesher* e a alegórica.

A abordagem literária pode ser considerada uma abordagem mais simples do texto, e consiste na interpretação da legislação do Deuteronômio, ou seja, por meio dessa abordagem, o texto quer dizer exatamente aquilo que está escrito. O segundo método, o *midrash*, era o utilizado nas escolas rabínicas, e o seu intuito era conseguir extrair do texto algo mais do que sua significação imediata. Nesse sentido, o contexto se mostra importante. Em relação ao método literal, se mostra como mais elaborado e menos rígido.

---

1. JEANROND, WERNER G., *Introduction à l'herméneutique théologique*, Paris, Cerf, 1995, 25 s.
2. Werner Jeanrond (1955 —) é um teólogo católico alemão. É professor emérito de Teologia Sistemática na Universidade de Oslo. (N. da R.)

O terceiro método, chamado *pesher,* era utilizado em *Qumran*. Esse método tinha o intuito de revelar os mistérios divinos e era uma forma atualizada do método *midráshico*. O quarto e último era a leitura alegórica, que buscava o senso espiritual do texto, ou seja, uma leitura simbólica. Para termos uma ideia, no que tange aos ensinamentos de Jesus, seu método hermenêutico se situaria no método *midráshico*, ou seja, havia a preocupação, no discurso de Jesus, de extrair do texto algo a mais do que somente o que estava escrito; havia nesse discurso uma interpretação para a vida da comunidade.

Os primeiros cristãos interpretaram os textos judaicos à luz do evento Cristo. A interpretação alegórica do Antigo Testamento feita pelos primeiros cristãos é denominada leitura tipológica.

O embate entre os primeiros cristãos e os judeus, bem como o combate por parte dos primeiros padres ao movimento gnóstico, fez surgir duas escolas para a interpretação dos textos. De um lado, havia a Escola de Alexandria, que insistia no método alegórico guiado pela regra de fé da Igreja. Teólogos como Orígenes e Irineu se enquadram nessa escola, sendo que Orígenes era considerado por muitos o grande sistematizador da exegese cristã. Orígenes propôs os famosos três sentidos da Escritura, que são o corporal, o psíquico e o espiritual. Cada um desses sentidos se destinava a um determinado tipo de pessoa: o corporal, ao povo comum; o psíquico, aos que já haviam feito mais progresso; e o espiritual, aos que atingiram a perfeição. De certa forma, isso nos faz lembrar a gradação gnóstica que havia em seu tempo.

A outra escola era a de Antioquia, que fazia parte da tradição judaica local. Nesse sentido, dava mais ênfase ao campo textual e gramatical das Escrituras, tendo sido um de seus teólogos Teodoro de Mopsuéstia, que denunciava o perigo da hermenêutica de Orígenes de negar a realidade da história bíblica.

Embora percebamos que as duas escolas trabalhem com paradigmas bem diferentes, notamos que "esses dois paradigmas não foram jamais observados de forma estritamente separada dentro da Igreja primitiva"[3].

Muitos outros padres da Igreja cristã se preocuparam com a interpretação do texto bíblico no primeiro período do cristianismo para a defesa da fé, tais como Justino, para falar a respeito da Eucaristia; Santo Atanásio em sua defesa da consubstancialidade de Jesus e de Deus, e em sua luta contra Ário; os Capadócios Gregório de Nissa, Gregório Nazianzo e Basílio de Cesareia, tendo esse último contribuído imensamente para a questão

---

3. Ibidem, 33.

da divindade do Espírito Santo; Cirilo de Alexandria, em sua luta contra Nestório na questão mariana do *Theotokos*, entre outros. Todos eles, de alguma forma, também faziam uma hermenêutica do texto com o intuito de instruir os primeiros cristãos no caminho da fé.

Foi Agostinho, bispo de Hipona, o responsável por sintetizar as linhas de pensamento de Alexandria com a linha de Antioquia. Ele propôs que fizéssemos uma análise detalhada do texto para melhor compreender seu sentido espiritual. Em seu pensamento, a coisa é diferente daquilo a que ela se refere, e, dessa forma, as Escrituras são produção humana que faz referência a Deus.

É fácil perceber o avanço que a linha de pensamento de Agostinho traz para a questão hermenêutica das Escrituras. A partir desse ponto de vista, ela pode ser trabalhada de forma análoga às formas de trabalho com textos não cristãos e ser interpretada usando os mesmos métodos que eram utilizados para análises textuais. Agostinho nos fornece uma perspectiva nova para leitura do texto bíblico, e essa nova perspectiva é o amor. De certa forma, percebemos aqui a premissa de fazer a exegese da parte com base no todo. Nessa perspectiva, a leitura hermenêutica de Agostinho se concentra na prática.

No que tange à pneumatologia, é interessante perceber as passagens interpretativas a respeito do Espírito desde as raízes judaicas para os primeiros padres da Igreja; de uma visão do Espírito como a força ativa de Deus (como algo que não era oposto ao corpo, como mais tarde foi transformado pelo conceito de *pneuma* grego), como *ruah* — evidenciada por aparecer no Antigo Testamento 380 vezes[4] —, para uma visão do Espírito como vínculo de amor e totalmente distinto do corpo humano. Essa diferença, fruto da influência do pensamento grego, na comunidade judaica, foi bem pontuada por Daniélou.

> Quando falamos de "espírito", quando dizemos "Deus é espírito", o que queremos dizer? Falamos grego ou hebraico? Se falamos grego, dizemos que Deus é imaterial etc. Se falamos hebraico, dizemos que Deus é um furacão, uma tempestade, um poder irresistível. Daí todas as ambiguidades quando se fala da espiritualidade. A espiritualidade consiste em se tornar imaterial ou em ser animado pelo Espírito Santo[5]?

---

4. MOLTMANN, JÜRGEN. *O espírito da vida: uma pneumatologia integral*. Rio de Janeiro: Vozes, 2010, 49.

5. DANIÉLOU, J. apud CONGAR, YVES, *Revelação e experiência do espírito*, São Paulo, Paulinas, 2009, 18.

Também é significativa a própria ressignificação que acontece no judaísmo com relação ao Espírito de Deus no Antigo Testamento, em meio ao povo judaico. Como consequência do exílio, a consciência do povo de Israel em relação a Deus é transformada. Há a passagem da consciência de um Deus terrível, senhor da terra em que o povo habita, para o Deus que é transcendente e criador. Mudando-se a consciência a respeito de Deus, também se muda a consciência com relação ao Espírito.

Essa mudança é percebida nos textos pós-exílicos, em que a *ruah* expõe um espectro de significados antropológicos e se cerca do significado de "alento vital" e de "coração"; à *ruah* não são conferidos somente atributos humanos extraordinários, mas também uma força que pode dominar o homem, seja de dentro para fora, seja de fora para dentro, e continua não fazendo parte do próprio homem.

É no período intertestamentário que acontece uma grande alteração na interpretação do Espírito que é marcante para o pano de fundo dos escritos neotestamentários. Essa alteração é percebida nos escritos sapienciais. Nesses escritos, o Espírito é ligado à sabedoria, claramente, graças às influências helenísticas. O livro da Sabedoria revela com grande agudez essa característica.

A sabedoria é um tema de grande reflexão no judaísmo desse período. Livros como o Eclesiastes e Sabedoria mostram muito claramente esse tipo de reflexão. No livro da Sabedoria, o Espírito tem uma função cósmica análoga à que é atribuída à sabedoria pelo estoicismo, i.e., manter a coesão do universo, mesmo que em Sabedoria a função do Espírito seja conduzir os homens à vontade de Deus[6]. O Espírito, nesse período, é visto como consequência de uma vida de acordo com a vontade de Deus.

Para Yves Congar, esse período traz à tona dois valores para uma posterior teologia do Espírito Santo: em primeiro lugar, uma personalização do Espírito Santo presente na literatura rabínica, em que se mostra que o Espírito Santo chora, alegra-se, consola etc., bem como em alguns momentos age como um ser pessoal parecido com um anjo.

Em segundo lugar, a ideia de pureza e sutileza presente nesse Espírito, que permite que seja o princípio da vida, princípio de novidade e de conduta[7]. O Espírito deixa de ser somente uma força de ação divina e se torna algo de caráter pessoal.

---

6. CONGAR, YVES. Ibidem, 27.
7. Ibidem, 28-29.

O conceito da *Shekiná* de Deus entre seu povo é também uma característica dessa nova forma de pensar o Espírito[8]. Para Moltmann, o que se entende por *Shekiná* seria mais bem caracterizado como a inabitação de Deus em um tempo e num espaço em determinado lugar na história. Isso em decorrência do seu significado de "armar a tenda" de Deus junto ao seu povo.

Durante o exílio, com a destruição do templo, surge o pensamento entre o povo de Israel de que Deus o acompanha ao exílio por meio de sua *Shekiná*. É desse pensamento que surge a esperança de que a *Shekiná* retornará juntamente com seu povo para sua terra.

Os cabalísticos, por sua vez, viram na ideia da *Shekiná*, em seu "brilho radiante", o Espírito Santo. Assim, para Moltmann, e aqui há concordância com o pensamento de Yves Congar a respeito da sabedoria, a *Shekiná* torna claro o caráter pessoal do espírito, sendo ela a empatia de Deus, e chama a atenção para a sensibilidade do espírito de Deus que sofre e participa junto a seu povo.

Essa mudança significativa com relação à interpretação do Espírito tem seu coroamento com a pneumatologia desenvolvida no Novo Testamento por Paulo e pelos sinóticos, que passam a ver o Espírito totalmente ligado à pessoa de Jesus e nunca desvencilhado dele.

Da interpretação do Espírito enquanto força ativa de Deus, impassível e dominadora, passa-se para a interpretação do Espírito enquanto ser pessoal que sente, chora e se compadece do ser humano, que chega, na visão de Moltmann, até a consciência de uma *kenosis* do Espírito, de modo que podemos perceber uma evolução da interpretação acerca do Espírito Santo, que acompanha a própria hermenêutica textual judaica, e dos primeiros cristãos.

Hermenêutica medieval

As ideias de Agostinho a respeito da Igreja, da vida cristã e da Trindade tiveram grande influência nos séculos posteriores. Em linhas gerais, a partir de Agostinho, podemos elencar quatro subcategorias para a interpretação do texto bíblico: 1ª) o senso literal, que é aquilo que nos indica a ação de Deus e dos primeiros pais; 2ª) o senso alegórico, que nos mostra aquilo que nossa fé esconde; 3ª) o senso moral, que nos dita as regras da

---

8. MOLTMANN, JÜRGEN, op. cit., 55-59.

vida cotidiana; e 4ª) o senso anagógico, que designa o fim último de nossa busca, ou seja, o objetivo da vida cristã.

Essa teoria dos quatro sensos da Escritura abre o caminho para a separação das matérias teológicas que vemos, ainda em nossos dias, ou seja, o caminho exegético que se preocupa somente com o texto e nada mais, e outro de viés teológico que visa à interpretação do texto bíblico para a prática cristã. Ainda que essa forma de pensar — exegese ou teologia — seja corrente em diversos meios, a cada dia aumenta mais a certeza de que uma boa exegese precisa ser também teológica, e que a teologia sem uma boa exegese que a sustente tende a especulações fantasiosas.

Com o redescobrimento da filosofia de Aristóteles, o interesse no texto vai se tornando mais aguçado. São Tomás de Aquino pode ser considerado o grande expoente dessa perspectiva. Seu completo interesse em uma ciência da fé se mostra em suas reflexões sobre a doutrina cristã, que se baseiam imensamente na filosofia aristotélica. Com relação ao nosso tema, em sua *Summa Theologica*, sem rejeitar os quatro sentidos da Escritura que mencionamos acima, ele argumenta que os sentidos espirituais das Escrituras devem se apoiar no sentido literal do texto, sem confusão, uma vez que

> todos os sentidos estão fundados no sentido literal, e só a partir deste se pode argumentar, e nunca dos sentidos alegóricos, como observa Agostinho contra o donatista Vicente. Nada, no entanto, se perderá da Escritura Sagrada, porque nada do que é necessário à fé está contido no sentido espiritual que a Sagrada Escritura não o refira, explicitamente em alguma parte, em sentido literal[9].

A relação dialética proposta por Agostinho se torna cada vez mais distante, e, após Tomás, a escola exegética e a escola teológica caminham quase de maneira independente.

No que concerne à pneumatologia desse período, é profundamente marcada pelo posicionamento agostiniano, tendo somente algumas pequenas variações entre teólogos como Hugo de São Vítor, Boaventura, Santo Anselmo e Tomás de Aquino. Um grande marco, porém, também acontece nesse período, mudando deveras a forma de interpretação da história. Esse marco é a doutrina de Joaquim de Fiore.

Joaquim de Fiore nasceu em 1135 e morreu em 1202. Foi, sem dúvida, um personagem marcante na história da teologia ocidental e merece destaque ao longo de nossa explanação acerca das experiências do Espírito ao longo da história do cristianismo.

---

9. Tomás de Aquino, *Suma Teológica*, São Paulo, Loyola, 2001, QI, Art. 10.

Seu movimento é fruto de certa insatisfação com a Igreja de seu tempo, algo que podemos perceber em quase todos os movimentos carismáticos, sejam de cunho católico ou protestante. Essa insatisfação é o que, ao longo da história, motivou servos de Deus a buscar uma intervenção deste na história e a se sentir chamado por ele para realizar algo no mundo.

Joaquim era um desses. Acreditava em uma realização, neste mundo, daquilo que esperamos para o além. Assim, dividiu o mundo em três eras: a era do Pai, que vigorou de Adão até os Patriarcas; em seguida, a era do Filho, que se inaugurou com o rei Ozias e teve seu ápice em Jesus Cristo; e a terceira, a era do Espírito, que se inicia com São Bento, que seria o tempo da liberdade do Espírito, ou seja, uma era dos espirituais.

Para Joseph Ratzinger, nas ideias de Joaquim de Fiore se iluminam as possibilidades e os riscos da doutrina do Espírito Santo. Em suas palavras,

> Em Joaquim há um signo orientador: sua prontidão para iniciar, aqui e agora, um cristianismo verdadeiramente espiritual e buscar esse cristianismo espiritual, não mais além da palavra, senão na mais completa profundidade desta[10].

Esse cristianismo espiritual e escatológico que emerge da teoria joaquimita percebe-se em Francisco de Assis e em sua vida de entrega e despojamento. O problema do joaquinismo, percebido por teólogos como Boaventura, dentre outros, resulta de pensar uma era do Espírito, independente do Cristo. A era de Cristo precisa ser também a era do Espírito, e não pode ser pensada separadamente desta outra, uma vez que o Espírito é o Espírito de Cristo[11].

Embora a visão trinitária de Joaquim de Fiore tenha sido condenada e, como percebemos, apresente sérios problemas de cunho trinitário, ainda assim, podemos dizer que, de alguma forma, todas as filosofias e teologias do Ocidente[12] que têm em suas bases uma realização plena do homem na história são devedoras ao pensamento de Joaquim de Fiore.

---

10. RATZINGER, JOSEPH, *El Dios de Jesucristo: Meditaciones sobre Dios uno y trino*, 2. ed., Salamanca, Sígueme, 1980, 100.

11. Moltmann discorda dessa posição. Para Moltmann, Fiore nunca pensou em um Espírito separado do Cristo ou do Pai. "O Reino do Espírito já está presente no reino do Filho, da mesma forma como o reino do Filho já estava preparado no seio do reino do Pai.", cf. MOLTMANN, JÜRGEN, *Trindade e Reino de Deus: Uma contribuição para a teologia*, 2. ed., Petrópolis, Vozes, 2011, 210.

12. Podemos citar aqui a filosofia de Hegel sobre uma realização do Espírito absoluto na história, bem como a filosofia de Schelling, contemporâneo a Hegel, em suas diversas aulas, assim como em seus estudos sobre as eras do mundo. Também Karl Marx e sua realização

Do lado do Oriente, as teologias da Síria e da Armênia se desenvolveram independentemente das categorias e das questões das teologias grega e latina. Nessas teologias, mesmo que com aportes pouco diferentes, o Espírito Santo aparece em seu aspecto maternal. Isso é perceptível no que se refere ao batismo de Jesus. Nessas teologias, o Espírito que repousa sobre Jesus é maternal.

> O princípio de partida é aqui o Espírito maternal, que dá à luz desde a água a Jesus (e aos neófitos). [...] é o Espírito maternal, o qual — ao começo da criação — produz toda vida, e que junto ao Jordão desce sobre Jesus para repousar sobre ele, com o qual Jesus é exaltado à condição de Filho, pleno do Espírito, e é glorificado como o Filho Unigênito/primogênito, e imediatamente o Filho reconhece o Pai, o mesmo que o Pai reconhece ao Filho e o gera como Filho[13].

Mesmo que essa maneira de falar acerca do Espírito tenha se conservado somente em poucas fontes neotestamentárias e siríacas, não deixa de remeter novamente à questão da *ruah* vista como força da ação de Deus. Isso talvez se justifique, uma vez que tanto na teologia siríaca como na teologia desenvolvida na Armênia — essa verá o Espírito maternal em conexão com a criação e o batismo dos cristãos — tem-se uma grande influência judaica.

Há nessa teologia uma cristologia do Espírito de forma mais evidente que uma cristologia do *Logos*. O Espírito e o Logos estão ligados em uma imagem bem interessante. Em particular, na teologia siríaca, o Espírito Santo é visto como a "costela do *Logos*", o que traz também uma forma própria de se ver a Igreja. Assim como Eva foi formada da costela de Adão, também a Igreja foi formada da costela do *Logos* que é o Espírito Santo. Assim como Eva é a mãe da vida humana, o Espírito Santo é mãe da nova vida. Aqui, o aspecto maternal de que falávamos pouco antes se mostra bastante evidente.

Ainda do lado do Oriente, dois teólogos merecem destaques nesse período com relação à questão pneumatológica: Simeão, o Novo Teólogo, e Gregório Palamas. Simeão foi um místico, e esse epíteto "novo" ligado a seu nome decorre de uma nova experiência de Deus, de onde nasce sua teologia.

---

plena do homem na história, dentre vários outros. No campo da teologia, como bem pontuado em CONGAR, YVES, op. cit., 179, temos referência a Fiore na teologia da morte de Deus de Thomas Altizer.

13. WINKLER, G. *Ein bedeutsamer Zusammenhang*, 325 s. apud HILBERATH, BERND JOCHEN, *Pneumatología*, Barcelona, Herder, 1996, 158.

É importante observarmos aqui o que dissemos um pouco antes, ao colocarmos a questão da teologia oriental: essa teologia se faz e se desenvolve com base na espiritualidade. Contrariamente ao que ocorre no ambiente latino, em que a ênfase do fazer teológico está, predominantemente, no caráter de uma busca de entendimento por meio da razão, aqui é a experiência que deriva de Deus que se torna o principal para se pensar e fazer teologia.

Simeão utiliza a figura da luz para falar do Espírito. Ele é o que ilumina toda a vida espiritual. Sua cristologia é pneumatológica. Isso se percebe na analogia que ele usa entre Cristo e o Espírito como porta e chave. Enquanto Cristo é a porta que dá acesso à casa do Pai, o Espírito é a chave que abre essa porta.

Também no que tange à autoridade sacramental, Simeão se mostra totalmente aberto ao Espírito. Para ele, "não é a ordenação como tal senão o abrir-se ao Espírito na penitência e na ascética e na santidade pessoal enraizada nelas o que coloca uma pessoa em condições de comunicar o Espírito"[14].

Gregório Palamas, com sua tese das energias divinas, influenciou muito toda a teologia ortodoxa. Até hoje, no pensamento ortodoxo, sua teoria tem grande respaldo. Segundo ele, há três realidades que pertencem a Deus: a essência divina, a hipóstase e as energias. Para justificar essa tese ele estabelece três níveis de união[15].

Em primeiro lugar, há a união de acordo com a essência, tal como a que existe nas três pessoas da Trindade. A união entre homem e Deus não pode ocorrer nesse nível, uma vez que, segundo Palamas, se essa união fosse do mesmo nível que a união da Trindade, então nos tornaríamos o próprio Deus, o que, claramente, seria impossível.

O segundo nível da união é aquele de acordo com a *hypostasis*, tal como acontece na encarnação, em que a natureza humana e a natureza divina se unem na pessoa de Jesus Cristo. Uma vez que nossa união com Deus não pode se dar do mesmo modo da união que houve na encarnação, dado seu caráter único, faz-se necessário o terceiro nível proposto por Palamas.

Esse terceiro nível acontece de acordo com as energias. Nesse nível, cada um dos santos deificados é pleno com a vida, a glória e o poder de Deus, ainda que se continue a ser um sujeito pessoal distinto, contudo, re-

---

14. Hilberath, op. cit., 160.
15. Seguimos o estudo de Ware, Kallistos. God Immanent yet Transcendent: The Divine Energies according to Saint Gregorio Palamas, in: Clayton, Philip; Peacocke, Arthur, Whom we lie and move and have our being, 163-164. Também em Meyendorff, Jean, *Introduction a l'étude de Grégoire Palamas*, Paris, Éditions du Seuil, 1959.

pleto do Espírito. Essa característica, para Gregório, é importante para salvaguardar a diferença entre o Criador e a criatura. Uma vez que a essência de Deus é insondável, não temos acesso a ela, e aquilo que experimentamos nunca é Deus em sua essência, mas, sim, suas energias.

Aqui se vislumbra certa desvinculação entre Trindade imanente e Trindade econômica. Enquanto na Trindade imanente a processão do Espírito se dá a partir do Pai, na econômico-salvífica permanece o princípio triádico, de forma que se pode falar do Espírito que procede do "Pai por intermédio do Filho" e do "Pai e do Filho". A primeira expressão é também aceita na tradição ortodoxa e permanece como dado teológico.

Esse percurso ao longo da Idade Média revela o quão rico foi esse período para o desenvolvimento de uma *pneuma*tologia. Desde Agostinho, no Ocidente, até Gregório Palamas, no Oriente, diversos foram os enfoques dados à pessoa e às ações do Espírito na vida do cristão e na Igreja. As diversas interpretações acerca da ação do Espírito e de sua estrutura se mostram, como sabemos, resultados de uma época de cristandade.

Com exceção de Joaquim de Fiore, que interpreta a ação do Espírito não mais somente em seu caráter imanente, dentro da Trindade, mas também extrapolando o aspecto meramente econômico-salvífico, percebemos que a grande preocupação desse período é de fundamentar, em geral, de forma racional no Ocidente, e a partir de uma vivência espiritual no Oriente, a pessoa do Espírito Santo para os que creem.

A interpretação e a forma de interpretar continuam as mesmas ao longo de vários séculos. Essa forma de interpretar as Escrituras e a Tradição está prestes a sofrer uma mudança radical que acarretará novos questionamentos e exigirá novos paradigmas. É sobre isso que passaremos a falar agora, a partir da Reforma Protestante.

Hermenêutica da Reforma

Segundo Jeanrond, a Reforma Protestante do século XVI pode ser considerada um evento hermenêutico[16]. Os reformadores seguem a linha de Agostinho ao defender que a interpretação da Bíblia se vincula com a Igreja cristã. No entanto, a Bíblia é o instrumento que permite determinar o que pertence a essa vida e à Igreja e o que não pertence. Frente ao dogmatismo instaurado nesse período, Lutero e os reformadores desejam retornar ao texto bíblico como regra de fé.

---

16. JEANROND, WERNER G., op. cit., 45 s.

Para Lutero, o sentido literal da Bíblia é muito forte, uma vez que o texto revela a Palavra de Deus. Lutero, contudo, não rejeita o senso espiritual do texto. Nesse sentido, é a leitura teológica que pode definir se um determinado texto deve ser lido de forma literal ou espiritual.

A hermenêutica de Lutero tem como pano de fundo dois conceitos de existência humana diametralmente opostos: a existência segundo Deus e a existência segundo o mundo. A primeira se revela na cruz de Cristo e somente pode ser aceita pela fé (*sola fides*); a segunda é o contrário da primeira. Assim, só podemos interpretar corretamente as Escrituras se estivermos em uma existência segundo Deus.

Nesse ponto, podemos perceber um movimento circular na hermenêutica de Lutero: enquanto as Escrituras provocam no homem uma decisão favorável ou não ao Espírito, é somente a decisão favorável que permite ao homem se lançar ao estudo das Escrituras de forma mais aprofundada. Assim, uma micro-hermenêutica depende de uma macro-hermenêutica, sendo essa última em perspectiva cristológica.

Segundo Lutero, o Antigo Testamento deve, então, ser lido em perspectiva cristológica. Essa leitura permite que Lutero faça a distinção de dois sensos literais do texto bíblico: o senso literal ordinário e o senso literal profético[17]. É dentro do senso profético que se permite uma leitura alegórica, a alegoria aqui entendida como cristológica. Assim, no pensamento de Lutero, há uma coerência cristológica que perpassa o texto bíblico. Na linha de uma literalidade bíblica está também Calvino. Esse, de maneira mais enfática, pressupõe somente o texto bíblico como normatização última da fé.

Entre os reformadores, o princípio da *Sola Scriptura* é fundamental. Ou seja, há somente uma fonte de revelação de Deus, contrariamente à linha católica desse período, das duas fontes[18]. O princípio do *Sola Scrip-*

---

17. Ibidem, 49.
18. Foi somente no Concílio Vaticano II, na *Dei Verbum*, que essa ideia das duas fontes foi superada: "A sagrada Tradição, portanto, e a Sagrada Escritura estão intimamente unidas e compenetradas entre si. Com efeito, derivando ambas da mesma fonte divina, fazem como que uma coisa só e tendem ao mesmo fim. A Sagrada Escritura é a palavra de Deus enquanto foi escrita por inspiração do Espírito Santo; a sagrada Tradição, por sua vez, transmite integralmente aos sucessores dos Apóstolos a palavra de Deus confiada por Cristo Senhor e pelo Espírito Santo aos Apóstolos, para que eles, com a luz do Espírito de verdade, a conservem, a exponham e a difundam fielmente na sua pregação; donde resulta assim que a Igreja não tira só da Sagrada Escritura a sua certeza a respeito de todas as coisas reveladas. Por isso, ambas devem ser recebidas e veneradas com igual espírito de piedade e reverência" (DV 9). Nesse sentido, Escritura e Tradição são consideradas modos da única

tura de Lutero trouxe uma grande discussão para o cenário cristão, uma vez que para os católicos desse período a tradição era o guia indispensável e infalível para a interpretação das Escrituras. "Atrás da tradição está a saúde da interpretação!"[19] pode ser considerado o lema católico de interpretação do texto bíblico nesse período.

Essa questão a respeito da interpretação do texto recai também sobre o problema da liberdade e do livre-arbítrio que leva à discussão com Erasmo de Roterdã a respeito desse tema. Em sua *Diatribe*, Lutero tenta provar que não existe o livre-arbítrio, mostrando que há diferença entre Deus e a Escritura de Deus, uma vez que no próprio Deus haveria algo oculto, e na Escritura não haveria, sendo esta totalmente clara ao entendimento.

Segundo Lutero, as passagens obscuras e abstrusas das Escrituras se devem à ignorância em matéria de vocabulário e gramática, mas isso não impede o conhecimento das Escrituras. Assim, tudo nas Escrituras é revelado, faltando somente o conhecimento, de nossa parte, das palavras. Dessa forma, as coisas obscuras nas Escrituras se devem à cegueira e à indolência das pessoas que não buscam enxergar a verdade claríssima.

Lutero defende que há uma dupla clareza nas Escrituras, bem como uma dupla obscuridade, uma externa e uma interna: a externa é colocada no ministério da Palavra, a outra, na cognição do coração. Quanto à clareza interna, nenhum ser humano entenderá uma vírgula das Escrituras se não tiver o Espírito Santo[20].

Segundo Greisch, o princípio do *Sola Scriptura* de Lutero foi menos uma solução para a questão da interpretação do texto bíblico do que uma fonte de novos problemas[21], o que deixa muito claro as diversas controvérsias levantadas pelos defensores da tradição no catolicismo e o próprio Concílio de Trento, instaurado para dar uma resposta às questões suscitadas por Lutero. No entanto, até mesmo no meio protestante a leitura de uma forma somente literal e exegética do texto levanta os que veem nisso certo dogmatismo.

---

fonte, que é o Deus que se revela. Embora essa mudança possa ser considerada uma grande aproximação das propostas da Reforma, a questão da interpretação das Escrituras ainda se distancia grandemente, uma vez que se mantém presa ao Magistério, não reconhecendo o sacerdócio de todos os crentes, na linha da Reforma.

19. GREISCH, JEAN. Le buisson ardent et les lumières de la raison: L'invention de la philosophie de la religion, Paris, Cerf, 2004, 72.

20. Cf. LUTERO, MARTINHO. *Obras selecionadas*, v. 4, São Leopoldo: Sinodal, 1993.

21. GREISCH, JEAN, op. cit., 75.

O movimento pietista pode ser considerado a principal resposta dentro do protestantismo a essa visão dogmatizadora. Os pietistas trazem a ideia de que cada cristão faz a experiência do Espírito de uma forma individual e que é essa experiência que deve servir de base para a leitura e a interpretação da Bíblia. No entanto, seguindo por essa linha, grandes questões se colocam com relação à interpretação bíblica. Não se tornariam as interpretações subjetivas? Haveria a unidade da fé, se assim o fosse? Como encontrar o equilíbrio entre a experiência subjetiva e a fé bíblica? Talvez essas questões que uma breve descrição do movimento pietista levanta sejam ainda questões para pensarmos a relação entre experiência subjetiva e fé bíblica em nossos dias.

No que concerne à pessoa do Espírito, percebemos no movimento de Reforma uma mudança de enfoque: a questão principal acerca da pessoa do Espírito não é a respeito de sua identidade, mas de suas obras. Tanto Lutero como Calvino, os principais expoentes do movimento de Reforma, não colocam sua ênfase em uma ontologia do Espírito, mas mostram como ocorre sua ação na vida do crente e qual é sua função em sua vida.

Não busco supor com isso que Lutero e Calvino não tivessem pensado no Espírito enquanto pessoa da Trindade ou não estivessem preocupados com quem fosse o Espírito, mas que, embora ambos seguissem o conceito trinitário do Espírito como terceira pessoa da Trindade e, nesse sentido, como pessoa em relação ao homem, a ênfase está na ação do Espírito.

Para Calvino, por exemplo, o Espírito é o espírito de santificação[22], aquele que regenera, justifica, concede os dons; aquele que, "difuso em todas as partes, a tudo sustenta, vigora e vivifica, no céu e na terra"[23], e que coopera com Deus para o conhecimento de Cristo.

Não podemos desconsiderar, ao falarmos a respeito do Espírito nesse período, o movimento místico que acontece num período concomitante à Reforma e à Contrarreforma católica. Foi nessa época que nomes como Inácio de Loyola, São João da Cruz e Teresa d'Ávila surgiram no meio cristão, revolucionando e abrindo portas para uma ação maior do Espírito na vida da Igreja. Ainda nessa fase, em solo espanhol, se destaca o movimento dos "alumbrados"[24].

---

22. Calvino, *A instituição da religião cristã*. Tomo I, São Paulo, Unesp, 2009, 18.
23. Ibidem. Tomo I, 130.
24. Optei por manter o termo como em espanhol, e não sua tradução, como "iluminados", para não haver confusão com o movimento dos *Iluminati* da Baviera, nem com o mo-

O início desse movimento remonta ao início do século XVI, pouco antes do movimento da Reforma. Embora alguns autores tendam a considerar o movimento dos "alumbrados" como decorrente da Reforma, sua origem não confirma esse dado. Contudo, como nos mostra Foley[25], os seguidores mais jovens, após 1525, se mostram influenciados pelo pensamento de Lutero.

Com relação à origem do movimento, existem diversas teorias para seu surgimento, desde o movimento dos místicos medievais até a influência do protestantismo, o que torna difícil alocar esse grupo em determinada "caixa" teórica. Foley pensa em focar quatro grupos hereges que serviram de base para o movimento dos "alumbrados"[26].

O primeiro grupo fazia parte do movimento dos Espíritos Livres que surgiram na Idade Média, que se consideravam independentes dos outros grupos religiosos, sem organização e sem regras definidas; acreditavam na comunicação direta da alma com Deus sem a necessidade dos sacramentos. O segundo grupo era o dos Bergados, uma associação religiosa de homens que dividia a impecabilidade do homem quando esse alcançava a visão de Deus, que, segundo eles, era possível durante a própria vida. O terceiro grupo, das Beguinas, era composto de beatas de ordens religiosas da Bélgica que seguiam somente os ensinamentos bíblicos, tendo sido condenadas, juntamente aos Bergados, como hereges em 1311 no Concílio de Viena. O quarto grupo era liderado por John Wycliffe, um dos grandes influenciadores do pensamento reformado europeu, que não acreditava na presença de Cristo na Eucaristia nem nos sacramentos da Ordem e do Matrimônio; também rejeitava a questão das indulgências, mas considerava a Bíblia uma autoridade suprema.

O movimento dos "alumbrados" não era restrito a nenhum grupo social, portanto, englobava indivíduos casados, solteiros, clérigos etc. Seu ponto principal não era Cristo, mas Deus e seu amor. O que importava era a questão da interioridade.

"Acreditavam que o amor de Deus era absoluto e dirigido à primeira pessoa da Trindade [...] A submissão do livre-arbítrio é reconhecida pelo termo geral, 'deixamento'; com frequência, aos alumbrados se chamavam

---

vimento iluminista da Idade Média, embora autores espanhóis usem o termo "iluminado", cf. MÁRQUES, ANTONIO, Los alumbrados, Salamanca, Taurus, 1972, 37.

25. FOLEY, E. El alumbrismo e sus possibles origines. Disponível em: <http://cvc.cervantes.es/literatura/aih/pdf/08/aih_08_1_055.pdf>. Acesso em: 18 jul. 2016.

26. FOLEY, E., idem, ibidem.

'deixados'"[27]. O amor de Deus que invade a alma do alumbrado é mais real que os sacramentos. Não consideravam o inferno porque acreditavam em um Deus totalmente misericordioso, tampouco acreditavam na questão da excomunhão, embora acreditassem na existência do purgatório. Por não ser um movimento cristocêntrico, seus membros não consideravam que o homem precisasse de algum intermediário para chegar a Deus.

Com relação à interpretação privada das Escrituras, "dado ao feito que Deus — em certos casos — invade a alma do indivíduo, este adquire uma imunidade contra os erros de interpretação"[28].

Com tudo isso, podemos perceber tanto no movimento dos "alumbrados" como no movimento pietista, que segue à Reforma Católica, grande influência do Iluminismo, período em que o homem tem o seu valor reconhecido e pode contemplar Deus em sua interioridade. Embora com diferenças substanciais entre o movimento pietista e o movimento dos "alumbrados" na Espanha, há esse ponto em comum que pode ser considerado característico e, de certo modo, determinante para a tentativa de compreensão da questão da ação do Espírito na vida dos cristãos.

Rumo ao segundo momento: da passagem do dogmático para o histórico

O movimento de Reforma traz uma grande mudança para a questão hermenêutica, principalmente bíblica. Sai-se de um âmbito meramente eclesiástico e dogmático, com um apelo por parte dos reformadores com o objetivo de se voltar aos textos originais, para a ideia de que a própria Escritura se interpreta sem a necessidade da Tradição.

Toda interpretação da Escritura deve ser encontrada nela mesma, até mesmo as alegorias. No entanto, isso não deve nos levar à suposição de que o texto era interpretado sem o seu contexto. Muito pelo contrário, cada parte depende do todo da Escritura para ser compreendida de forma correta. De certo modo, como bem mostra Gadamer[29], sendo a própria Bíblia uma unidade que serve de pressuposto para toda interpretação,

---

27. Ibid., 529.
28. Ibid.
29. A obra de Hans-Georg Gadamer, *Verdade e método*, nos servirá de base para esse contexto histórico visto ser de importância fundamental para a compreensão desse processo da hermenêutica moderna e contemporânea.

a teologia da Reforma é dogmática e confunde o caminho a uma sã interpretação de partes individuais da Escritura Sagrada, que tivesse em mente o contexto relativo de uma escritura, sua finalidade e sua composição cada vez separadamente[30].

Com o movimento iluminista, surge uma nova fase no processo histórico humano. Agora, é o homem que está no centro do conhecimento. Dessa forma, todo pressuposto meramente dogmático precisa ser revisto. A hermenêutica entra nesse processo de revisão.

Cabe lembrar que nesse período a hermenêutica ainda se preocupa com a interpretação dos textos bíblicos em sua análise exegética, muito fruto da própria reforma. No entanto, algo está prestes a mudar. Como consequência de todo o processo, começa-se a questionar as verdades ditas pela Igreja no que tange a vida de Jesus, o que motiva a busca pelo Jesus histórico por meio do método histórico-crítico, que visa a ter uma confiabilidade histórica a respeito daquilo que foi dito sobre Jesus.

A interpretação passa a não ser mais somente gramatical e textual. Torna-se também histórica. Equipara-se a interpretação das Escrituras às interpretações de textos profanos, de maneira que passa a haver somente uma hermenêutica, que deve ser inserida no cenário da história universal. É nesse contexto que entra a tentativa de Schleiermacher de compreensão do pensamento.

---

30. GADAMER, HANS-GEORGE. Verdade e método I: Traços fundamentais de uma hermenêutica filosófica. 11. ed., São Paulo, Vozes, 2011, 244.

Capítulo 2
Segundo momento: hermenêuticas filosóficas modernas e contemporâneas

Schleiermacher

Schleiermacher é considerado o pai da hermenêutica moderna. Sua preocupação está em como fundamentar teoricamente o procedimento comum entre teólogos e filólogos, para tornar possível uma compreensão do pensamento. Seu objetivo não é saber como interpretamos com base em uma determinada tradição, mas como podemos compreender algo.

Em nosso pensamento, toda vez que uma compreensão não é imediata, surge um esforço para que haja compreensão. Essa estranheza e a possibilidade do mal-entendido são condições para que algo possa ser entendido. Sendo o mal-entendido algo universal, nesse contexto é que surge a tentativa de uma hermenêutica também universal por parte de Schleiermacher.

A questão do mal-entendido é de suma importância para Schleiermacher em sua busca de construir uma verdadeira doutrina sobre a arte de compreender. "A hermenêutica é a arte de evitar o mal-entendido."[1]

Com esse objetivo, Schleiermacher propõe conhecer a individualidade do autor. A máxima de que devemos conhecer o autor mais do que ele mesmo pode ser considerada uma síntese do projeto hermenêutico de Schleiermacher. Assim, ele coloca lado a lado a interpretação gramatical e a interpretação psicológica. Segundo Gadamer, essa é a maior contribui-

---

1. GADAMER, HANS-GEORGE. Verdade e Método I, Traços fundamentais de uma hermenêutica filosófica. 11. ed., São Paulo, Vozes, 2011, 255.

ção de Schleiermacher em sua tarefa hermenêutica[2]. O caráter da individualidade é essencial no pensamento desse filósofo.

> Na verdade, o pressuposto de Schleiermacher é que cada individualidade é uma manifestação da vida universal e, assim, "cada qual traz em si um mínimo de cada um dos demais, o que estimula a adivinhação por comparação consigo mesmo". Assim, ele pode dizer que se deve conceber imediatamente a individualidade do autor "transformando-se de certo modo no outro". Ao pontualizar assim a compreensão no problema da individualidade, a tarefa da hermenêutica apresenta-se para Schleiermacher como uma tarefa universal. Pois tanto o extremo da estranheza quanto o da familiaridade dão-se com a diferença relativa de toda individualidade[3].

Aqui se torna claro que Schleiermacher não faz mais distinção entre o autor e aquilo que ele escreve. Compreender o texto é conseguir chegar à intenção inconsciente do autor, pois só assim o texto pode ser compreendido de maneira correta.

O quadro pintado por Schleiermacher, com grande valor à individualidade, também reflete seu pensamento acerca da religião. De seu ponto de vista, a religião não é nem moral nem metafísica, mas tem um caráter comunicativo e expressivo[4]. A religião, no pensamento de Schleiermacher, é intuição, sendo seu âmbito a comunicação e a expressão livre da individualidade.

A contribuição de Schleiermacher é digna de nota. Pela primeira vez, no campo da hermenêutica, abre-se espaço para pensar o caráter subjetivo dessa temática. Sai-se de uma análise meramente textual e filológica e o aspecto "humano" entra em cena.

Pensar a hermenêutica considerando o fator humano se mostra uma nova temática a ser explorada. Uma nova forma de fazer hermenêutica é trazida por Schleiermacher — não mais apenas o texto pelo texto, mas o texto traz consigo um alguém que o escreve, que se diz nele e por meio dele. Assim, a individualidade se torna lugar hermenêutico, que se transborda no texto.

Com sua nova forma de pensar, Schleiermacher influenciaria muito a teologia posterior, sendo considerado, por isso, o pai da teologia liberal.

---

2. Ibid., 256.
3. Ibid., 260.
4. SCHLEIERMACHER, F. D. E. apud DREHER, Sobre a Religião: Discursos a seus menosprezadores eruditos, in *Numen: revista de estudos e pesquisa da religião*, Juiz de Fora, v. 4, n. 2 (2001), 169-175.

Seu programa teológico, de via individualista-racionalista, relativizava toda questão dogmática e trouxe nova luz até mesmo sobre o próprio conceito de religião. Na mesma linha de sua hermenêutica, para compreender a religião, se torna necessário encontrar sua intuição fundamental, ou seja, saber o que torna determinada religião aquela religião e não outra qualquer[5].

No entanto, Schleiermacher tem plena consciência de que a descoberta da intuição da religião nunca é alcançada em sua totalidade; somente se torna clara a partir do momento em que pertencemos a ela. Ora, esse pertencimento ocorre dentro da história. Seu sucessor, Wilhelm Dilthey, veria na história um lugar hermenêutico.

Wilhelm Dilthey

Dilthey foi grandemente influenciado pelo pensamento de Schleiermacher e profundo conhecedor de seu trabalho, uma vez que foi biógrafo do filósofo alemão. Após o novo paradigma que se estabelece com Schleiermacher, Dilthey pode ser considerado o pioneiro de uma verdadeira filosofia hermenêutica[6]. Dilthey se insere na escola histórica, que, por sua vez, busca compreender a totalidade da história universal. O ser humano faz parte da história, e toda a sua obra e o seu modo de ser deve ser compreendido no contexto histórico em que está inserido.

Aqui nos parece claro por que, mesmo sendo influenciado por Schleiermacher, Dilthey não segue na mesma linha: se toda obra humana só faz sentido dentro do seu contexto histórico, como consequência, todo texto também só faz sentido em seu contexto histórico. Assim, as individualidades não devem ser consideradas quando se interpreta um texto, uma vez que são somente mediadoras para o conhecimento do contexto histórico em que determinado texto foi escrito.

Nesse ponto, não parece que Dilthey cai numa certa redundância? Ao afirmar que as individualidades são mediadoras do conhecimento do contexto histórico, não estaria desconsiderando que só é possível falar de determinada individualidade a partir de um determinado contexto histórico? Assim, precisamos da individualidade para mediar o contexto histórico, mas a individualidade só se dá em decorrência da história de um indivíduo. Aqui, mesmo que não seja algo que preocupasse a cabeça de Dilthey, cabe a consideração. Essa talvez seja a grande bifurcação que enfrenta em

---

5. Ibidem, 174.
6. Greisch, Le buisson ardent et les lumières de la raison…, 110.

querer considerar individualidade como objeto da história, e não como, a um só tempo, agente na e sujeita à história.

O grande interesse de Dilthey é oferecer os pressupostos epistemológicos para uma ciência do espírito da mesma forma que Kant propôs as condições de conhecimento para as ciências naturais em sua *Crítica da razão pura*. O sentido do propósito diltheyneano é completar a crítica da razão pura de Kant com uma crítica da razão histórica[7]. Dilthey é, assim, o primeiro a fazer a separação entre ciências espirituais e ciências naturais. Por sua ótica, enquanto as ciências naturais consistiam em explicação, as ciências espirituais deveriam consistir em compreensão.

Vale observar aqui também certo romantismo no propósito diltheyneano em sua proclamação do fim de todo projeto metafísico no que tange à hermenêutica[8]. Esse romantismo se mostra no modo de tentar tratar como objetos separados ciências espirituais e ciências naturais, como se uma fosse totalmente independente da outra.

Ao partir de um pressuposto de história universal, Dilthey se mostra bem fiel ao princípio hermenêutico de que as partes só podem ser compreendidas a partir do todo e vice-versa. A história universal é um texto a ser compreendido. Com essa premissa, a transferência da hermenêutica para a historiografia se nos mostra com clareza, sendo Dilthey o seu representante maior[9].

Aqui cabe uma pequena reflexão sobre a questão histórica. A tentativa de explicação do mundo unicamente pela via histórica traz sérios problemas. Talvez o mais marcante de todos seja a questão dos critérios de veracidade.

Que a historiografia seja consequência de todo método das ciências naturais e do Iluminismo, parece-nos fácil de perceber. Porém, enquanto, na linha de Aristóteles, tínhamos a ligação entre causa e conhecimento como critério de verdade, em tempos diltheyneanos, e dentro de seu propósito, a ligação feita entre verdade e facticidade é o que entra em cena quando o verdadeiro é aquilo que pode ser comprovado.

Mas e a repetibilidade? A história não é repetível. Não há como pedir para alguém repetir determinado ato feito de forma idêntica ao que foi feito. Por mais semelhante que seja, nunca será igual. Dessa forma, a tentativa de ligar o verdadeiro ao comprovável documentalmente, pela via da história, traz sérios problemas.

---

7. Gadamer, Hans-George, op. cit., 297. Também Cf. Greisch, Jean, op. cit., 119.
8. Greisch, Jean, *L'Age herméneutique de la raison...*, Paris, Cerf, 1985, 149.
9. Ibidem, 271.

O método das ciências naturais também cai no mesmo problema, bem como o método do empirismo. Sempre há algo não comprovável empiricamente e que foge aos nossos critérios de verificação, por mais rígidos e bem estabelecidos que sejam.

Aparentemente, Dilthey se mostra atento a isso. Contrariamente ao empirismo inglês, o qual chama de dogmático, defende que

> o que sustenta a construção do mundo histórico não são fatos extraídos da experiência e em seguida incluídos numa referência axiomática, mas o fato de que a sua base é, antes, a historicidade interna, própria da mesma experiência. Trata-se de um processo de uma história de vida, e cujo modelo não está na constatação de fatos, mas na peculiar fusão de recordação e expectativa num todo que chamamos experiência e que adquirimos na medida em que fazemos experiências. O que prefigura o modo de conhecimento das ciências históricas é sobretudo o sofrimento e a lição que resulta da dolorosa experiência da realidade para aquele que amadurece rumo à compreensão. As ciências históricas tão somente continuam o pensamento iniciado na experiência de vida[10].

Aqui fica claro que o mundo histórico é formado pelo espírito humano. É o espírito humano que faz sua própria história. Assim a pergunta de Dilthey se direcionará para o modo como "o indivíduo adquire um contexto vital e, a partir daí, procura ganhar os conceitos constitutivos capazes de sustentar também o contexto histórico e seu conhecimento"[11]. A hermenêutica, no pensamento de Dilthey, surge a partir da fundamentação da filosofia na vida que vem pela vivência de um sujeito histórico.

O cunho idealista da hermenêutica de Dilthey da separação entre explicação e compreensão é uma das principais críticas feitas ao seu pensamento. Em sua ânsia de fundamentação das condições de possibilidades para as ciências espirituais, cai no ideal científico do saber objetivo, o que, conforme afirma Palmer, segundo Jeanrond[12], é um tanto quanto irônico.

Diante disso, poderíamos perguntar a Dilthey: se a hermenêutica vem pela via histórica e essa história se dá pela vivência do sujeito, não estaria a hermenêutica sujeita a constante mudança e total relativismo histórico? Como seria possível pensarmos uma hermenêutica confiável que não fosse a de caráter de análise textual?

---

10. Ibidem, 300.
11. Ibidem, 301.
12. JEANROND, Introduction à l'herméneutique, 80.

Considerações sobre a pneumatologia do século XVII ao século XIX

Onde esteve a pneumatologia durante todo o período de uma transformação hermenêutica do mundo ocidental? É interessante perceber que, após o movimento de Reforma e os movimentos avivalistas como os de John Wesley na Inglaterra, até mesmo o movimento pietista de Jacob Spener, houve o que é definido no meio teológico como o esquecimento do Espírito.

Acreditamos que isso se deve à grande onda racionalista que seguiu nos séculos XVI e XVII e que teve grande influência no pensamento cristão e nas questões discutidas nesse período.

Embora o idealismo alemão estivesse retomando a pergunta pelo espírito, isso se deu somente em campo filosófico teológico, com ênfase em temas acerca da liberdade humana (Schelling) e na história do Espírito Absoluto (Hegel). No que tange à teologia do Espírito Santo, em meio teológico explícito, desconhecemos alguma obra de grande importância[13].

Em todos os outros períodos que analisamos, a questão do Espírito foi sempre trabalhada, mesmo que marginalmente. Contudo, nesses dois séculos, não há uma questão acerca do Espírito. Faz-se uma hermenêutica sem Espírito. É importante para nós percebermos o contexto histórico e qual a preocupação teológica desse período. Estamos em um momento de questionamento acerca das doutrinas e das falas da Igreja por parte de estudiosos protestantes, muito influenciados pelo Iluminismo e pelas ideias racionalistas que se desenvolvem a partir do século XVI.

São diversos os estudiosos que começam a suspeitar que o discurso que se faz da pessoa de Jesus pela Igreja não compete com aquilo que os evangelhos falam a respeito de sua pessoa. Com base nessa suspeita é que se iniciam as buscas do Jesus histórico, que terão forte acolhimento na maior parte dos estudos teológicos desse período, principalmente em solo protestante.

Assim, a teologia dessa época passa a ter uma preocupação primordialmente histórica, na tentativa de esclarecer quem foi a pessoa de Jesus de Nazaré com base em diversos documentos.

A busca que se inicia por Reimarus e segue até Albert Schweitzer dura mais de um século, e diversos livros foram escritos com o objetivo de trazer à tona a história de Jesus. A história nesse período se torna capaz de

---

13. Acerca do conceito de Espírito Absoluto de Hegel e sua releitura do conceito aristotélico de espírito, ver WELKER, MICHAEL, *God the Spirit*, Minneapolis, Fortress Press, 1994, 279-341.

trazer a real compreensão a respeito da fé. Toda interpretação acerca da pessoa de Jesus nessa época não passa mais por uma questão do Espírito que age nele, mas, antes, por aquilo que pode ser comprovado pelos estudos exegéticos e pelo método histórico-crítico. Dessa forma, há um esquecimento do Espírito pelo lado protestante, se atendo somente a uma busca racional acerca da fé.

Do lado católico, na luta contra o racionalismo e o modernismo, acontece o Concílio Vaticano I, entre os anos de 1869 e 1870. A grande ênfase colocada sobre a autoridade da Igreja, a partir do concílio de Trento, gera a ideia de uma primazia do "Magistério". Nessa visão, a Igreja passa a ser definida como a reunião dos fiéis sob a direção do Espírito e submissa à autoridade dos pastores legítimos.

O cume dessa linha de pensamento se perceberá no Vaticano I, no dogma da infalibilidade papal e no dogma da assunção, não aceitos pelo protestantismo justamente por não estarem contidos nas Escrituras, sendo, no entanto, justificados pelo catolicismo por pertencer à Tradição. Nesse movimento de ênfase na Igreja e no Magistério e, um pouco mais tarde, em Maria, o movimento católico se esqueceu do Espírito, atribuindo a esses, principalmente, a Maria, funções que são do Espírito Santo.

Nas palavras de Congar, "A crítica é séria. Ela vem, sobretudo, dos protestantes e pode assim se resumir: atribuímos a Maria o que pertence ao Espírito Santo; em última instância, nós a fazemos ocupar o lugar do Paráclito"[14].

O Espírito, nessa fase do catolicismo, é visto, como enfatiza Congar, por um lado, como um princípio de vida que anima almas individuais e, por outro, como garantia de atos da instituição. Somente com o Vaticano II se recuperará a visão do Espírito como aquele que está ligado, inseparavelmente, à obra de Cristo, como aquele que age na comunhão da Igreja histórica, que é feita pelo povo de Deus e não somente pelas instituições hierárquicas.

Heidegger

Martin Heidegger é, sem dúvidas, um dos maiores filósofos do século XX. Sua obra se mostra um marco na história da filosofia e contribuiu muito na sequência da virada hermenêutica proposta por Schleiermacher, sendo um de seus grandes autores.

---

14. CONGAR, YVES, Revelação e Experiência do Espírito, 213.

Para falarmos de hermenêutica no pensamento heideggeriano, faz-se importante pensar no *Dasein*, ou seja, no "ser-aí", que nada mais é que o ser humano que é "lançado no mundo" e vive nele, dentro de determinada cultura.

No pensamento de Heidegger, hermenêutica significa uma "determinada unidade na realização do comunicar, ou seja, da interpretação da facticidade que conduz ao encontro, visão, maneira e conceito de facticidade"[15].

> A hermenêutica tem como tarefa tornar acessível o ser-aí próprio em cada ocasião em seu caráter ontológico do ser-aí-mesmo, de comunicá-lo, tem como tarefa aclarar essa alienação de si mesmo de que o ser-aí é atingido. Na hermenêutica configura-se ao ser-aí como uma possibilidade de vir a compreender-se e de ser essa compreensão[16].

No pensamento de Heidegger, essa compreensão implica um despertar do ser para si-mesmo e não deve ser encarada em seu sentido trivial, ou como uma metodologia. A compreensão tem a ver com o ser-aí no mundo. Nesse sentido, a distância comumente posta entre hermenêutica e facticidade não se sustenta no pensamento heideggeriano, mas a própria facticidade é, em si, um processo hermenêutico. Em outras palavras, o próprio ser da hermenêutica é o ser da facticidade. Dessa forma, no pensamento do filósofo, pensar em uma essência da hermenêutica se faz sem sentido e não se aplica na compreensão do que ela é.

Nesse ponto percebemos que Heidegger faz um giro em toda a questão hermenêutica que vigorava desde Schleiermacher e que seguiu na esteira de Dilthey. Embora haja algumas diferenças substanciais entre as hermenêuticas de Schleiermacher e Dilthey, não podemos ignorar o fato de que ambos procuravam um método para se fazer hermenêutica, seja a partir da premissa de conhecer o autor melhor que ele mesmo, proposta por Schleiermacher, seja pelo desejo de estabelecer as condições de existência para as ciências do espírito pela via histórica de Dilthey.

Ao propor uma hermenêutica da facticidade e ligar hermenêutica com ontologia, de tal forma que fazer hermenêutica seja fazer ontologia e vice-versa, Heidegger tem o intuito de mostrar que a tarefa da hermenêutica é falar sobre o ser-aí próprio em cada vivência desse ser-aí.

---

15. HEIDEGGER, MARTIN, *Ontologia: hermenêutica da facticidade*, Petrópolis, Vozes, 2012, 21.

16. Ibidem.

Para Heidegger, o ser é ser de possibilidade, e nisso consiste sua existência, e é justamente essa existência que será interpretada por meio da faticidade. Mas, se a hermenêutica tem a ver com o viver humano, sendo a própria constituição do ser-aí, existir se torna, no pensamento de Heidegger, autocompreensão do ser-aí no mundo, ou, em outras palavras, estar aberto, reconhecendo-se seu estar-no-mundo, como espaço de possibilidades, isto é, compreender[17]. Dessa forma, a hermenêutica nunca é uma tarefa que se encerra, muito pelo contrário; ela está sempre a caminho, sempre aberta para as possibilidades do ser.

Como condição do estar-no-mundo do ser-aí, a hermenêutica se relaciona com o tempo presente, parte de um hoje que é compreendido e expresso a partir de momentos anteriores. Nesse sentido, Heidegger vai contra uma generalização da hermenêutica. Esta tem a ver com a temporalidade. O ser-aí é enquanto ligado a uma temporalidade e não desvencilhado dela, bem como não pode ser desvencilhado de sua própria vivência, seu se reconhecer enquanto ser-no-mundo.

No pensamento heideggeriano, a ação hermenêutica surge a partir do despertar filosófico do ser-aí, "no qual o ser-aí se encontra consigo mesmo, em que o ser-aí aparece diante de si mesmo"[18]. Para Heidegger, falar sobre a hermenêutica, não a reconhecendo como característica inerente ao ser-aí, não passa de um mal-entendido do que vem a ser a própria hermenêutica. Em seu pensamento, a hermenêutica não é filosofia em si mesma, é somente algo prévio e provisório, sobre o qual se deveria manter o maior tempo possível[19].

O pensamento hermenêutico de Heidegger é compreendido como círculo hermenêutico heideggeriano. Isso quer dizer que o *Dasein* se compreende na própria compreensão, e toda compreensão precisa de uma pré-compreensão para se realizar.

Gadamer

Gadamer foi aluno de Heidegger. Este exerceu grande influência no pensamento gadameriano, ainda que aquele tenha desenvolvido um pen-

---

17. HEIDEGGER, MARTIN, *Ser y Tiempo*. Disponível em: <http://philosophia.cl>. Acesso em: 22 mar. 2018 (em PDF, página 146).
18. HEIDEGGER, MARTIN, *Ontologia: hermenêutica da faticidade*, Petrópolis, Vozes, 2012, 24.
19. Ibidem, 26.

samento próprio e original. Gadamer retoma o diálogo com as ciências humanas e retoma a importância da tradição para a hermenêutica. Parece-nos claro que, depois de Kant, fruto da corrente iluminista, e de sua ênfase na razão das coisas, as ciências do espírito foram contaminadas pela obsessão metodológica.

Assim tudo aquilo que não é racional não pode ser usado como critério de veracidade, e a certeza se dá por meio da razão. Dessa forma, todo pré-conceito deve ser jogado fora para que a razão possa imperar.

Contrariamente a isso, na esteira de Heidegger, Gadamer voltará sua atenção para a tradição. Para Gadamer, toda hermenêutica é uma conversação. Aqui se mostra a importância da hermenêutica gadameriana para a teologia e o porquê de nossa insistência em fazer esse percurso. Todas as teologias hermenêuticas se baseiam nas teses gadamerianas.

No pensamento de Gadamer, nascemos em uma tradição e só podemos conhecer algo em uma tradição própria. Assim, pressupõe-se uma hermenêutica das tradições. Os pré-conceitos se tornam, então, condições de possibilidade para a compreensão.

> O que é consagrado pela tradição e pela herança histórica possui uma autoridade que se tornou anônima, e nosso ser histórico e finito está determinado pelo fato de que também a autoridade do que foi transmitido, e não somente o que possui fundamentos evidentes, tem poder sobre nossa ação e nosso comportamento[20].

Assim, os costumes que temos são adotados livremente por nós, e são contínuos; vêm a nós como herança histórica, não são fundados por alguém. É nesse sentido que se define o que é tradição no pensamento gadameriano, ou seja, ter validade sem precisar de uma fundamentação[21]. Em outras palavras, estamos sempre inseridos em uma tradição enquanto sujeitos históricos. Não há como fugirmos disso.

A hermenêutica está totalmente ligada a uma tradição. No entanto, essa hermenêutica não deve ser concebida como se fosse algo em continuidade, sem interrupção, mas, sim, como um processo de familiaridade e estranheza. É nessa tensão que se encontra o lugar da hermenêutica no pensamento de Gadamer. A hermenêutica não tem a ver com um método para compreender algo, mas, sim, com o ato de esclarecer as condições para que a compreensão possa ocorrer[22].

---

20. Gadamer, Hans-George, op. cit., 372.
21. Ibidem.
22. Ibidem, 391.

Contudo, ao considerarmos um texto, a distância histórica também deve ser levada em conta. Ao contrário do que pensava Schleiermacher, não é possível termos acesso ao autor original do texto. A própria distância histórica impossibilita isso. Uma vez que no pensamento de Gadamer estamos inseridos em uma tradição, esse texto, distante historicamente de mim, também está inserido na tradição do seu tempo; portanto, será interpretado de modo diferente por um leitor atual, mesmo que se considere o contexto original do texto. O intérprete traz junto de si toda a história. A distância temporal é de grande importância para Gadamer.

O conceito de Gadamer para a compreensão de si mesmo é o de "história dos efeitos", que quer dizer que "uma hermenêutica adequada à coisa em questão deve mostrar a realidade da história na própria compreensão"[23]. Ou seja, as camadas de interpretações geram a não imediatidade entre mim e o texto. Nesse ponto, percebemos como isso vai de encontro à ideia do princípio *Sola Scriptura* de Lutero, e de um texto que é compreensível por si só se seguirmos na linha dos reformadores.

Ao interpretarmos, estamos sempre em alguma situação histórica e em um tempo histórico, o que, sem dúvida, limita-se a seu próprio tempo e restringe aquilo que podemos ver em nossa situação atual. A essa limitação Gadamer dá o nome de horizonte. Cada texto abre um horizonte de leitura, sendo que o primeiro leitor também tem o seu próprio horizonte de leitura, que é passado pela sua própria tradição. Assim, compreender é uma "fusão de horizontes".

O horizonte do presente não se forma, pois, à margem do passado. Não existe um horizonte do presente por si mesmo, assim como não existem horizontes históricos a serem conquistados. Por sua vez, compreender é sempre um processo de fusão desses horizontes presumivelmente dados por si mesmos[24].

Paul Ricoeur

Paul Ricoeur, francês, nascido em 1913, foi um dos grandes filósofos do século XX. Autor de uma vasta obra e de um pensamento riquíssimo, contribuiu imensamente para a questão hermenêutica, sendo bastante influente no meio teológico.

---

23. Ibidem, 396.
24. Ibidem, 404.

Para falarmos sobre seu trabalho hermenêutico, precisamos ter em mente os três sentidos que encontramos em sua obra: hermenêutica dos símbolos, hermenêutica do texto e hermenêutica da ação[25], o que nos mostra três fases no pensamento do autor. No primeiro momento, Ricoeur desenvolve a hermenêutica como "interpretação amplificadora das expressões simbólicas e formula a ideia de uma compreensão mediada pelos signos, os símbolos e os textos"[26]. Essa hermenêutica dos símbolos busca "reencontrar o núcleo de toda hermenêutica: a arquitetura do sentido, a linguagem de duplo sentido, cujo papel é desvelar/velar"[27]. Dessa forma, interpretar quer dizer decifrar o sentido que está velado no sentido manifesto, ou seja, trazer à luz os diversos sentidos e a polissemia das palavras.

Ao estudar os símbolos, ele os classifica em três tipos. O primeiro deles é o símbolo primário, que é o símbolo da mancha. O mal é experimentado como mancha — é como algo que me infecta e me faz sentir sujo e independe da minha vontade. Isso acontece toda vez que se infringe um tabu. Segundo Ricoeur, esse símbolo é o mais primitivo que existe e está presente em todas as culturas, sendo-nos impossível destruí-lo. É interessante perceber que nesse primeiro estágio não há uma questão moral em voga. Uma vez que ocorra a infração, há a mancha.

O segundo tipo é o do mal experimentado como pecado. Esse símbolo já passa por um processo de purificação ou racionalização. É um símbolo eminentemente presente no Antigo Testamento e incutido na mente dos judeus, sobretudo pelos profetas. Tem a ver com a ruptura da aliança. Supõe uma relação intrassubjetiva entre os membros do contrato. Nesse ponto, há, sim, uma responsabilidade moral.

O terceiro tipo é o do mal como culpa. Neste sentido, ocorre a subjetivação da responsabilidade pelo mal, sendo esse totalmente subjetivo. A culpa entrou na comunidade de Israel pela dimensão jurídica; depois, pela consciência dos fariseus.

Para Ricoeur, o símbolo dá a pensar mais ainda que a própria razão, sendo, portanto, uma fonte inesgotável de interpretação. A obra *O conflito de interpretações* resume essa primeira etapa do pensamento de Ricoeur. Nela, apresenta-se uma exegese dos símbolos que parte do

---

25. CESAR, CONSTANÇA MARCONDES, A ontologia hermenêutica de Paul Ricoeur, in: *A hermenêutica francesa: Paul Ricoeur*. (Coleção Filosofia, 140), Porto Alegre, EdiPUCRS, 2002, 43.

26. RICOEUR, PAUL, *Réflexion faite: autobiographie intellectuelle*, Paris, Éditions Esprit, 2005, 59.

27. Cesar, Constança Marcondes, op. cit., 44.

estabelecimento de relações entre as contribuições da fenomenologia da religião, da psicanálise e da linguística, para a análise dos mitos, dos sonhos e da poesia, utilizando a linguagem de duplo sentido como instrumento do conhecimento do homem e a proposição de valores ontológicos (ser si mesmo), como objetivo da vida[28].

No segundo momento, como vimos antes, sua preocupação está às voltas da hermenêutica dos textos. Essa fase surge em consequência do seu contato com o estruturalismo e traz a novidade de considerar o caráter do distanciamento na linha da tese gadameriana. Foi ao trabalhar a questão da metáfora e da narrativa que Ricoeur passou a observar a pertinência dos critérios de textualidade, que, depois, foram teorizados em escritos posteriores. Nesse novo período se percebe grande importância dada ao "mundo do texto", sendo através dele que o leitor transformará o próprio mundo, o "mundo do leitor". A compreensão que Ricoeur tem desses dois termos é bem clara em seu texto:

> Por mundo do texto, entendo o mundo desdobrado diante dele, por assim dizer, como o horizonte da experiência possível no qual a obra desloca seus leitores. Por mundo do leitor, entendo o mundo efetivo em que a ação real é desenvolvida no meio de uma "rede de relações", para empregar uma expressão de Hannah Arendt em *The Human Condition* [A condição humana][29].

Essa categoria de "mundo do texto" é central para a hermenêutica filosófica e bíblica de Paul Ricoeur.

> Com efeito, é sobre ela que se articulam a objetivação pela estrutura como também o distanciamento pela escritura. É em seu encontro com o mundo do leitor que se produz o ato de leitura e é, enfim, sobre ela que se articulará a compreensão de si na apropriação do texto. É pela distância que estabelece o mundo do texto, da metáfora, do relato de ficção ou do escrito bíblico, em relação à realidade cotidiana visada pela linguagem ordinária, que pode libertar-se de uma referência de outro tipo, que enriquece o mundo habitual com um excedente de sentido inacessível ao discurso literal[30].

---

28. Idem, ibidem, 46.
29. Ricoeur, Paul, *A hermenêutica bíblica*, São Paulo, Loyola, 2006, 290.
30. Ibidem.

Ricoeur concebe o "arco hermenêutico"[31] que começa com a apreensão do texto, que é captado como um todo, seguido por procedimentos explicativos voltados para sua produção textual ou para sua organização literária, sendo concluído quando ocorre a apropriação por parte do leitor, do mundo do texto ao mundo do leitor. Dessa forma,

> a nova compreensão de si implica que o sujeito consinta em desapropriar-se dele mesmo a fim de deixar-se tomar pelas novas possibilidades de ser-no-mundo destacadas pelo texto. É então que a poética do discurso pode provocar uma poética da existência no momento de decisão própria da vontade[32].

O terceiro sentido da hermenêutica de Ricoeur é o da hermenêutica da ação. Nesse ponto, estuda-se "o caráter linguageiro da experiência humana e, em seguida, analisa a relação entre a narrativa histórica e a narrativa da ficção, cujo ponto de convergência é o *mythos* entendido como intriga, tessitura de ações e desvelamento da condição humana"[33].

A tese de Ricoeur nessa fase é de que o homem se compreende por meio da narração de suas experiências, uma vez que, por meio desta, apreende a totalidade daquilo que lhe acomete. Sua tese central é que os discursos são, eles próprios, ações. Nesse sentido, toda ação pode ser lida e está aberta a essa leitura por qualquer um que a saiba ler.

Ricoeur define o agir humano como modo de ser fundamental[34] e, com isso em mente, desenvolve o conceito-chave de identidade narrativa, ou seja, "o si narrador e narrado desempenha o papel de um mediador entre a teoria da ação e a teoria moral"[35]. Essa identidade narrativa é que permite ao indivíduo responder à pergunta a respeito do ser.

---

31. Cf. Ricoeur, Paul. *A hermenêutica bíblica*, 53-54; também em Verheyden, J.; Hettema, T.L; Vandecasteele, P. (orgs). *Paul Ricoeur: poetics and religion*. Coleção BETL. Leuven, Uitgeverij Peeters, 2011, 69-73.
32. Ricoeur, Paul, *A hermenêutica bíblica*, 54.
33. Cesar, Constança Marcondes, op. cit., 50.
34. Ricoeur, Paul, *Soi-même comme um autre*, Paris, Édition du Seuil, 1990, 32.
35. Cf. Ricoeur, Paul, *Réflexion faite: autobiographie intellectuelle*, 81. Também em Cesar, Constança Marcondes, op. cit., 52.

Capítulo 3
Terceiro momento: hermenêuticas teológicas

Após esse percurso ao longo da hermenêutica filosófica a partir de Schleiermacher, voltemos nossa atenção para a hermenêutica teológica protestante contemporânea. Nesta, duas figuras merecem nossa atenção: Karl Barth e Rudolf Bultmann. Ambos, mesmo seguindo por vias opostas, contribuíram muito para a teologia do século XX.

Karl Barth

Karl Barth se encontra em um momento de transição do interesse teológico. A primeira busca do Jesus histórico havia se encerrado com o trabalho de Albert Schweitzer, evidenciando que a tentativa de fazer uma biografia de Jesus pela via histórica se torna infrutífera. O começo das aulas de Harnack, grande historiador da Igreja, sobre a essência do cristianismo marca o início do século XX no campo da teologia[1]. A tese harnackiana a respeito da helenização do cristianismo e seu intento de encontrar a essência do cristianismo pela via histórica marcam seu itinerário teológico.

Karl Barth foi aluno de Harnack, porém segue em linha contrária a seu mestre. Seu intuito é fazer uma volta à Palavra de Deus. Ele tem, dessa forma, a Escritura em grande consideração, visto que, em seu pensamento,

---

1. GIBELLINI, ROSINO, *A teologia do século XX*, 2. ed., São Paulo, Loyola, 1998, 13.

"a Palavra de Deus é Deus mesmo dentro da escritura santa"[2]. Sua teologia é considerada uma teologia dialética, por ter como interesse deixar clara a distinção que existe entre Deus e o homem, enfatizando a transcendência de Deus em relação ao mundo.

No pensamento barthiano, seguindo na linha paulina de Romanos, o homem não tem um caminho para chegar a Deus nem pela via da experiência religiosa, nem pela via da história, nem pela via metafísica. O único caminho para chegar a Deus se dá por intermédio de Jesus Cristo.

Percebemos no pensamento de Barth grande influência do pensamento calvinista e luterano, da depravação do homem que é totalmente e diametralmente oposto a Deus. Com o passar do tempo, o pensamento de Karl Barth se suaviza e, em sua *Dogmática*, é possível perceber uma aproximação entre Deus e o mundo. Gibellini nos dá uma boa caracterização dessa variação teórica da teologia barthiana:

> No período dialético da Epístola, valem as seguintes afirmações centrais: a) Deus é Deus, e não é o mundo; b) o mundo é mundo e não é Deus, e nenhuma via conduz do mundo a Deus; c) se Deus encontra o mundo — e é este o grande tema da teologia cristã —, esse encontro é *Krisis*, é juízo, é um tocar o mundo tangencialmente, que delimita e separa o mundo novo do velho. No período da Dogmática, vão tomando consistência as seguintes afirmações centrais: a) Deus é Deus, mas é Deus para o mundo: ao Deus que é o totalmente Outro sucede a figura de Deus que se faz próximo do mundo; b) o mundo é mundo, mas é um mundo amado por Deus: passa-se do conceito da infinita diferença qualitativa aos conceitos de aliança, reconciliação, redenção, como conceitos-chaves do discurso teológico; c) Deus encontra o mundo em sua Palavra, em Jesus Cristo: daí se segue a concentração cristológica subsequente ao enfoque escatológico do período dialético[3].

Ao pensarmos a hermenêutica de Barth, é interessante termos em mente esse escopo. Sua hermenêutica é extremamente ligada à revelação[4]. Não tem a ver, em primeiro lugar, com metodologias conscientes para dissecação do texto, mas tem a ver com a questão de uma posição individual frente a Deus e sua Palavra. Assim, falar de hermenêutica, no pensamento

---

2. BARTH, KARL, Dogmatique: La doctrine de la parole de Dieu: prolégomènes à la Dogmatique, Genève, Éditions Labor et Fides, 1955, 1.
3. GIBELLINI, op. cit., 30.
4. JEANROND, Introduction à l'herméneutique théologique, 179 s.

barthiano, tem a ver com falar sobre um discurso adequado sobre a revelação de Deus dentro da história, ou seja, como podemos falar da Palavra de Deus hoje, de maneira que ela seja verdadeiramente uma palavra divina.

Para Barth, Deus não deve ser objeto de nossos métodos e de nossas interpretações. Isso não faz sentido, uma vez que é Deus que vem a nós e nos interroga. A história é lugar da revelação de Deus e, dessa forma, deve ser interpretada pelo próprio Deus. Assim, se coloca contrário que o texto bíblico seja estudado dentro de uma hermenêutica geral.

A semelhança do pensamento barthiano com o pensamento de Calvino, principalmente no que tange a questão da eterna diferença entre Deus e homem, é facilmente percebida. A grande preocupação de Barth é trazer de novo a Palavra de Deus à tona. A Palavra que se revela e se mostra por intermédio de Cristo foi ameaçada pela teologia liberal que, a nosso ver, é o principal inimigo de Karl Barth em sua teologia.

Assim como Agostinho, para quem toda a Bíblia deveria ser lida tendo como base o amor e Lutero, para quem toda a Escritura deveria ser lida tendo como base a justificação pela fé, Karl Barth também parte de uma pré-compreensão da significação geral da Bíblia, que, em seu pensamento, é a alteridade de Deus. A partir disso, podemos concordar com a análise de Jeanrond de que a hermenêutica de Barth pode ser considerada uma macro-hermenêutica.

Com sua ênfase na Palavra de Deus, parece-nos claro perceber tanto a questão da literalidade bíblica, ou seja, o próprio texto é compreendido diretamente pelo indivíduo, por meio da revelação de Deus, como o fato de que a questão da autoridade última de toda teologia deve ser encontrada na Escritura, e nunca fora dela. Nesse sentido, joga-se fora toda autonomia do pensamento humano para a compreensão das Escrituras.

A contribuição de Barth à teologia é, sem dúvida, inquestionável. Todo o seu amor às Escrituras e sua tentativa de resgatar o valor desta para o meio cristão, em resposta a uma teologia liberal que havia esquecido o *querigma*, é motivo de grande alegria e deve nos encorajar a, mesmo falando em nosso tempo, permanecermos fiéis àquilo que nos foi ensinado pelas testemunhas do evento Cristo e da vida de Jesus, conforme relatado nos Evangelhos.

> Se devo dizer qualquer coisa sobre a mudança do meu pensamento religioso nesta última década, a primeira coisa então é que o meu pensamento não mudou sobre um ponto: o seu objeto, a sua origem e norma, não é a considerada "religião", mas, sim, na medida em que este meu intento

é possível, o Verbo de Deus. O Verbo de Deus que fundou, salvou e suportou a Igreja cristã, a sua teologia, a sua predicação e sua tarefa; que na Santa Escritura fala ao homem — ao homem de nosso tempo, país, condição, idade. O Verbo de Deus que é o mistério de Deus no seu contato com o homem, e não o mistério do contato humano com Deus, como se está implícito no termo "religião"[5].

Rudolf Bultmann

Rudolf Bultmann, também aluno de Harnack, foi outro teólogo que se preocupou com a questão hermenêutica. No entanto, ao contrário de Barth, não parte de uma hermenêutica da Palavra de Deus.

Embora seja comumente acusado de fazer uma heideggerização da teologia, por usar a filosofia existencial heideggeriana em seu projeto de desmitologização do Novo Testamento, isso não pode ser considerado uma verdade[6]. Bultmann se interessa pela significação do texto para o seu tempo. A própria desmitologização já pressupõe essa preocupação com o texto do qual acabamos de falar.

Essa preocupação bultmanniana ainda nos faz questionar, e não deveria deixar de fazê-lo. Afinal, fazer teologia deve ser sempre conectado à preocupação em trazer o significado do texto bíblico para o momento histórico e cultural que vivemos de forma que faça sentido às pessoas que o ouvem. Assim, as categorias que usamos hoje devem ser compreensíveis para homens e mulheres de nosso tempo. Nesse sentido, a proposta de Bultmann se mostra extremamente atual e instigante para toda pessoa que queira contribuir para uma teologia contextualizada e significativa para a humanidade.

No que tange à hermenêutica, Bultmann faz referências a Schleiermacher e Dilthey. Enquanto Schleiermacher queria compreender a intenção do autor que estava no texto e Dilthey pretendia compreender a vida em suas formas mais diversas com base na abordagem do texto, Bultmann sublinhava a multiplicidade das perspectivas interpretativas, uma vez que todo ato de compreensão é visto a partir de uma perspectiva particular[7].

---

5. BARTH, KARL, Autobiografia critica (1928-1958), Vicenza: La Locusta (1978), 22-23.
6. Bultmann foi mal compreendido por diversas pessoas de sua época. "É incrível quantas pessoas se arrogam um juízo sobre o meu trabalho, sem jamais terem lido uma palavra minha." Cf. BULTMANN, RUDOLF, Crer e compreender: artigos selecionados, São Leopoldo, Sinodal, 1986, 11.
7. JEANROND, op. cit., 196 s.

A hermenêutica de Bultmann, com sua base heideggeriana, se interessa pela questão da pré-compreensão e compreensão do texto e, claramente, não é a-histórica. Ao contrário de Schleiermacher e Dilthey, no entanto, Bultmann não busca um significado idealizado do texto, ou seja, aquilo que o autor do texto quis dizer, como se o texto só tivesse uma única significação que me fosse oferecida ou descoberta por mim na medida em que compreendia a intenção do autor, na linha de Schleiermacher, ou as formas de vida, na linha de Dilthey, mas tenta trazer o texto de modo que tenha significado a um para-mim atual.

É nesse sentido que deve ser compreendido seu projeto de desmitologização do Novo Testamento. Para Bultmann, "toda a concepção do mundo que pressupõem tanto a pregação de Jesus como a do Novo Testamento, é, em linhas gerais, mitológica"[8]. Sua preocupação é com a forma de falar a respeito da pregação de Jesus para o homem de seu tempo que não aceita mais as visões antigas de mundo como proposto pelo Novo Testamento e a cosmologia antiga, tais como a visão de mundo estruturado em três planos — céu, terra e inferno, a ideia de que existem demônios e anjos que interferem na vida humana, dentre outras.

Propõe, então, abandonar as concepções mitológicas para alcançar um significado mais profundo da pregação de Jesus. Em suas palavras, a desmitologização é um "método de interpretação do Novo Testamento que trata de redescobrir seu significado mais profundo, oculto por trás das concepções mitológicas"[9]. Em suma, para ele, a palavra de Deus não é um mistério que devo apreender por meio da razão, mas, sim, que devo compreender. Compreensão, em seu pensamento, é diferente de explicação racional. A palavra de Deus sempre chega a mim como uma proclamação e exige de mim uma resposta de fé, e, assim, "o homem que deseja crer em Deus deve saber que não dispõe absolutamente de nada sobre o qual possa construir sua fé, e que, por assim dizer, se encontra suspenso no vazio"[10]. Dessa forma, sua hermenêutica se torna não mais uma hermenêutica do texto, mas uma hermenêutica do sentido.

É aqui que se dá a crítica de Paul Ricoeur ao pensamento bultmanniano. Na visão de Ricoeur, há um atalho feito por Bultmann, ao passar do texto para a questão existencial. A crítica de Ricoeur é que Bultmann trata os mitos como expressões objetivantes, sem, contudo, propor nenhuma

---

8. BULTMANN, RUDOLF, *Jesus Cristo e mitologia,* São Paulo, Fonte Editorial, 2003, 12-13. Também em BULTMANN, *Crer e compreender,* 13.

9. BULTMANN, Jesus Cristo e mitologia, 16.

10. Ibidem, 66.

teoria interpretante para essa questão. Assim, "a oposição formulada por Bultmann entre as expressões míticas objetivantes de uma parte e a fé de outra parte é bastante ingênua"[11].

Outra crítica feita por Ricoeur à hermenêutica bultmanniana tem a ver com o fato de que, ao trazer tudo para o campo meramente existencial, Bultmann faz um sacrifício intelectual. Esse sacrifício implica que o cristão não deve mais pensar em interpretar passagens não míticas da Bíblia, desde que essas falem com ele de uma forma existencial. Assim, o texto fica sem o seu senso objetivo; antes, meramente se faz uma apropriação existencial daquilo que está escrito, o que, sem dúvida, foge a uma teoria de interpretação que deve trabalhar tanto o senso objetivo quanto o senso subjetivo. Ou seja, deve tanto incluir uma teoria da linguagem como uma teoria de interpretação textual.

Mas, se a hermenêutica de Bultmann não alia esses dois sensos, seria ela suficientemente hermenêutica? Diante de tudo isso, esse pensamento de Ricoeur, endossado por Jeanrond, parece bastante pertinente.

Apesar de toda crítica feita por Ricoeur nesses pontos (que são importantes para uma hermenêutica teológica), não podemos negar a contribuição de Bultmann para a hermenêutica no campo da teologia.

Diante de todo o cenário da teologia liberal em seu afã por uma racionalização da fé cristã, desde Paulus com suas justificativas para os milagres de Jesus e as diversas vidas fictícias de Jesus que marcaram a primeira busca do Jesus histórico até a busca frenética, dentro de um historicismo latente de Harnack, por justificar a mensagem cristã como mero discurso institucionalizado ou helenização, Bultmann resgata o *querigma*.

Pequenas considerações sobre as hermenêuticas de Karl Barth e Rudolf Bultmann

Parece-nos clara a grande diferença que há entre os pensamentos desses dois teólogos. Enquanto Barth parte de uma hermenêutica de cunho mais apaixonada e idealista, que remete a uma ideia de uma revelação sobrenatural que se dá diretamente pelo texto, sendo nele o lugar que o ser humano encontra Deus, Bultmann parte de uma hermenêutica existencial, em que o conhecimento de Deus se dá no processo hermenêutico mesmo.

Há, porém, um ponto comum no pensamento dos dois. Esse ponto de convergência se dá com relação à mediação do texto para a revelação

---

11. JEANROND, op. cit., 205 s. Também em RICOEUR, *A hermenêutica bíblica*, 48.

de Deus, mesmo que em sentidos opostos. Como vimos, Barth propunha uma espécie de texto a-histórico, como palavra revelada e sobrenatural que chega até nós pelo criador da história, enquanto Bultmann parte da própria existência humana, de modo que o texto é um portador de sentido para a existência, e não moldura de comportamento e verdade absoluta.

As duas teorias hermenêuticas, se levadas às últimas consequências, trazem grandes prejuízos ao fazer teológico. No caso de Barth, corremos o risco de cair em certo fundamentalismo do texto, portador da verdade absoluta, e que, nesse sentido, se torna surdo aos anseios dos homens e das mulheres de nosso tempo. A crença sem reflexão em verdades ditas reveladas de maneira não histórica, com base em algum ser divino, já se mostrou e tem se mostrado, em nosso tempo, portadora de grandes desgraças e mortes. Discursos que, baseados nessas "verdades reveladas", geram morte, fome, desigualdades sociais, preconceitos e toda sorte de mazelas, principalmente na América Latina e nos países subdesenvolvidos.

No caso da hermenêutica bultmanniana, caímos no risco de um total relativismo. Se o texto fala a mim somente em relação existencial, de maneira que o que importa é o que o texto me diz e, sabendo que o mesmo texto pode falar coisas diferentes a pessoas diferentes em contextos diferentes, estamos diante de um *self-service* de opções interpretativas, em relação ao mundo e à Palavra. Nesse sentido, em vez de uma hermenêutica teológica que vise ao diálogo, cairemos em uma hermenêutica teológica que tem como base a indiferença.

Ambas as teorias hermenêuticas podem trazer dificuldades para o fazer teológico se tomadas de forma isolada ou de forma absoluta, mas podem também cooperar de forma maravilhosa para dar respostas às questões de nosso tempo. Cabe aos teólogos e teólogas de hoje promover esses encontros e extrair de cada teoria o melhor para que a mensagem cristã continue a ter sentido para a humanidade.

Nova hermenêutica

A hermenêutica que surge após Barth e Bultmann recebe o nome de nova hermenêutica e tem como linha principal a tentativa de conciliar a nova filosofia da linguagem heideggeriana com a Palavra de Deus, tendo também influência da hermenêutica de Gadamer[12]. Ernst Fuchs e Gehrard

---

12. Cf. Grech, P. Prospero, La nuova ermeneutica Fuchs ed Ebeling, in: Associazione Biblica Italiana, *Esegesi ed ermeneutica: atti dela XXI settimana biblica*, Brescia, Paideia, 1972, 77.

Ebeling foram dois expoentes desse período que se esforçaram para fazer essa vinculação, por isso são considerados os pais da escola da nova hermenêutica. É importante deixar claro que nem todos os hermeneutas que vieram depois deles se encaixam dentro da nova hermenêutica. Nomes como Ricoeur, Pannenberg, Lapointe se encaixariam na chamada novíssima hermenêutica.

> A nova hermenêutica trazida por Ebeling e Fuchs não é um novo método de exegese, ou de explicação do texto clássico. Como fim, não há o conhecimento, mas a decisão existencial. Tornou-se um novo sistema teológico somente porque tem como escopo primário estudar o problema da comunicabilidade da revelação ao homem de hoje. A mensagem de Cristo não pode ser limitada a seu tempo. Se ainda é válida hoje, em qual linguagem exprimi-la[13]?

Fuchs segue a linha de Bultmann a respeito da resposta do humano pela sua autenticidade. Esse humano depende de uma potência superior a ele e, no pensamento de nosso teólogo, essa potência é Deus. A relação humana com Deus é essencial para o homem, e essa relação se dá por meio da linguagem. Linguagem aqui compreendida na linha do segundo Heidegger, que a vê não somente como sistema de sons, mas como algo que provoca e pede uma decisão diante do mundo. Tanto para Fuchs como para Ebeling a linguagem surge da experiência de um evento e deve conduzir ao mesmo evento de modo que este possa ser considerado autêntico. Essa palavra-evento que surge a partir da junção linguagem e experiência, tanto Ebeling quanto Fuchs a identificam como evento salvífico.

O evento precisa da linguagem por necessidade, de forma que "a linguagem é a hermenêutica do evento"[14], seguindo na linha de Heidegger, com a diferença que este a chama de "hermenêutica do ser". Uma vez que a linguagem é própria do humano, é por meio da linguagem que o próprio humano se entende.

Tanto Fuchs quanto Ebeling enfatizam o caráter comunitário da linguagem, sendo essa linguagem fundamental para a comunhão humana e a comunhão com o próprio Deus[15]. A linguagem se torna interpretação da própria existência. Uma vez que o ser humano se entende a partir da linguagem, e essa linguagem é também o que define a comunidade, por

---

13. Ibidem.
14. Ibidem, 78.
15. Ibidem, 79-80.

meio dela o humano se identifica com os demais e entende o significado da própria existência. A linguagem é então reconhecida como aquela que tem como fim esclarecer o significado de um evento, de onde essa linguagem flui espontaneamente, para que esse evento continue ao longo da vida.

Com relação à leitura do texto, ambos os autores defendem que este não deve ser lido com indiferença, uma vez que ele sempre nos chama a uma conclusão e a reproduzir em nós o evento análogo àquele que lhe deu origem. Isso é entender autenticamente o texto. Como consequência, tudo aquilo que se desvia de uma questão existencial deve ser eliminado para que a linguagem possa falar do seu momento atual. Aqui, claramente a nova hermenêutica segue na linha bultmanniana e em seu projeto de desmitologização.

Por fim, a interpretação nunca é completa até que o texto seja proclamado para produzir a palavra-evento que deve alcançar. Dessa forma, não se pode dizer que nós interpretamos um texto, mas, sim, que o texto interpreta minha existência e me interroga a respeito da minha reação diante da vida à luz daquele evento-palavra do qual teve sua origem. Com relação ao texto religioso, uma vez que sua origem se dá na fé, a interpretação só se torna completa quando se reproduz no ouvinte a mesma fé de sua origem.

A relação dialética proposta por Bultmann é rejeitada tanto por Ebeling quanto por Fuchs, que claramente fazem uma retomada da identificação entre palavra e salvação, na linha do protestantismo luterano. Como nos diz Jeanrond,

> O movimento que chamamos de "nova hermenêutica" ignora essa relação dialética [estabelecida por Bultmann]. Seus principais representantes, Fuchs e Ebeling, preferem uma hermenêutica intrateológica, isto é, uma hermenêutica da fé, que deveria apreciar as riquezas da hermenêutica filosófica, mas interessada nela somente na medida em que vinha reforçar a tradição da teologia da Palavra, herança da Reforma. Mais precisamente, no interior dessa tradição, a hermenêutica teológica era para promover uma boa predicação e não o estabelecimento de um fundamento epistemológico mais adaptado ao pensamento teológico[16].

---

16. JEANROND, op. cit., 222.

E a pneumatologia?

No que tange à pneumatologia, é no chamado período moderno que ocorre um "redescobrimento do Espírito". Do lado católico, temos a Encíclica de *Divinum Illud Munus*, de Leão XIII, promulgada em 1897, em que se deseja que "cresça a devoção ao divino Espírito Santo, a quem de muito são devedores todos quantos seguem o caminho da verdade e da justiça"[17]. No entanto, somente algumas décadas depois, com o Concílio Vaticano II, o clamor de Leão XIII foi atendido.

Esse concílio, sem dúvida, marcou muito o cristianismo e, principalmente, o catolicismo[18]. O próprio intento de realizá-lo, como necessidade de um *aggionarmento* da Igreja frente a um novo mundo que se mostrava, é entendido como uma ação do Espírito que age ao longo da história para renová-la e fazer soprar seu vento para restauração e alcance de almas que necessitam de seu toque.

O caráter ecumênico que se percebe com os diversos "observadores" protestantes e ortodoxos que se manifestaram durante o Concílio mostra também a proposta de abertura trazida pelo Concílio, que reflete o momento em que ele se estabelece.

Com relação à pneumatologia, o Concílio preservou a referência cristológica, que é bíblica, uma vez que no texto bíblico o Espírito é sempre o Espírito de Cristo, e nunca está desvinculado dele. No que tange à questão da Tradição, a linha de raciocínio se encontra no fato de que o Espírito é aquele que dá vida ao corpo de Cristo, que é a Igreja e, dessa forma, ele garante tanto a tradição como os pronunciamentos do magistério com relação às verdades de fé.

A Igreja e os sacramentos são retomados em sua função trinitária e não são mais vinculados a um cristomonismo das idades Média e Moderna. A retomada de epicleses nas novas orações eucarísticas também pode ser visto como esse movimento de retorno aos primeiros padres e de resgate da grande contribuição da teologia oriental no que tange as questões litúrgicas.

Os carismas refletem também essa reentrada do Espírito na eclesiologia proposta pelo Vaticano II, ou seja, a Igreja não é mais vista somente como estrutura piramidal e clerical; ela também é vista como povo de Deus.

---

17. Leon XIII, Papa, *Divinum illud munus*, Roma, 1897, par. 2. Disponível em: <www.vatican.va>. Acesso em: mar. 2018.
18. Cf. Hilberath, *Pneumatología*, p. 180-188.

O concílio reconhece o Espírito como "evento", ou seja, o Espírito atualiza o Evangelho e o entendimento da Palavra, renova a Igreja para que esta siga em fidelidade ao chamado de Deus. Pouco tempo depois, insuflado pelo Concílio Vaticano II, surge o Movimento de Renovação Carismática de 1967 que permanece até os dias atuais.

O caráter do Espírito como Aquele que sopra onde quer tem impacto no movimento ecumênico e, assim, o Espírito age também nas outras comunhões cristãs, mesmo que seja considerado imperfeito o sacramento eclesial nessas outras comunidades, o que, sem dúvida, dificulta grandemente um diálogo ecumênico aberto, bem como um diálogo inter-religioso.

No lado protestante vemos surgir o movimento pentecostal em sua forma mais característica com o movimento da Rua Azusa[19] em Los Angeles, nos Estados Unidos. Esse movimento foi grandemente responsável pelo crescimento do envio de missionários para os países do Terceiro Mundo, principalmente na África e na América Latina.

Na América Latina, o movimento pentecostal brasileiro merece destaque, dado seus mais de oitenta anos de existência e seu enorme crescimento nas últimas décadas com o movimento neopentecostal. Esse movimento geralmente é dividido em três momentos (três ondas)[20].

A primeira onda compreende o período a partir de 1910, com a chegada da Congregação Cristã, e, posteriormente, com a chegada da Assembleia de Deus, em 1911. A segunda onda começa na década de 1950 e no início da década de 1960, com o surgimento da Igreja do Evangelho Quadrangular, em 1951, Brasil para Cristo, em 1955, e Deus é Amor, em 1962, e a terceira onda surge a partir do final da década de 1970, com a Igreja Universal do Reino de Deus, e com ela surge aquilo que é denominado hoje movimento neopentecostal brasileiro[21].

Essas pequenas indicações acerca da pneumatologia que se mostram a partir do século XX nos fazem perceber como o redescobrimento do Espírito alcançou, principalmente, o âmbito popular por meio dos movi-

---

19. Movimento de avivamento que ocorreu em 1906, sob direção do pastor Willian Seymour, em Los Angeles, tendo como principais características a glossolalia e a liberdade na forma de adoração.

20. FRESTON, PAUL, Breve história do pentecostalismo brasileiro, in ANTONIAZZI, ALBERTO et al. *Nem anjos nem demônios: Interpretações sociológicas do pentecostalismo*, Rio de Janeiro, Vozes, 1994, 67.

21. Para uma abordagem das três ondas do pentecostalismo de forma bastante abrangente, veja BLEDSOE, DAVID ALLEN, *Movimento neopentecostal brasileiro: um estudo de caso*, São Paulo, Hagnos, 2012.

mentos pentecostais, seja do lado católico, seja do lado protestante. Diante disso, se desdobra um desafio teológico: como falar do Espírito Santo hoje, de maneira que faça sentido para homens e mulheres de nossa época, mas também esteja alicerçado em toda a tradição cristã?

O desafio de uma pneumatologia hermenêutica

As diversas críticas ao conceito heideggeriano de linguagem feitas por Ricoeur, Habermas, Barthes, Foucault, dentre outros, e a mudança de uma hermenêutica do texto para uma hermenêutica da linguagem nos mostram que a tarefa hermenêutica não é uma tarefa fechada; contudo, está sempre se construindo. A teologia, obviamente, também se insere nesse processo.

Partimos do pressuposto de que a teologia deve dizer algo para nossos dias, para os homens e mulheres de nosso tempo. Isso é um grande desafio para teólogos e teólogas que não querem ser somente repetidores de teorias e tradições. Ouvir o clamor do mundo em que vivemos é imprescindível para se fazer teologia. Não há teologia separada da vivência e da prática, portanto, devemos pensar numa teologia que faça sentido para homens e mulheres de nosso tempo, o que chama nossa atenção para aquilo que podemos chamar de pneumatologia hermenêutica.

Uma teologia hermenêutica

Para falarmos de uma pneumatologia hermenêutica devemos falar de uma teologia de caráter hermenêutico[22]. Antes, porém, uma distinção se faz muito importante, a saber, a diferenciação entre teologia hermenêutica e hermenêutica teológica. Dependendo do caminho por onde se trilha, podemos chegar a resultados bem diferentes. Tal como um avião que decola a um grau de inclinação diferente de sua rota, o que resulta, depois de uma hora de voo, estar a uma distância totalmente diferente da que se pretendia ir, assim ocorre com esses dois termos.

Ao dizermos hermenêutica teológica estamos pressupondo que todo texto tem em si algo de teológico, mesmo que seja implícito, bastando somente a nós procurarmos com atenção para encontrá-lo. Ao dizermos

---

22. Aqui as considerações elaboradas por Claude Geffré são essenciais para a compreensão desse tema. As obras *Como fazer teologia hoje* e *Crer e interpretar: a virada hermenêutica da teologia* são basilares na elaboração dessa parte.

teologia hermenêutica pressupomos toda a historicidade e toda a tradição tanto do texto quanto de seus intérpretes.

Neste livro, optei por trabalhar com base em uma teologia hermenêutica por pensar que a historicidade e a linguagem devem ser levadas em conta para o fazer teológico em nossos dias. Acredito, como Geffré, que "uma teologia de orientação hermenêutica não é uma corrente teológica entre outras, mas o próprio destino da razão teológica no contexto do pensável contemporâneo"[23].

As causas para essa mudança que alcança a teologia, tais como a mudança de uma razão especulativa, de cunho meramente ontológico para um compreender histórico, e a passagem de um positivismo da ciência para uma compreensão do humano como processo, são perceptíveis pelo que vimos na primeira parte deste capítulo.

Como dito, o movimento da Reforma foi imprescindível para essa mudança no método interpretativo. Passa-se de um modelo dogmático, em que as Escrituras eram utilizadas para provar determinado ensinamento da Igreja, para um modelo hermenêutico textual.

Baseado em todo o percurso que fizemos até aqui, foi possível perceber que acontece uma virada hermenêutica (Geffré) da teologia. A questão ontológica do conceito de verdade é totalmente remanejada, uma vez que novos paradigmas a respeito da interpretação do texto foram criados. Entramos naquilo que Jean Greisch chama de "idade hermenêutica da razão", que acontece quando a "filosofia descobre a proximidade de certas formas de dizer e pensar a si mesma"[24].

Essa idade, como bem pontua Pelletier, é herdeira da filosofia kantiana, aliada à historicidade proposta por Dilthey e o perspectivo nietzschiano de "que não há fatos, somente interpretações"[25], bem como da fenomenologia heideggeriana que lança as bases para se pensar que interpretar é um modo de ser do *Dasein*. Com Heidegger,

> somos convidados a nos desfazer da ideia de um texto que traria em si, como propriedade intrínseca, um só e único sentido, objetivo e estável, ligado à intenção do autor, que o leitor devesse apenas recolher, como alguém que se debruça para apanhar um objeto; seria uma referência nor-

---

23. Geffré, Crer e interpretar, 23.
24. Greisch, Jean. *L'Age herméneutique de la raison*, 179. Cf. também Pelletier, Anne-Marie. *Bíblia e hermenêutica hoje*, São Paulo, Loyola, 2006, 165.
25. Nietzsche, F. FP 12: 7[60].

mativa para avaliar as interpretações dadas. O tempo da hermenêutica é o tempo de um sentido plural, pluralizado, pluralizável[26].

Com relação à ideia do perspectivismo nieztschiano de que "tudo é interpretação", Jean Grondin aponta quatro dificuldades para se pensar uma hermenêutica sob essa ótica[27]: 1) a dificuldade de lidar com a realidade dos fatos e dos erros que existem, independentemente de uma interpretação, como, por exemplo, afirmar que Brasília, e não Belo Horizonte, é a capital do Brasil; 2) se entendida em sua perspectiva epistemológica, no sentido de que todo conhecimento é fruto de um paradigma (Kuhn) de interpretação, em cada surgimento de um novo paradigma, a verdade que decorre dele também mudaria; 3) se entendida no sentido histórico, trataria a verdade como uma "perspectiva útil", de maneira que não exista uma verdade que não seja conceitual; 4) por último, se entendida de forma ideológica, quer dizer que toda verdade seria guiada por interesses mais ou menos declarados. Nesse caso, a suspeita que surge com os conhecidos "mestres da suspeita", como Freud, Marx e Nietzsche, dá origem a uma hermenêutica com grande pretensão de verdade, mas que permanece somente no campo ideal: "ela não apenas se mantém como o apanágio do teórico (ele mesmo iniciado na verdade última dos fenômenos), como seu 'objeto' não será capaz de conhecê-la plenamente, exceto quando for libertado da ideologia que atualmente deforma sua consciência"[28].

Grondin, ao pensar a hermenêutica, tenta abordá-la por meio do sentido que nós nos esforçamos para entender. Esse sentido, em seu pensamento, é o sentido das próprias coisas e "ultrapassa nossas pobres interpretações e o horizonte limitado, mas, graças a Deus, sempre ampliável de nossa linguagem"[29].

Ao partirmos de uma teologia hermenêutica, precisamos ter a consciência de que ela se insere em uma determinada tradição, na esteira de Gadamer. Só é possível compreender um determinado texto se formos inseridos na tradição desse texto. Assim, discernir esses elementos fundamentais da experiência cristã e dissociá-los das linguagens nas quais foram traduzidas são tarefas da hermenêutica[30]. Ou seja, fazer a dissociação entre significante do texto e mensagem transmitida.

---

26. Pelletier, op. cit., 168.
27. Grondin, Jean. *Hermenêutica*, São Paulo, Parábola, 2012, 141-144.
28. Ibidem, 143-144.
29. Ibidem, 146-147.
30. Gefré, Crer e interpretar, 37.

Dessa forma, ao falar sobre o Novo Testamento e identificar nele os diversos significantes existentes, tais como o helenismo, o semitismo, dentre outros, é necessário questionar a respeito daquilo que tem a ver com o contexto histórico e cultural e aquilo que tem a ver com a mensagem.

O desafio que se coloca para a teologia hermenêutica é, então, o de dizer a Palavra de Deus hoje, de forma criativa e de modo que faça sentido à sociedade de nossos dias. Se a teologia é histórica, faz parte da existência do homem e se diz em linguagem humana, é fundamental que aconteça e fale dentro de seu tempo, nunca fora dele.

Contudo, para que se faça teologia de forma criativa é preciso haver uma ruptura com algumas formas engessadas. Dentre elas, ressaltamos a importância de romper com o pressuposto de que há algo no texto que precisa ser desvendado, ou a ideia de que há um sentido por trás do texto que deve ser encontrado. Não há um sentido por trás do texto; antes, esse sentido é dado diante da fusão de horizontes da qual falamos anteriormente. Ou seja, como diz Geffré, é num adiante que se encontra o sentido. O texto somente pode me dizer algo hoje com o horizonte de compreensão que tenho diante de mim hoje. E é nesse ponto que se dá a fusão do horizonte do texto com o horizonte de compreensão daquele que o lê.

Fazer teologia de forma hermenêutica pressupõe a suspeita crítica diante de nossas pré-compreensões e dos pressupostos da construção e da interpretação do texto. Isso não quer dizer abrir mão de processos úteis e já conhecidos para interpretação, mas usá-los em interação viva com a situação em que estamos, trazendo o prolongamento da "coisa do texto" (Ricoeur) para nossa situação presente. Com isso, a distinção feita por Dilthey entre explicar e compreender não faz mais sentido, uma vez que explicar já é compreender quando adotamos essa forma de fazer teologia.

Parece-nos claro que toda pretensão de verdade e absolutização teológica tem aqui seu fim e não encontra mais espaço nessa forma de fazer teologia. A crítica às ideologias exerce um papel fundamental. Toda tentativa de um sistema com verdades absolutas tem uma forte crítica em seu encalço. Com isso, precisamos admitir que a teologia não pode ter a pretensão de ser a sistematização perfeita da mensagem cristã; antes, é uma das diversas perspectivas possíveis de abordagem dessa mensagem.

Diante disso, cabe a pergunta: teria algum sentido falar de uma verdade absoluta no mundo de hoje? É fato que nenhum de nós consegue ver um dado como todo. Sempre vemos em perspectiva, independentemente daquilo que seja. A forma como vemos certo objeto determina a forma que falaremos sobre ele.

Para exemplificar, imaginem-se duas pessoas sentadas, uma diante da outra, com uma mesa entre elas. Temos em outra mesa uma garrafa térmica de café que tem, de um lado, o desenho de uma pomba em um fundo verde e, do outro lado, uma flor branca em um fundo lilás. As duas pessoas sentadas à mesa desconhecem a garrafa. Depois de trinta minutos, coloca-se a garrafa térmica de café no centro da mesa e pede-se para que cada um, sentado da forma que está, descreva a citada garrafa. O que está sentado do lado que dá visão à pomba em fundo verde conseguirá descrever uma imagem diferente da que está vendo? Da mesma forma, o que está vendo o lado com o fundo lilás conseguirá descrever uma pomba? Cada um descreverá aquilo que vê e terá a respectiva visão daquilo que é a garrafa em cima da mesa. Somente se terá como verdadeira a fala do outro se se tomar o lugar desse outro para ver a garrafa na perspectiva dele.

Se tomarmos a garrafa como sendo a verdade, perceberemos que, assim como a garrafa, só podemos ver a verdade em perspectiva, e, desse modo, toda pretensão de verdade absoluta se mostra falsa. Então, isso implicaria que fazer teologia de caráter hermenêutico tem a ver com a relativização de toda a verdade? Se cada pessoa vê a verdade em perspectiva, por que não falar em relativismo e se esconder atrás de uma máscara chamada teologia hermenêutica?

Perspectivas da verdade não quer dizer relativização da verdade, mas, sim, consciência do mistério de Deus, que vai muito além da compreensão humana e faz com que toda tentativa de interpretação seja meramente assintótica[31]. O que está implícito em uma teologia de caráter hermenêutico é a questão da linguagem enquanto dizer do mundo, na linha do segundo Heidegger e do segundo Ricoeur. Se a linguagem é dizer o mundo, então a tarefa de toda teologia é escutar aquilo que nos é dito pelo mundo. Sem isso é impossível fazer teologia hermenêutica. Cairíamos novamente na diferenciação entre texto e significado, entre teologia positiva e especulativa, exegese e hermenêutica.

A teologia hermenêutica de caráter cristão tem um ponto de partida. Esse ponto é a pessoa de Jesus, o evento fundador da mensagem cristã. A experiência histórica da pessoa de Jesus por parte dos discípulos foi imprescindível para o anúncio da mensagem cristã.

Aqui reside um ponto importantíssimo que precisa ficar claro: os discípulos que anunciavam o faziam falando e, posteriormente, escrevendo aquilo que viam e ouviam (1Jo 1). Seu relato já é uma interpretação de

---

31. Ibidem, 38-41.

Jesus. Todo aquele que fala, em seu falar, já se interpreta e interpreta o fato. Da tradição oral para a tradição escrita essa mudança também acontece. Ao falar e escrever o testemunho do Cristo e da experiência histórica que fizeram do ressuscitado, cada um interpreta esse evento e o atualiza em sua própria linguagem e em sua própria cultura.

Isso, sem dúvida, implica um diálogo entre leitor e texto — um leitor que pergunta ao texto e é indagado por ele a fim de alcançar a verdade contida no texto. É interessante perceber aqui a questão existencial implicada, de modo que o texto traz algo para minha existência, me diz algo hoje, para minha realidade atual. Nesse sentido, a tradição cristã é aperfeiçoada. No redizer, na reinterpretação do evento Jesus Cristo, é que se dá a transmissão da fé de forma que faça sentido para o ser humano de hoje.

Ora, se é necessidade da própria fé se reinterpretar visando alcançar a situação histórica e existencial do ser humano de nossos dias, é também tarefa da teologia fazer esse mesmo movimento, enquanto um dizer que parte da fé.

Como consequência desse modo de fazer teologia, percebemos, na linha de Ricoeur, que o universo do texto é essencial para a sua compreensão, ou seja, deve-se eliminar todo ideal romântico para ter acesso ao sentido que o autor gostaria de dar ao texto, eliminando também, assim, uma ideia deturpada de o que seria a revelação divina; e, ainda, deve-se perceber, dentro da história do mundo, que a Bíblia é um escrito de testemunho da libertação de Deus em relação ao seu povo[32].

Mas o que garantiria essa continuidade entre a experiência de fé dos primeiros discípulos e a nossa experiência hoje? Com relação a essa pergunta, concordamos com Geffré quando ele diz que

> Se temos alguma chance de poder dar uma justa interpretação dos textos que traduzem a experiência cristã, é que o mesmo Espírito que atua no escrever a experiência também atua hoje na interpretação dos textos que traduzem essa experiência[33].

Claude Geffré nos dá uma boa síntese do que vem a ser os traços mais característicos de uma teologia hermenêutica[34]. Em primeiro lugar, a teologia hermenêutica não é um conjunto de proposições a respeito da fé de maneira imutável, mas parte da grande pluralidade que o evento Jesus

---

32. Ibidem, 44-48.
33. Ibidem, 49.
34. Ibidem, 68-70.

Cristo produziu nas primeiras comunidades. Toda escritura é também interpretação da experiência feita pelos primeiros discípulos. Essa interpretação foi reinterpretada na forma de um texto que seguiu sendo reinterpretado ao longo da história do cristianismo. Pela fé, cremos que o mesmo Espírito que falou no início continua a falar e a reinterpretar a experiência fundamental para os dias de hoje. Assim, fazer teologia de forma hermenêutica tem a ver com esse novo ato de interpretação do evento Cristo, de maneira crítica, na tentativa de correlacionar a experiência cristã fundamental e a experiência do ser humano de nosso tempo.

Em segundo lugar, teologia hermenêutica tem a ver com a compreensão histórica, sempre projetando criativamente rumo a um futuro. Nesse sentido, é memória e profecia. Memória por causa do evento fundador; profecia pelo fato de sempre se projetar em frente, com novas roupagens, produzindo um texto e figuras novas, ou seja, uma "fidelidade criativa", para usarmos o termo de Geffré.

Em terceiro lugar, uma teologia de caráter hermenêutico não se preocupa em expor e explicar os dogmas da fé, mas seu interesse está em trazer o significado da palavra de Deus para nossos dias, para homens e mulheres de nosso tempo. A diferença entre teologia positiva e teologia especulativa não faz sentido em uma teologia hermenêutica. Em seu texto novo, a partir dos objetos textuais, tenta trazer o sentido do texto para hoje.

A ligação entre Escritura e tradição não se encerra. Pelo contrário, é alimentada pela teologia hermenêutica, que se constrói sobre essas duas bases, sendo a Escritura a autoridade última em relação a toda tradição. Aqui, percebemos quanto de influência protestante existe dentro de uma teologia hermenêutica.

Essa nova forma de fazer teologia, de compreender o texto e de compreender-se diante do texto deve, contudo, gerar em nós uma ação prática diante do mundo. Se reconhecermos, com base em uma teologia hermenêutica, que o texto tem algo a dizer para o mundo de hoje por meio de uma nova interpretação por parte do teólogo, esse *re-criar* o texto implicará também *re-criar* um mundo novo, ou seja, toda teologia hermenêutica pressupõe uma prática política e social[35].

Nesse sentido, a teologia não pode ser considerada ideologia, uma vez que gera uma prática no mundo. Nessa prática se revela o caráter de profecia de que falamos anteriormente em nosso texto, pois visa a um mundo

---

35. Ibidem, 60.

novo, a um mundo que é recriado a partir da reinterpretação e da significação nova dada por uma teologia de caráter hermenêutico.

Diante dessa nova forma de fazer teologia, podemos nos perguntar a respeito da situação atual da teologia hermenêutica. Jeanrond, em seu excelente texto de introdução à teologia hermenêutica, nos mostra três divisões dentro dessa nova forma de fazer teologia[36]. O primeiro grupo se situa entre aqueles que se colocam a favor de um diálogo a respeito do método hermenêutico com outras ciências sociais e outros pensadores desses campos. Assim, a intenção desse primeiro grupo seria avaliar a visão cristã do mundo no contexto do mundo e do universo que vivemos.

O segundo grupo é o daqueles que desejam ver o mundo a partir do seio da Igreja e da teologia bíblica. O diálogo com as outras ciências teria somente o intuito de comparação entre as diferenças religiosas e gramaticais de determinada interpretação. Esse segundo grupo se interessa somente por uma micro-hermenêutica, em textos específicos usados para confirmação do texto bíblico e dos textos doutrinais.

O terceiro grupo é aquele que deseja uma nova leitura ortodoxa das Escrituras sem intervenção de ciências que são "estrangeiras" à teologia. Aqui claramente se vê os seguidores de Karl Barth e de seu projeto.

Parece-nos claro que uma pneumatologia de caráter hermenêutico deve seguir a primeira linha, em diálogo com as outras ciências e assumindo a pluralidade do mundo atual com suas novas concepções e experiências. Isso, porém, sem fazer com que a experiência cristã se dilua em toda a experiência humana e sem que que haja uma cristianização sistemática dessas mesmas experiências. A junção entre tradição cristã e mundo contemporâneo da interpretação deve ser feita de forma crítica, aceitando a pluralidade de interpretação, bem como de contextos, conforme nos mostra a metodologia de David Tracy[37].

Essa postura crítica exigida dentro de uma perspectiva de teologia hermenêutica encontra suas bases no evento fundador. Jesus era um grande crítico de seu tempo e da tradição religiosa dos fariseus e do povo de Israel.

Para Jeanrond[38], o agir de Jesus sob o mandamento do amor e o fato de desconfiar de toda tradição religiosa são duas faces da mesma iniciativa de Jesus em sua pregação a respeito do Reino de Deus. Dessa forma, Jeanrond coloca a luta por uma nova tradição religiosa por parte dos pri-

---

36. JEANROND, op. cit., 230-232.
37. Ibidem, 248-249.
38. Ibidem, 252-255.

meiros cristãos como grande responsável pela disputa que houve entre judeus e cristãos.

Essa necessidade de manter a tradição religiosa que seguiu ao longo da história do cristianismo se revela, no pensamento de Jeanrond, como "tentativas ideológicas de demonstrar o exclusivismo da nova tradição"[39]. Jeanrond nos faz observar que nenhum modelo hermenêutico, por melhor que seja, pode ser considerado de forma inocente. Mesmo assim, porém, essa tradição cristã continua a refletir a experiência fundamental do evento fundador. E isso, por meio da prática cristã.

Uma teologia hermenêutica implica uma prática e um engajamento com o mundo. Fazer teologia em nossos dias se torna uma tarefa não somente intelectual como também política e social. É nessas esferas que nosso testemunho se fará perceber e é nelas que se fará ouvir.

Consequências de uma teologia hermenêutica

A nosso ver, a principal consequência dessa nova forma de fazer teologia se deu no campo da cristologia, dentro do novo paradigma teológico, para usarmos a expressão de Claude Geffré, que surge na teologia, que é o diálogo inter-religioso. Em uma sociedade globalizada, que se reconhece cada vez mais plural, o discurso da cristandade não se sustenta mais. Não estamos mais na época de somente uma religião que detém a esfera religiosa e política de nossa sociedade. Diante disso, a teologia cristã se vê desafiada a dialogar.

É com essa perspectiva do diálogo que diversas formulações no campo da cristologia foram feitas. A questão primordial que se tem em mente para o diálogo é: como dialogar com as outras religiões sem abrir mão daquilo que sustenta a nossa fé, ou seja, a encarnação de Deus entre os homens?

Para esse diálogo, diversas foram as tentativas da cristologia[40]. Talvez o primeiro que tenha trazido uma alternativa mais ousada tenha sido John Hick, teólogo protestante, com a "metáfora do Deus encarnado", em que Jesus e todo o testemunho da encarnação não passavam de uma elaboração do mundo greco-romano, o que em si não tem nada de tão novo se nos lembrarmos de Adolf von Harnack e de sua tese de que o cristianismo é a helenização do judaísmo. Aparentemente, até mesmo o enfoque dado

---

39. Ibidem, 256.
40. Para uma explanação mais detalhada das tentativas de diálogo inter-religioso por intermédio da cristologia, ver HURTADO, MANUEL. *A Encarnação: Debate cristológico na teologia cristã das religiões*, São Paulo, Paulinas, 2012.

à pessoa de Deus no lugar da pessoa de Jesus Cristo é semelhante, o que nos faz jogar luz sobre os diversos retornos que acontecem no seio da história do próprio cristianismo.

Outro teólogo que se mostra importante nessa tentativa de diálogo é Paul Knitter, teólogo católico que propôs que Cristo é um entre os muitos salvadores elevados por Deus. O que realiza a salvação são os atos de amor e justiça que são feitos pelos homens. É inegável aqui as grandes possibilidades que se desdobram pela perspectiva de Knitter, porém a unicidade de Jesus fica comprometida, o que, sem dúvida, afeta um dos pilares da fé cristã que é a própria encarnação de Deus.

Outro teólogo que tenta contribuir para esse diálogo é Jacques Dupuis, também católico. Ele parte do princípio de um *Logos* sem carne, ou seja, o *Logos* continua a agir após a ressurreição de Jesus, ou seja, aqui há diferenciação entre o Verbo e Cristo. Cristo é o sacramento universal da vontade salvadora de Deus, mas não é o único sacramento. Embora seja interessante a forma de elaboração, Dupuis bate de frente com o Concílio de Calcedônia acerca da não separação entre o *Logos* e a carne de Jesus, o que, sem dúvida, traz grandes consequências para a questão soteriológica.

Claude Geffré, um dos grandes incentivadores de uma teologia de caráter hermenêutico, diante desse novo paradigma teológico que é o diálogo inter-religioso, também propõe uma forma de dialogar pelo viés da cristologia. Ele considera Cristo como o "universal concreto", ou seja, ainda que Jesus tenha sido um acontecimento particular, tem um sentido universal. Nesse sentido, é aquele que mantém uma cristologia normativa e sem consequências que sejam penosas para a fé cristã.

Percebemos que todas essas tentativas têm como pano de fundo uma teologia de caráter hermenêutico, ou seja, uma forma criativa e atual de dizer a fé cristã. Todas essas tentativas tentam incluir as outras religiões para a salvação humana, ou seja, são tentativas inclusivistas, em resposta às tentativas exclusivistas, que excluem totalmente as outras religiões da salvação divina, por acreditarem que é somente na fé cristã que ela se encontra.

Não podemos deixar de ver nisso um impasse, para usarmos a terminologia de Amos Yong, no que tange ao diálogo inter-religioso pela via da cristologia. Embora ainda não se tenham encerrado as tentativas de diálogo inter-religioso pela via cristológica, uma vez que cada uma dessas ideias apresentadas pode ter diversos desdobramentos, a nosso ver, se faz importante tentar unir a via cristológica com a perspectiva pneumatológica e trinitária para que a fé cristã dialogue de maneira mais profícua com as outras religiões.

Pneumatologia hermenêutica

Diante de tudo que vimos, questionar a forma de se fazer uma pneumatologia que atenda aos pressupostos de uma teologia hermenêutica se faz importante. Isso seria possível?

No campo da pneumatologia, o caminho ainda é incipiente. Ainda que a teologia de caráter hermenêutico tenha sido impactante, inspiradora e inovadora, essa forma de fazer teologia ainda não foi totalmente compreendida por vários teólogos de nossos dias.

Não podemos negar o grande avanço que houve com relação ao interesse pelo Espírito Santo nos meios protestante e católico, principalmente após o movimento pentecostal surgido nos Estados Unidos na esfera protestante e o movimento carismático na esfera católica.

No meio protestante, surgiram diversas igrejas oriundas do movimento pentecostal no cenário americano, tais como as Assembleias de Deus, as igrejas Deus é Amor e a Igreja do Evangelho Quadrangular, que cooperaram muito para o crescimento do interesse pelo Espírito Santo.

Contudo, alguns empecilhos ainda se fazem presentes no cenário protestante para uma tentativa de pneumatologia hermenêutica. A primeira questão é, sem dúvida, a visão fundamentalista que ainda ocorre no campo protestante. Essa visão parte da literalidade do texto e é defendida por diversas igrejas e diversos movimentos dentro do pensamento protestante. Na linha de Lutero e Karl Barth, são diversas as denominações que pensam a revelação enquanto dado pronto e nos textos como inspirados de forma sobrenatural, sem pensar nas consequências que essa forma de leitura traz à própria fé.

Ainda que alguns pastores e ministros apresentem o texto em suas pregações e tentem levar à comunidade suas possíveis aplicações, a literalidade do texto bíblico e do testemunho nele relatado é visto como fato, e não como interpretação. Assim, textos como os relatos da criação do Gênesis, o relato da Arca de Noé no Dilúvio, sobre a Torre de Babel, entre outros, são mostrados como fatos escritos sob a revelação divina da forma como as coisas ocorreram, pois é sabido que o autor do texto não estava presente quando esses eventos aconteceram.

Assim, a grande resistência a uma teologia de caráter hermenêutico não é surpreendente entre esses grupos protestantes. Poderíamos ver nisso o reflexo da teologia de Karl Barth e seu medo de que a teologia se tornasse mero discurso racional sobre a fé? O fantasma da teologia liberal ainda se mostra presente no pensamento de diversas igrejas e de alguns cristãos protestantes, mesmo que vários deles desconheçam o que foi o movimento da teologia liberal iniciado por Schleiermacher.

Essa forma de pensar o texto, a nosso ver, tem por trás o medo arraigado de se perder a fé caso seja eliminado o caráter de verdade do texto escrito. Uma vez que se tem a literalidade do texto, há uma forma segura de saber qual é a vontade de Deus no que se refere a vida humana. A fé tem onde se apoiar de forma sólida, e há as regras a serem seguidas para a obtenção do favor de Deus e da salvação.

Embora isso revele uma fé que não passou pela crítica, para usarmos a expressão de Paul Ricoeur, ainda assim, a tentativa de obter garantia de que se está no caminho certo e de que haverá uma salvação no final ainda é muito presente no movimento protestante. A insegurança a respeito da salvação, tão afirmada pelos primeiros reformadores, principalmente por Calvino, se faz apegar a essa literalidade do texto, e, assim, tudo aquilo que ameaça tal segurança deve ser rechaçado e considerado um perigo para a fé. A nosso ver, o fundamentalismo protestante contribui muito para a dificuldade de se pensar uma pneumatologia de caráter hermenêutico no protestantismo.

Um segundo fator que consideramos importante é a visão do Espírito Santo que é trazida pelo movimento pentecostal, sobretudo mais recentemente. Esse movimento surgiu na década de 1950, e foi classificado como pertencente à segunda onda do pentecostalismo, como vimos anteriormente.

Essa onda pentecostal tem sua ênfase no segundo batismo, com o Espírito Santo, e nas curas divinas. Ainda que tenha surgido na década de 1950 e influenciado o movimento neopentecostal que teve origem com a Igreja Universal do Reino de Deus (IURD), nas igrejas que não seguiram pela via neopentecostal ainda é a visão que predomina. É comum que pessoas que foram educadas com base em uma igreja evangélica não neopentecostal nas décadas de 1980 e 1990 percebam o quão grande era a ênfase dada ao batismo no Espírito Santo.

A busca pelo batismo era claramente incentivada, e havia até mesmo diferenciação entre batizados com o Espírito Santo e não batizados, de maneira que os primeiros eram colocados como líderes de grupos, discipuladores, auxiliadores nos cultos de poder e libertação, enquanto os do segundo grupo eram vistos como aqueles que não buscavam a Deus de modo suficiente e necessitavam de acompanhamento e mais oração para se tornarem mais íntimos de Deus e receberem o batismo com o Espírito Santo.

O batismo com o Espírito Santo era visto como consequência e sinal de santidade pessoal entre as pessoas dessas comunidades e, muitas vezes, servia como medidor da intimidade com Deus entre os diversos grupos de oração e libertação. Como, porém, se sabia quem era e quem não era batizado com o Espírito Santo? Não era essa uma experiência pessoal com Deus que cada cristão experimentava?

Embora a pergunta seja pertinente, a resposta, em geral, era que a manifestação do batismo se dava por meio do dom da glossolalia, ou seja, o dom de falar em línguas. Assim, a busca pelo dom de falar em línguas era o mais frequente dentro das igrejas evangélicas pentecostais. Era o sinal de que determinadas pessoas haviam recebido o batismo com o Espírito Santo e poderiam ter poder para testemunhar e ser agente de libertação no mundo.

Dessa forma, o Espírito Santo era visto, na linha do texto de Marcos, como um poder para testemunhar e pisar serpentes e escorpiões, sendo esses igualados, em certa linha de interpretação, aos demônios e às forças das trevas. É fácil perceber aqui a visão do Espírito como força divina para realizar curas, libertações e milagres. Essa visão, no entanto, em nossa opinião, deturpa o caráter bíblico que o Novo Testamento traz em relação ao Espírito como Paráclito e Consolador, em detrimento da visão do Espírito como não pessoal e força de ação de Deus, algo defendido no judaísmo primitivo, conforme vimos anteriormente.

Essa forma de ver a pessoa do Espírito Santo tem consequências penosas para a teologia protestante, uma vez que se baseia somente em experiências pessoais e, muitas vezes, induzidas por algum pastor mais eloquente.

Ao mesmo tempo, algumas igrejas da linha reformada rejeitam totalmente a manifestação do Espírito em seus dons no meio da comunidade. Essas seguem para outro extremo ao pensar que os dons do Espírito foram somente para os discípulos daquela época e não devem ser buscados hoje, uma vez que cessaram. Por esse motivo são chamados de cessionistas.

Assim, um grande desafio se coloca diante de nós para pensarmos a pneumatologia por seu viés protestante. De um lado, a busca incessante pelo batismo com o Espírito Santo como sinal de santidade; de outro, a literalidade do texto que não deve ser abandonada por medo de se perder a segurança da fé, e, por sua vez, a rejeição de toda e qualquer manifestação dos dons sobrenaturais do Espírito em nossos dias.

Como pensar uma pneumatologia que se mantém fiel à forma bíblica e protestante e ao mesmo tempo diz algo ao homem e à mulher de nossos dias de uma forma nova e criativa? Isso seria importante e necessário? Isso seria propor uma pneumatologia de caráter hermenêutico, sempre atentando para não cair num relativismo de interpretações pessoais que descaracterizam a fé cristã em busca de adequação. Nesse sentido, a interpretação dentro de uma tradição interpretativa, como propunha Gadamer, se faz imprescindível.

No entanto, se toda teologia é hermenêutica, por que se empenhar em uma pneumatologia hermenêutica? Isso faz algum sentido? A meu ver, a novidade de uma pneumatologia hermenêutica se dá no seu ponto de partida; este não se encontra nos conceitos ou nas instituições espirituais da Igreja, mas, sim, nas experiências históricas do Espírito, que são experiências do próprio Deus na vida de homens e mulheres ao longo da história, e, dessa forma, mostra a unidade entre a experiência de Deus e a experiência da vida[41].

Em todo o nosso percurso tivemos uma enorme preocupação com a ontologia da pessoa do Espírito Santo. Seja no judaísmo primitivo, nos primeiros Padres da Igreja, no cristianismo medieval e moderno, a principal preocupação era acerca de quem era o Espírito, sua característica ontológica e sua relação entre as pessoas da Trindade.

Passada a virada hermenêutica, não se teve uma preocupação sobre a forma como se deveria definir o Espírito hoje, de como trazer a realidade de sua pessoa para o cristianismo atual. A preocupação mudou do "quem se é" para "como perceber sua manifestação", sendo o movimento pentecostal e carismático o coroamento dessa forma de falar sobre o Espírito Santo.

Embora hoje haja diversos movimentos espirituais, tanto católicos como protestantes, numa perspectiva cristã, há dúvidas sobre até que ponto a pneumatologia tem acompanhado todos esses movimentos dentro do cristianismo.

Em nossos dias, vemos crescer a busca por uma espiritualidade mais desenvolvida em todas as camadas da sociedade. Aparentemente, mesmo com todas as inovações científicas e as explicações racionais do mundo, essas não têm dado conta de responder aos anseios profundos da alma humana. Com isso, procurar respostas que transcendam a mera racionalidade parece ser um motivador para essa busca, embora quanto às motivações não haja nada de que possamos falar.

Quanto ao meio evangélico, percebemos que desde a chegada do movimento pentecostal na América Latina houve um crescente número de igrejas abertas. Em sua maioria, essas igrejas dão muita ênfase à ação do Espírito Santo na vida do cristão com seus cultos de poder, onde a glosso-

---

41. Cf. MOLTMANN, JÜRGEN, *O Espírito da Vida: uma pneumatologia integral*, 9.

lalia é vista como sinal da presença do Espírito, bem como as campanhas de libertação, as curas, a prosperidade, entre outros motivos que geram essas diversas reuniões.

No meio católico, é o movimento carismático que se assemelha com o movimento pentecostal. Em algumas celebrações, a similaridade é incrível, sendo diferenciado um rito do outro somente pelas placas denominacionais ou algum símbolo característico do catolicismo.

Não podemos negar que toda teologia nasce da experiência humana. Deus nos fala em linguagem humana. Se não fosse assim, não conseguiríamos entender o que ele teria a nos dizer. Essa formulação é fruto de todo o esforço feito para se pensar uma teologia hermenêutica em nossos dias.

Como vimos, a tentativa de fazer uma teologia dialogal com as outras religiões existentes em nossos dias seguiu pela via da cristologia. As diversas tentativas para o diálogo inter-religioso se mostraram por esse viés. Contudo, a nosso ver, se faz necessário pensar a questão pneumatológica no cenário do diálogo inter-religioso. Mas, para fazer isso, é preciso pensar em como falar da pneumatologia em nosso tempo.

A pneumatologia segue lentamente ao longo da história, muitas vezes, de maneira invisível. Talvez isso seja próprio do Espírito, que é aquele do qual não sabemos de onde vem nem para onde vai, mas que segue guiando a história e se fazendo presente em seu conjunto. Como o ar, que é necessário para vida, embora não seja visto, assim é o Espírito no decorrer da história da humanidade. Desse modo, acompanhando o compasso dos tempos, a pneumatologia também precisa dizer-se novamente, tendo em vista ser apta a escutar para também poder dizer algo à sociedade contemporânea.

Jürgen Moltmann, teólogo luterano, traz para a contemporaneidade sua pneumatologia, relacionando-a com as situações concretas da vida ao abordar o Espírito como libertador, justificador, regenerador e santificador. Essa afirmação da vida que é trazida por intermédio do Espírito quando este promove a libertação dos oprimidos e faz justiça aos injustiçados desse mundo, bem como quando santifica e regenera, também indica a preocupação de Moltmann em propor uma pneumatologia que esteja ligada às questões atuais da sociedade, e não somente a uma questão doutrinal. Nesse sentido, mostra-se como uma pneumatologia de caráter hermenêutico.

Em que medida tal pneumatologia moltmanniana se relaciona com a concretude da vida? É sobre isso que falaremos nos capítulos a seguir, abordando a temática da experiência e da criação com base no pensamento de Jürgen Moltmann.

Capítulo 4
Pneumatologia e a concretude da vida

A experiência de vida como experiência do Espírito: superando a dicotomia entre vida e Espírito

Moltmann foi um grande estudioso da teologia dialética iniciada por Karl Barth, tendo escrito uma grande obra a respeito desse período da teologia protestante[1]. Segundo Moltmann, após o período de "esquecimento do Espírito", inicia-se uma obsessão pelo Espírito, de modo que diversos escritos foram feitos sobre esse tema. Porém, segundo nosso teólogo, "ainda não se chegou a um novo paradigma na pneumatologia"[2], considerando a maioria dos trabalhos como atualização de doutrinas tradicionais tanto no catolicismo quanto no protestantismo.

Para sua pneumatologia, Moltmann traz consigo a crítica da insistência que se dá em um elo entre Espírito e Igreja, palavra, sacramentos etc., o que leva a um esvaziamento da Igreja e à migração do Espírito para grupos espontâneos e experiências pessoais. Assim,

> quando se pretende ver as pessoas apenas como receptoras dos atos oficiais da Igreja e de mensagens eclesiásticas "no Espírito", elas não estão sendo levadas a sério em sua autonomia. O Espírito de Deus é mais do que apenas o manifestar-se de sua revelação no homem, e mais do que apenas o

---

1. Ver MOLTMANN, JÜRGEN. *Le origini dela teologia dialettica*, Bréscia, Queriniana,1976.
2. MOLTMANN, JÜRGEN, *O espírito da vida*, 13. Essa temática também é tratada em MOLTMANN, JÜRGEN, *Rezension Y. Congar, Der Helige Geist*, ThLZ 108, 1983, 624-627.

fato de a palavra anunciada ser acolhida com fé no coração do homem. Pelo contrário, o Espírito leva as pessoas a um novo início de vida, tornando-as os próprios sujeitos de sua nova vida na comunidade de Cristo[3].

É claro que, para Moltmann, o Espírito também age fora das instituições eclesiais e, dessa forma, também na interioridade e nas experiências de vida dos seres humanos, de maneira que, segundo ele, "não existem palavras de Deus sem experiências humanas do Espírito de Deus"[4]. Porém, para que isso ocorra, é preciso que palavra e espírito sejam vistos em relação mútua. "O Espírito é o sujeito da palavra e não apenas o seu entrar-em-vigor. O Espírito, em seus efeitos, vai mais longe do que a palavra."[5] Dessa forma é que do espírito provém, segundo Moltmann, "uma nova energia para a vida".

A tentativa de desvencilhar a experiência da vida da experiência do Espírito se mostra sem o menor sentido no pensamento de Moltmann. Afinal, como o homem poderia falar a respeito de Deus sem que se tenha feito uma experiência dele?

Para Moltmann, essa dicotomia entre revelação e experiência só é contraditória nas concepções de uma filosofia moderna[6], não devendo, portanto, ser assumida pela teologia de forma acrítica. Para nosso teólogo, é a teologia quem deveria determinar o que são esses conceitos para depois usá-los, e não o contrário, visto que

> a revelação divina é sempre revelação de Deus a outros e, por conseguinte, um fazer-se experimentável por outros. A experiência de Deus é sempre um sofrer o Deus-Outro, é a experiência da mudança fundamental na relação com este Outro[7].

Dessa forma, percebemos que Deus, no pensamento de Moltmann, é imanente na experiência humana, assim como o homem é transcendente em Deus, ou seja, a separação entre experiência e revelação se torna sem sentido.

> O Espírito Santo não é somente o lado subjetivo da autorrevelação de Deus, nem a fé é apenas o eco da Palavra de Deus no coração do homem. O Espírito Santo ainda é muito mais, é a força da ressurreição dos mortos

---

3. MOLTMANN, *O espírito da vida*, 14.
4. Ibidem, 15.
5. Ibidem.
6. Ibidem, 17.
7. Ibidem, 18.

e da nova criação de todas as coisas, e a fé é o começo do renascimento dos homens para a vida nova. Mas isto quer dizer: o Espírito Santo não é em absoluto apenas uma questão de revelação, mas também uma questão de vida e de fonte de vida[8].

O Espírito de Deus, segundo o pensamento moltmanniano, geralmente é apresentado na teologia como o Espírito da salvação, e tem sua representação na Igreja. Isso é percebido nos diversos livros que são escritos a respeito do terceiro artigo do Credo. Esses livros, geralmente, se dedicam muito pouco à questão do Espírito desvinculado da Igreja, do corpo e da própria natureza.

Um exemplo dessa abordagem pode ser visto na obra de Yves Congar[9]. Concordamos com a crítica de Moltmann no que tange à questão de que, em sua grande obra, pouco espaço é dado ao Espírito que age na criação e no Espírito de maneira escatológica. Na obra de Congar temos a impressão de que o Espírito de Deus age somente por intermédio da Igreja, e seria somente o espírito dos cristãos, e, dessa forma, limita-se o Espírito de Cristo a uma ação dentro da Igreja[10].

Moltmann, contudo, não vê separação entre o Espírito da salvação e o Espírito da nova criação de todas as coisas. Se assim for, então a experiência do Espírito ultrapassa os limites da Igreja. Isso leva a um redescobrimento do Espírito "na natureza, nas plantas, nos animais e nos ecossistemas da Terra"[11].

Diante disso, surge a questão da personalidade do Espírito[12]. Em seu pensamento, ao longo de toda a tradição cristã, a personalidade do Espírito foi somente afirmada, mas nunca demonstrada. Para ele, é na ação do Espírito que é possível conhecer sua subjetividade, mas não a sua personalidade. Esta deve ser buscada nas relações trinitárias, uma vez que parte do conceito de que ser pessoa é ser-em-relação.

Dessa forma, Moltmann, ao partir da experiência do Espírito, não pensa em um conceito de experiência que seja fechado, mas, sim, que se mantenha aberto para uma origem transcendente das experiências. A experiência de Deus que é feita pelas pessoas e que essas reconhecem e no-

---

8. Ibidem, 19.
9. Ver a série em três volumes, intitulada *Creio no Espírito Santo*, de Congar (Paulinas, 2009).
10. Cf. MOLTMANN, *O espírito da vida*, 20.
11. Ibidem, 21.
12. Ibidem, 22-25.

meiam como "força de Deus" ou "espírito de Deus", uma vez substantivada, como Deus forte e Deus espiritual, se pensa em uma realidade em que Deus está presente por meio de sua própria vontade. Assim, Moltmann considera a *ruah Yahweh* um modo de sua presença na criação e na história.

Contudo, a presença da *ruah Yahweh* não pode ser considerada somente como esse Deus que está agindo, mas se deve também, ao se considerar o modo dessa presença na história humana, ter em mente um Deus que se compadece do seu povo e caminha com ele.

A questão da experiência torna-se, então, uma chave de leitura indispensável para compreendermos um pouco mais a relação entre Espírito e Vida na pneumatologia de Moltmann[13]. Essa experiência é tanto pessoal como comunitária, e não somente de valor objetivo do anúncio e das instituições espirituais da Igreja.

Experiências pessoais

Moltmann entende que é a partir das experiências primárias que formamos os conceitos, e não o contrário. Assim, as experiências estão acima dos conceitos com os quais tentamos apreender as experiências. Moltmann não pretende com isso dizer que não devemos tentar conceituar as experiências que temos, uma vez que ter experiências e não conseguir captá-las por meio de algum conceito e, dessa forma, entendê-las é como não ter feito tais experiências. Em suas palavras,

> Toda experiência de vida urge por ser expressa pela pessoa em questão, seja em sua figura, em sua atitude de vida ou em seus pensamentos, palavras e ações, imagens, símbolos e rituais. Sem a expressão correspondente, toda experiência fica, por assim dizer, atravessada na pessoa, que fica assediada por ela, ou então que a reprime[14].

Nosso teólogo propõe, então, ancorado na filosofia de Dilthey, para o qual toda vivência contém em si uma expressão[15], que se troque a palavra "conceito" por "expressão", uma vez que é na expressão que a vida se organiza, se desenvolve e se intensifica.

---

13. Ibidem, 29-47.
14. Ibidem, 30-31.
15. Dilthey, Wilhelm. *Gesammelte Schriften*, Leipzig, Teubner, 1914-1931, VI, 137. Devemos essa referência ao artigo de Amaral, Maria Nazaré de Camargo Pacheco. Dilthey: Conceito de vivências e os limites de compreensão nas ciências do Espírito, in *Trans/Form/Ação* (Revista de Filosofia, Unesp), Marília, v. 27, n. 2, 51-73, 2004.

Para Moltmann, excetuando as experiências de caráter místico, toda experiência se dá no campo das percepções sensoriais. Com isso, ele não quer dizer que toda e qualquer atividade sensorial pode ser considerada uma experiência. Por exemplo, tomar banho todos os dias ou escovar os dentes, por mais que as façamos e as percebamos em nosso dia a dia, essas coisas não se definem, por si só, como experiências de vida, no pensamento de nosso teólogo.

Aquilo que ele define como experiência de vida vai além do que disse Dirscherl, que a "experiência, no sentido mais amplo, designa a totalidade daquilo que ocorre no homem na vida de sua consciência"[16]. No sentido do pensamento de Dirscherl, não são experiências transitórias que devem se contar como experiências de vida, mas, sim, aquilo que traz "ampliações permanentes da consciência".

Moltmann, no entanto, considera que ver as experiências unicamente ligadas à atividade da razão, ou a uma "vida da consciência", como diz Dirscherl, é, de certa forma, algo mesquinho e egocêntrico, não abarcando experiências que, segundo Moltmann, não podem ser enquadradas nesses conceitos.

Para ele, é difícil estabelecer limites entre essa transição que ocorre das percepções para as experiências. Nesse sentido, ele volta seu olhar para as percepções de vida e morte que nos atingem e sobre as quais, muitas vezes, não temos controle. É importante ter em mente que a história de Moltmann é marcada pela sua presença na Segunda Guerra Mundial. Dessa forma, percebemos o quanto esse trauma, como falado por ele, ainda é recorrente e ainda é experimentado. Nesse sentido, não se trata de uma experiência que tenha passado, mas uma constante experiência. É como se o passado não tivesse se tornado passado, mas ainda estivesse presente.

Para Moltmann, da mesma forma que a experiência da morte, a experiência da felicidade do amor profundo tem essa mesma característica. "As ocorrências que deram início ao amor marcam o presente, porque inauguram uma nova história de vida."[17] Nesse sentido, "elas penetram as camadas mais profundas da alma e do corpo, de modo que a consciência e as atividades racionais já encontram lá este excesso de felicidade quando se voltam para ele ou com ela se ocupam"[18].

---

16. Dirscherl, Erwin. Der Heilige Geist und das menschlich Bewußtsein: Eine theologie-geschichtlich-systematiche Untersuchung, Würzburg, Echter, 1988, 714.
17. Moltmann, *O espírito da vida*, 33.
18. Ibidem.

Para Moltmann, duas coisas devem ser consideradas a respeito da experiência da felicidade advinda do amor: a primeira é que essa não é uma experiência feita por nós, mas uma experiência que nos encontra e faz algo de nós; a segunda é que essa é uma experiência que nunca se esgota, ou seja, ela pode ser considerada uma "experiência" fechada.

A partir do momento em que assumimos que tivemos uma experiência, para Moltmann, é como dizer que não vivemos mais nela; a dominamos de maneira que ela se torna uma experiência feita e totalmente passada para nós. No entanto, essa "linguagem de dominação" não compete com aquilo que experimentamos na vida, visto que, "as experiências elementares da morte e do amor, nós não as podemos nem superar nem compreender. Mas podemos dar-lhes uma expressão, e podemos fazer-nos expressão delas"[19].

Dessa forma, segundo Moltmann, só é possível darmos a essas experiências uma expressão se nos tornarmos expressões delas. Temos que aprender a conviver com elas e viver a partir delas, o que, sem dúvida, se mostra a nós como um grande desafio.

É interessante observarmos nesse ponto certo viés contrário ao viés psicanalítico na fala. É comum pensar, em termos da psicanálise, que o sujeito que sofre e, de alguma forma, não consegue sair do seu sofrimento não conseguiu, ainda, elaborar por meio da fala aquilo que o angustia. Dessa forma, o sujeito continua vivendo um "presente" constante, e determinada situação de sofrimento não se tornou um "passado" para ele. De algum modo, na teoria psicanalítica, é necessário que a fala seja capaz de curar esse passado, tornando-o, assim, algo que não mais me angustia, porque, de algum jeito, já o dominei e o tenho sob controle.

Para Moltmann, então, não é possível ter esse domínio sobre o nosso passado; cabe a nós somente reelaborá-lo. Parece pouco provável que nisso resida o conceito de "cura pela palavra", de Freud[20]. Antes, manifesta muito mais o constante desafio de se encantar e aprender com cada momento da vida.

Assim, a experiência, para nosso teólogo, tem tanto um sentido passivo quanto um sentido ativo. Ao mesmo tempo em que "faço" determinada experiência, também sou "feito" por essa experiência, que me transforma em uma pessoa diferente da que eu era antes que ela acontecesse.

---

19. Ibidem.
20. Para aprofundamento, ver FREUD, SIGMUND. Recordar, repetir e elaborar: novas recomendações sobre a técnica da psicanálise II, in *Edição Standard Brasileira das Obras Psicológicas Completas de Sigmund Freud* [ESB], Rio de Janeiro, Imago, s/d., vol. XII, 1996, 163-171.

Experiências coletivas

Para Moltmann, "não existem experiências elementares da vida sem receptividade, isto é, sem a prontidão e sem o risco de automodificação"[21]. No campo das relações sociais, isso também acontece. Experimentamos do mesmo modo como somos experimentados. Experiência do outro e autoexperiência, dessa forma, são dois lados da mesma moeda, e, segundo Moltmann, é nisso que se manifesta a vitalidade da vida. Nesse sentido, nosso teólogo acredita que toda subjetividade humana só é possível na intersubjetividade[22].

Embora considere que na relação sujeito-objeto seja possível algum tipo de isolamento por parte do sujeito, no plano social, essas experiências são vividas em comum, e algumas experiências podem, até mesmo, criar comunhão entre as pessoas.

Ancorado no trabalho de Stephen Crites[23], que à época era professor de Religião na *Wesley University*, em Connecticut, atenta-se para a comunicação das experiências comuns por meio da narração.

Para este capítulo, faz-se interessante citar que Crites, em seu artigo, propõe que a narração seja um dos pontos mais importantes das expressões culturais, ao mesmo tempo em que considera que essas não são meros acidentes históricos. Para ele, a qualidade formal da experiência ao longo do tempo é inerentemente narrativa[24].

Com isso em mente, propõe que as formas fundamentais de narrativa sejam chamadas de histórias sagradas não porque falam a respeito dos deuses, mas, sim, porque é por meio delas que o senso de si na humanidade é criado, enquanto as demais histórias vistas e ouvidas devem ser chamadas de histórias mundanas[25].

Entre uma história mundana e uma história sacra, segundo Crites, há uma mediação que é a consciência própria da experiência. Assim, em seu pensamento, a consciência é moldada pelas histórias sagradas e encontra expressões nas histórias mundanas, e a forma da consciência ativa, ou seja, a forma pela qual ela é experimentada, é, ao menos em senso rudimentar, uma forma narrativa[26].

---

21. MOLTMANN, *O espírito da vida*, 34.
22. Ibidem, 36.
23. CRITES, STEPHEN. The Narrative Quality of Experience, in *Journal of the American Academy of Religion*, Oxford, set. 1971, v. 39, n. 3, 291-311.
24. Ibidem, 291.
25. Ibidem, 295-296.
26. Ibidem, 297.

Assim, a qualidade narrativa da experiência tem três dimensões: a história sacra, a mundana e a forma temporal da experiência, que se refletem e se afetam constantemente, e, uma vez totalmente juntas, podem ser denominadas de simbólicas, em um sentido especial[27].

Percebemos que Moltmann concorda com Crites ao afirmar que as experiências são sempre narradas, baseadas em novas situações, de maneiras novas, e que trazem novas oportunidades de novas experiências de si e experiências mútuas na sociedade.

Para Moltmann, "o tornar-se presente da origem comum e a comum viagem de descoberta às recordações marcam as comunidades humanas de narração"[28]. Essas novas formas narrativas geram comunhão entre as gerações por meio das histórias das famílias e das histórias do povo.

Da mesma forma, Moltmann se volta para as experiências coletivas que também marcam a alma humana. As diversas experiências pelas quais a humanidade e determinadas nações passam, de alguma maneira, também imprimem sua marca na autoconsciência dos indivíduos. As marcas de Auschwitz estão nos alemães, as marcas do capitalismo estão nos países industrializados do Norte, as marcas das ditaduras estão nos países que passaram por esses eventos, tais como o Brasil, a Argentina e diversos outros da América Latina e da África, e só podem ser revelados e trazidos às consciências dos opressores por intermédio das vítimas desses movimentos[29].

Experiências religiosas

No pensamento de Moltmann, a experiência religiosa é a dimensão que atinge coisas, ocorrências e pessoas[30]. Dois conceitos são importantes para a compreensão daquilo que Moltmann considera uma dimensão religiosa em sua obra. O primeiro é o conceito cunhado por Hans Küng, de confiança básica, e o outro é o conceito de *tacit dimension*[31], cunhado por Michael Polanyi. Para Moltmann, na dimensão religiosa

---

27. Ibidem, 305.
28. Ver Moltmann, *O espírito da vida*, 36. Ver também Crites, op. cit., 302-303.
29. Moltmann, *O espírito da vida*, 37.
30. Ibidem, 38.
31. O termo cunhado por Karl Polanyi se refere ao que chamamos, em filosofia da mente, de *Tacit Knowledge*, o que, de acordo com o *Dictionary of Philosophy of Mind*, é "o conhecimento que entra na produção de comportamentos e/ou a constituição do estado mental, mas não é ordinariamente acessível à consciência". Disponível em: <https://sites.google.com/site/minddict/knowledge-tacit>. Acesso em: 1 out. 2020.

se encontra a confiança básica com que as pessoas se envolvem com esta vida, a expectativa com que se abrem para as novas experiências que chegam, o interesse que têm pelos outros e o excesso de impulso com que se projetam para a amplidão e o ilimitado, deixando para trás toda realização e toda decepção[32].

Moltmann não considera o religioso como algo isolado da vida, mas a dimensão religiosa está presente, mesmo que de forma oculta, com e em todas as experiências da vida humana, e, assim, dificilmente ela pode ser formulada, mas é nela "que todas as experiências encontram sua ressonância"[33].

Diante disso, na dimensão religiosa, também se encontram os pressupostos para toda experiência de vida, mesmo que de forma oscilante. Para Moltmann, as experiências de decepção com a vida afetam aquilo que chamamos anteriormente de confiança básica, com que a envolvemos.

Assim, um ponto importante para considerarmos é que, mesmo que essas condições sejam transcendentais para a possibilidade da experiência, ainda assim, no pensamento de nosso teólogo, se trata de autotranscendência, e não de transcendência em si mesmo.

A transcendência imanente

Moltmann se mostra um grande crítico do pensamento técnico científico que surge na passagem da Idade Média para o renascimento, principalmente com a filosofia e a matemática de René Descartes[34]. O pensamento de Descartes, que termina com o adágio "penso, logo existo", constitui, indubitavelmente, uma nova forma de pensar e falar sobre o mundo e a ciência.

O que é científico passa a ser, então, o que pode ser comprovado por meio dos experimentos e que passou por critérios de verificação extremamente rigorosos. O que é verdadeiro é o que é comprovado, e o experimento é aquilo que pode ser repetido no método científico.

Claramente, nesse ponto, as emoções e experiências subjetivas não fazem mais sentido. Não é necessário "sentir" o método científico, mas é preciso saber usá-lo. A experiência, dessa forma, se transforma somente em "experiência ativa", que, conforme bem pontua Moltmann, é ampliada

---

32. Ver MOLTMANN, O espírito da vida, 38. Ver também KÜNG, Does God Exist? An Answer for Today, 479 s. Também KÜNG, Aquilo em que creio.

33. MOLTMANN, O espírito da vida, 38.

34. Ver VELIQ, FABRÍCIO. A relação entre o Jesus histórico e o Cristo da fé no pensamento de Joseph Ratzinger, Dissertação de Mestrado, 2014, 47-48.

por meio do experimento[35]. Esse fato, de acordo com nosso teólogo, é o responsável pelos constantes ataques à natureza que presenciamos há muito tempo.

Desde Descartes, a humanidade deve ser aquela que explora a natureza e tira dela suas respostas, e esta deve servir à humanidade, que caminha para um progresso técnico-científico do qual é autora e beneficiária. Que isso tenha obtido, durante um longo período, o respaldo de diversos teólogos cristãos, é uma vergonha para o cristianismo. Sob a leitura errônea do texto de Gênesis a respeito do domínio da Terra, a humanidade passou a ver a natureza como algo que nos é dado somente para usufruto, e não para o cuidado. A questão da mordomia em relação à Terra é esquecida e passamos a mutilar aquilo de que deveríamos cuidar.

O novo paradigma científico, dessa forma, constitui um dos principais agentes para a rejeição das experiências humanas propriamente ditas, assim como também é destruidor da natureza. Desse modo, concordamos com Moltmann quando ele diz que,

> quando "a razão só entende aquilo que ela própria produz segundo seu próprio projeto", como diz Immanuel Kant, então surge a pergunta crítica indagando se realmente existe alguma experiência que não seja autoexperiência projetada. Se não existe nenhuma experiência do outro capaz de modificar o Eu, então não existe, no fundo, experiência nenhuma. O Eu que sempre permanece igual a si mesmo é totalmente indiferente a si mesmo[36].

Diante disso, a pergunta acerca da experiência do próprio Deus se torna necessária. Seria Deus experimentável de alguma maneira? Se partirmos do método científico que expusemos brevemente antes, a resposta é, evidentemente, não. Moltmann nos aponta que, curiosamente, tanto Descartes quanto Kant, dois grandes responsáveis pelo desenvolvimento da ciência enquanto objeto da razão, em seus sistemas, garantem um lugar para Deus. Descartes expôs o quanto a ideia de Deus é verdadeira, mesmo que não seja compreensível. Kant, por sua vez, necessita postular a existência de Deus, mesmo que ele não possa ser explicado e atingido. No pensamento kantiano, Deus se torna necessário como aquele que garante a felicidade para os que agem de acordo com o imperativo categórico, que é o mesmo que agir de forma que uma determinada ação possa ser universalizada.

---

35. MOLTMANN, *O espírito da vida*, 40.
36. Ibidem, 41.

Para Moltmann, embora não seja possível ter uma experiência objetiva de Deus, de acordo com os novos paradigmas da razão, ainda assim, é possível falar em experiência de Deus, ou seja, "conexão com a não objetiva autoexperiência do homem"[37].

Contudo, para Moltmann, a autoconsciência do homem não pode ser considerada tão absoluta como gostaria Descartes em seu sistema filosófico e os outros que seguiram na mesma linha. Para nosso teólogo, ao abandonar o esquema de sujeito-objeto e adotar o esquema social da intersubjetividade, é possível percebermos que "autoconsciência é por sua própria origem sempre uma autoconsciência constituída, e nunca apenas autoconsciência constituinte"[38].

Dessa forma, essa experiência social tem as mesmas características que são atribuídas, dentro do subjetivismo moderno, à autoconsciência pessoal, de maneira que possa dizer que "a experiência do Espírito de Deus" sempre é também a experiência do "espírito da comunidade" (SCHLEIERMACHER, 2001), da "divindade comunitária" (Hölderlin), que "une Eu e Tu e Nós" (Feuerbach)[39]. Da mesma forma, se abandonarmos o esquema da intersubjetividade, passando a perceber a corporeidade da humanidade na naturalidade do mundo, o conceito de experiência trazido pela Europa moderna não faz jus "às experiências reais nem às potencialidades da experiência"[40].

Moltmann está, assim, convencido de que se deve desistir de uma tentativa de unificação dos objetos experimentáveis, uma vez que vivemos em um mundo plural e polissêmico, e, por isso, se faz necessário um conceito de experiência que abarque o maior número de dimensões possíveis. Da mesma forma, os limites da possibilidade devem ser mantidos abertos e móveis[41]. Assim, chegamos ao importante conceito moltmanniano de transcendência imanente:

> Com vistas à dimensão da teologia, proponho que se desista da estreita referência à autoconsciência moderna e que se descubra transcendência em toda experiência, e não apenas na autoexperiência. Para esta finalidade temos à nossa disposição o conceito de transcendência imanente. Toda experiência que vem ao nosso encontro, ou que nós fazemos, pode ter um

---

37. Ibidem, 42.
38. Ibidem, 43.
39. Ibidem.
40. Ibidem, 44.
41. Ibidem.

dentro transcendente. A experiência do Espírito de Deus não está limitada à autoexperiência do sujeito humano, mas é um elemento constitutivo também na experiência do Tu, na experiência da comunhão e na experiência da natureza. [...] Por isso a experiência de Deus é possível em, com e ao lado de toda experiência diária do mundo, na medida em que Deus está em todas as coisas e todas as coisas estão em Deus, e, portanto, o próprio Deus, à sua maneira, "experimenta" todas as coisas. Se as experiências de Deus contêm experiências de vida, como o mostra toda interpretação existencial, também podemos, considerando do lado oposto, dizer que as experiências de vida contêm experiências de Deus[42].

Aqui está um ponto muito interessante do pensamento de Moltmann. Uma vez que toda experiência de vida é também uma experiência do próprio Deus, essa experiência traz em si um caráter particular e intransferível. Assim, falar sobre experiências especiais de Deus em fenômenos contingentes, segundo nosso teólogo, garante que não consideremos as outras experiências como profanas[43].

Reconhecer isso, para Moltmann, tem seu fundamento no Espírito como fonte de Vida e força da criação, e, assim, toda experiência de uma criatura do Espírito é também experiência do Espírito, bem como toda verdadeira autoexperiência é também uma experiência do Espírito[44]. É interessante perceber que isso também encontra eco no pensamento de John Wesley e que pode ser encontrado em seu sermão acerca do Sermão do Monte:

> Mas a grande lição a qual nosso amado Senhor inculca aqui, e a qual Ele ilustra por esse exemplo, é que Deus está em todas as coisas, e que estamos para ver o Criador no espelho de todas as criaturas; que não devemos usar e olhar nada como separado de Deus, o que seria um tipo de ateísmo prático mas, com uma verdadeira magnificência de pensamento, observar céu e terra, e tudo o que neles há, como contido por Deus no côncavo de Sua mão, que por Sua íntima presença sustenta todos no ser que pervade e atua em toda a estrutura criada, e é, em sentido verdadeiro, a alma do universo[45].

---

42. Ibidem.
43. Ibidem, 45.
44. Ibidem.
45. WESLEY, JOHN. *Sermon on the Mount*, Discourse III, I.11, in SUGDEN, E.H. (org.), *The Standard Sermons of John Wesley*, London, Epworth Press, 1935, 356-378.

Diante disso, no pensamento de nosso teólogo, temos tanto a oportunidade de experimentar Deus em todas as coisas, o que, sem dúvida, abre o leque para pensarmos a relação de Deus com o mundo e o que as coisas no mundo significam para o próprio Deus, bem como vermos o infinito dentro do finito e o eterno dentro do temporal, e, ao mesmo tempo, experimentar todas as coisas em Deus. Isso também nos leva ao caminho inverso, que é o de percebermos o finito dentro do infinito e fazermos referências às coisas em seu horizonte, que se encontra em Deus, e, dessa forma, levamos nossas experiências no mundo para dentro do próprio Deus. Com isso, respeitamos a vida no temor de Deus e a veneração da natureza passa a ser também parte da adoração a Deus[46]. Transcendência e imanência não são coisas contraditórias, mas, sim, dois aspectos complementares da dinâmica do Espírito Santo[47].

Com base em tudo isso, faz-se interessante abordarmos a teologia da criação de Moltmann, a fim de mostrar que a imanência de Deus no mundo tem a ver com a própria criação de Deus no Espírito, sendo até mesmo consequência dessa criação.

---

46. MOLTMANN, *O espírito da vida*, 45-46.
47. Idem, ibidem, 215.

Capítulo 5
A criação no Espírito

A primeira formulação de maneira sistemática da doutrina da criação de Moltmann faz parte de sua série de Contribuições Sistemáticas à Teologia, que se iniciou em 1980 com o livro *Trindade e Reino de Deus*. Essa formulação se encontra em *Deus na criação: doutrina ecológica da criação*[1].

A pergunta à qual Moltmann busca responder é "o que significa a fé no Deus Criador e neste mundo como sua criação face à crescente exploração industrial e à irremediável destruição da natureza?"[2]. Para respondê-la, Moltmann propõe pensar a teologia da criação pelo viés pneumatológico.

> Com o título Deus na criação eu pensei em Deus como Espírito Santo. Deus é o "amante da vida" e seu Espírito está em todas as criaturas. Para entender isso, abandonei as antigas diferenciações que a teologia fazia com base nos três artigos do credo apostólico e entrelacei esses três artigos trinitariamente entre si de tal forma que me foi possível desenvolver uma doutrina pneumatológica da criação. Essa doutrina da criação parte do Espírito criador divino, que habita em nós. Ela oferecerá também pontos

---

1. Ver MOLTMANN, JÜRGEN. *Deus na criação: doutrina ecológica da criação*, Petrópolis, Vozes, 1993.
2. MOLTMANN, JÜRGEN. *Deus na criação*, 9. Ver também MOLTMANN, JÜRGEN, A justiça que promove a paz, in *Concilium Brasil*, Petrópolis, n. 215, jan. 1988, 113-125, e MOLTMANN, JÜRGEN, Direitos humanos, direitos da humanidade e direitos da natureza, in *Concilium Brasil*, Petrópolis, n. 228, mar. 1990, 135-152.

de partida para o diálogo com as antigas filosofias naturais, que não são mecanicistas, mas globais[3].

Para Moltmann, é necessário entender a criação de forma trinitária. Criador, criação e criatura estão intimamente envolvidos e unidos pelo mesmo Espírito de Deus. Nesse sentido, é possível que pensemos no Espírito em todas as coisas e todas as coisas no Espírito de Deus. Para que isso seja possível, Moltmann considera necessário abandonar o pensamento analítico sujeito-objeto e pensar de modo comunicativo e integrativo, visto que todo "viver em comunicação é viver em comunhão"[4]. Tudo que foge a essa comunhão e a essa comunicação e se transforma em isolamento e não comunicação é denominado por nosso teólogo como morte para os seres vivos.

Aqui cabe uma consideração: não haveria também uma chave teológica para pensarmos o diálogo inter-religioso? À medida que nos distanciamos e nos isolamos em nossos dogmas e conceitos, não estaríamos perdendo uma característica básica da vida, que é a oportunidade de comunicação? É sabido que, com o passar do tempo, as religiões, principalmente o cristianismo, se isolaram em seus próprios conceitos e se viram como responsáveis para a pregação e a salvação dos que não acreditavam da mesma forma. Esse isolamento e a falta de comunicação com o diferente não geraram nenhuma vida no mundo, mas, sim, apenas tragédias e mortes.

Voltando ao tema da criação, segundo Moltmann, vemos que ela é um ato trinitário que acontece no Espírito de Deus, que é derramado sobre tudo o que existe, e também vivifica, renova e preserva todas as coisas.

> É sempre o Espírito que leva ao seu objetivo o agir do Pai e do Filho. Por isso, o Deus trino inspira ininterruptamente a sua criação. Tudo que é, existe e vive graças ao constante fluxo de energias e possibilidades do Espírito cósmico. Por isso toda realidade criada deve ser compreendida de forma energética e entendida como possibilidade realizada do Espírito divino. Através das energias e possibilidades do Espírito, o próprio criado está presente na sua criação[5].

Assim, pensar o mundo em Deus e pensar Deus no mundo implica falar sobre a imanência de Deus nesse mundo. Em seu pensamento, Deus

---

3. MOLTMANN, *Deus na criação*, 10.
4. Ibidem, 19.
5. Ibidem, 28-29.

é o Espírito do Universo, sendo a criação a história dos efeitos do Espírito de Deus[6]. Dessa forma, a criação não é somente algo que Deus cria, mas também algo que tem a ver com a própria presença do Espírito.

Espírito e Natureza

Nosso teólogo propõe, então, uma autodiferenciação em Deus. Dessa forma, há uma tensão no próprio Deus que cria, chamando a criação à existência e fazendo da criação a sua morada.

> Na criação do mundo por Deus, pode-se reconhecer uma autodiferenciação e uma autoidentificação de Deus: Deus está, simultaneamente, em si mesmo e fora de si. Ele está fora de si na criação e simultaneamente em si no seu sábado[7].

Duas são as formas usadas por Moltmann para falar a respeito dessa tensão que existe no próprio Deus em sua criação: a primeira se percebe na doutrina cabalística da Shekinah, em que Deus se separa de si e caminha juntamente a seu povo e sofre com ele; a segunda é por meio da doutrina cristã da Trindade, em que a criação é fruto do transbordamento do amor de Deus que cria, reconcilia e salva a criação por meio do seu Filho e habita nela por meio do seu Espírito. O Espírito, então, deve ser visto como a sintonia geral, a estrutura, a informação e a energia do Universo, sendo o Espírito do Universo aquele que emana do Pai e resplandece no Filho. Com isso, as evoluções e as catástrofes do Universo são também os movimentos e as experiências do Espírito da criação[8].

Para Moltmann, o espírito[9] deve ser pensado, quando em relação à natureza, como formas de organização e modos de comunicação de sistemas

---

6. Ibidem, 33.
7. Ibidem, 34.
8. Ver MOLTMANN, *Deus na criação*, 35-37. Também se faz importante observar aqui o uso do conceito de *perichoresis* por Moltmann. Na eterna comunhão que existe entre o Pai, o Filho e o Espírito e em suas mútuas coabitações, que também se manifestam como simultânea alta agitação e paz do amor que dá vida a tudo o que vive, é o que determina sua teologia da criação. Isso quer dizer que todas as relações análogas a Deus se espelham nessa mútua compenetração da *perichoresis* trinitária.
9. Outra observação se faz necessária. Ao usarmos a palavra espírito com letras minúsculas estamos utilizando o conceito moltmanniano de espírito cósmico (que se assemelha ao conceito das energias divinas da teologia oriental), que deve ser pensado de forma diferente da do Espírito da salvação e da nova criação de todas as coisas, que é o Espírito Santo de Deus. O Espírito Santo pode transformar o espírito cósmico e fazê-lo conforme Cristo,

abertos[10] — que são sistemas abertos para o futuro. Essas formas de organização, no pensamento de nosso teólogo, começam por matéria sem forma, passando por formas de sistemas vivos, multifacetárias, simbioses vivas, e por pessoas e populações humanas, até chegar ao sistema ecológico "Terra", ao Sistema Solar, à Via Láctea e ao conjunto de galáxias do Universo.

Percebemos, com isso, que, para nosso teólogo, há uma tendência do espírito para sistemas cada vez mais complexos tanto por meio da junção dos diversos sistemas vivos abertos que formam formas de vida simbióticas como também por intermédio dos desdobramentos de vida mais rica na Terra nova do possível e do futuro[11].

Moltmann é contra a identificação agostino-cartesiana entre consciência e espírito. Para ele, a consciência é o espírito refletido que reflete, ou seja, "um tornar-se consciente da organização do seu corpo e da sua alma, e um tornar-se consciente das comunicações do organismo humano que são necessárias para a vida tanto na sociedade quanto na natureza"[12]. Dessa forma, se o espírito é consciência refletida e há muitas coisas sobre as quais não refletimos, então há uma grande parte do espírito humano que permanece inconsciente, uma vez que a pessoa humana é um sistema aberto, complexo, multifacetário e repleto de relações e dependências.

Moltmann pensa o espírito como um princípio abrangente da organização humana e, dessa forma, não idêntico à subjetividade consciente da razão e da sua vontade. Pelo contrário, ao falarmos do espírito, é necessário que falemos do espírito-corpo, do espírito-alma e da unidade entre corpo, alma e espírito[13].

É interessante considerar o caráter realista do pensamento de Moltmann. Ao falar sobre o Espírito, ele não fala apenas de algo transcendente que não tem nada a ver com o mundo e a corporeidade. Muito pelo contrário, o Espírito se faz presente na corporeidade da natureza, animando-a e vivificando-a, rumo à nova criação de todas as coisas.

---

mas a diferenciação entre espírito cósmico e Espírito de Deus deve ser mantida. MOLTMANN, *Deus na criação: doutrina ecológica da criação*, 374-375. Embora em MOLTMANN, *O espírito da vida*, 215, Moltmann fale a respeito do Espírito cósmico, consideramos que o que ele tem em mente é o Espírito Santo como criador da vida e que é vida em tudo que criou. Nesse sentido, não é identificado com a vida ordinária, mas, sim, com a própria vida. Aqui, o conceito de energia divina, da teologia Oriental, tem um papel fundamental para o entendimento desse conceito em Moltmann.

10. MOLTMANN, *Deus na criação*, 37.
11. Ibidem.
12. Ibidem 374.
13. Ibidem, 38.

Para Moltmann, é por intermédio do Espírito que estamos ligados social e culturalmente a outras pessoas, e essa ligação é um sistema organizado aberto. Com isso em mente, ele considera que o Espírito pode ser definido como "espírito comum" da comunhão humana, uma vez que também por intermédio desse Espírito estamos ligados ao meio ambiente. Assim, Moltmann define essa ligação como um ecossistema espiritual. Por intermédio do Espírito, sociedades humanas estão ligadas como sistemas parciais com a Terra[14].

Portanto, as pessoas são participantes e subsistemas do sistema da vida cósmica e do espírito divino que nele habita. Moltmann ainda propõe que a consciência humana do Espírito seja estendida por um maior número de formações do Espírito e por uma ampliação da consciência individual conforme os princípios de organização do Espírito (diacrônico e sincrônico) até uma consciência social ecológica cósmica e divina. Assim, a consciência individual entra em formas de organização do Espírito mais elevadas, complexas e multifacetárias e alcança um intercâmbio de vida mais diferenciado e elevado; dessa forma, o Espírito individual, divino, cósmico e social alcança a maior e mais ampla consciência de si próprio na pessoa humana[15].

Sendo assim, Moltmann não vê criação e evolução como contraditórios, mas como conceitos interligados e complementares, de modo que há uma criação da evolução e uma evolução da criação. Portanto, o conceito de evolução deve ser entendido como conceito básico da automovimentação do Espírito divino da criação[16]. Se isso ocorre com toda a criação, então, claramente a questão da natureza também entra em cena. O homem, que também é criado junto à natureza, está em relação íntima com ela, sendo também seu produto. O que acontece com a natureza acontece também com a pessoa humana e com toda a criação.

Essa visão entra em choque com a visão tecnicista e moderna do mundo com relação à natureza. Enquanto no mundo moderno a natureza deve ser vista como um objeto à parte de nós, que devemos explorar, como reflexo de um entendimento de que ser imagem de Deus é dominar a Terra, entender a natureza como próprio sujeito da criação nos faz percebê-la também como uma imagem do mundo criado por Deus. Como diz Moltmann,

---

14. Ibidem, 38.
15. Ibidem, 39.
16. Ibidem, 39.

neste sentido, é importante para a autocompreensão da pessoa que ela se compreenda primeiramente não como sujeito em relação à natureza, e teologicamente como imagem de Deus, mas que ela se compreenda primeiramente como produto da natureza e também teologicamente como imagem do mundo[17].

Com esse pano de fundo, a experiência natural adquire novo conceito. Não fazemos uma experiência da natureza ou na natureza, mas, sim, experimentamos algo. Experiências acontecem conosco, e nós as percebemos e as recebemos. Elas se condensam em nossas percepções e, a partir dessas percepções, formamos concepções com base nas quais identificamos e classificamos os acontecimentos[18].

Teologia da criação e teologia da natureza

No pensamento moltmanniano, o ponto de partida de uma teologia cristã da criação deve ser a interpretação das histórias bíblicas da criação à luz do Evangelho de Cristo[19]. É a experiência de fé no Deus criador na história de Israel que faz com que experimentemos o mundo como criado por ele de um modo que o acontecimento salvífico e a experiência de salvação tenham um relacionamento mútuo.

Dessa forma, baseando-se na experiência da salvação experimentada pelo povo de Israel, ele define como criação "o horizonte universal da especial e histórica experiência de Deus que Israel vivenciou"[20]. Essa experiência da criação mostra o Deus da aliança de Israel como Senhor e criador de todo o mundo e revela, assim, que esse Deus é único e universal, de maneira que todos os povos entram na luz da salvação que Israel experimentou e na qual deposita esperança. Nesse horizonte está tanto a criação como a nova criação de todas as coisas.

Moltmann vê a necessidade de reinterpretar a experiência salvífica de Israel à luz da experiência salvífica cristã. Nesse sentido, criação caracteriza o criar inicial de Deus, seu criar histórico e a criação perfeita, cujo objetivo escatológico é o Reino de Deus. Assim, vida eterna e glória acontecem na própria história de Deus e contam a história do domínio de Deus[21].

---

17. Ibidem, 82.
18. Ibidem.
19. Ibidem, 90-92.
20. Ibidem, 91.
21. Cf. Também MOLTMANN, Trindade e Reino de Deus: uma contribuição para a teologia.

Com isso em mente, Moltmann vê a teologia natural[22] como uma teologia sob condições naturais e a natureza como "realidade daquele mundo que não é mais a boa criação de Deus e que ainda não é o Reino de Deus"[23]. Dessa forma, ele parte do ponto de que criação, como exposta no Novo Testamento, consiste na ressurreição e na experiência do Espírito como força da nova criação de todas as coisas. Assim, a nova criação deve ser interpretada tanto no âmbito cristológico quanto no âmbito pneumatológico. Para Moltmann, na experiência presente da justificação já estão incluídos o início e o fim do mundo, e "esta experiência é o acesso subjetivo ao processo objetivo da nova criação do mundo rumo ao Reino do Deus eterno"[24].

Moltmann faz a ligação entre a fé na ressurreição de Cristo e a fé cristã na criação. Essa fé é também liberdade criadora e um ressurgimento no Espírito, uma vez que o Espírito é a força da ressurreição e criador de vida. Para Moltmann, nisso está a *ruah*, a força criadora de Deus, por meio da qual transmite suas energias para a criação e, assim, os dons do Espírito são forças da vida nova e eterna. Essas forças de vida são experimentadas no âmbito corporal e, consequentemente, se mostram como esperança para a salvação do corpo a partir da morte para a corporeidade da vida eterna. Essa fé, ligada com a esperança, nos torna solidários com as demais criaturas da natureza e nos faz lutar pela sua liberdade frente àquilo que gera morte[25].

---

22. De acordo com GEFFRÉ, CLAUDE, Teologia Natural, in LACOSTE, JEAN-YVES, *Dicionário crítico de Teologia*, São Paulo, Loyola, 2004, 1233-1235, a teologia natural é caracterizada por um "conhecimento de Deus a partir das criaturas, independente da revelação". Ao longo da tradição cristã, porém, esse conceito foi sendo mais bem assimilado e adequado à doutrina. Contudo, especificamente no protestantismo, desde Lutero já se tem a ideia de que é possível chegar ao conhecimento de Deus pela razão natural, e também em Calvino se percebe a defesa de uma dupla manifestação de Deus tanto na criação como na obra redentora. Tomando por base a obra moltmanniana, podemos pensar que a teologia natural não é desvencilhada da revelação, mas se mostra como fruto dela e também da própria criação divina, sendo tudo parte da história do próprio Deus.

23. MOLTMANN, *Deus na criação*, 97.

24. Ibidem, 105-106.

25. Ibidem, 108-109. Essa temática a respeito da esperança e de uma esperança que deve ser força incentivadora para a luta contra as desigualdades e aquilo que gera morte é tratada por Moltmann, em grande profundidade, em MOLTMANN, JÜRGEN. *Teologia da Esperança*: estudos sobre os fundamentos e as consequências de uma escatologia cristã, São Paulo, Loyola, 2005.

Deus como criador

Diante de tudo isso, como fica a doutrina cristã de Deus como criador? Segundo Moltmann, dizer que Deus é criador é enfatizar a autodiferenciação de Deus e do mundo: Deus quis o mundo, e o mundo é consequência da decisão da vontade de Deus. Em outras palavras, Deus se decide pela criação do mundo e decide revelar sua glória ao mundo. Por esse motivo o Reino, no pensamento de Moltmann, vem antes da criação, e a criação aponta para o Reino[26].

Essa decisão não coloca, de forma alguma, a criação como uma necessidade de Deus, de modo que lhe seria necessário criar algo. Muito pelo contrário, revela a total liberdade de Deus em sua criação. É próprio de Deus criar não por ausência de liberdade, mas, sim, em consequência do transbordamento de seu amor; portanto, podemos dizer, com base em Moltmann, que "Deus não é o todo-poderoso, ao qual tudo é possível, mas o amor, isto é, a autocomunicação do bem. Se Deus cria o mundo a partir da liberdade, então, ele o criou por amor"[27].

Com isso, Moltmann vê a criação como analogia de relação. Deus toma morada nas criaturas que ele determinou como sua imagem. Assim, na própria criação, há um rebaixamento de Deus[28]. Essa liberdade de Deus em sua criação é vista por Moltmann como consequência de que Deus é amor, uma vez que liberdade é ser fiel a si mesmo. "Deus não é totalmente livre ali onde ele pode fazer e deixar de fazer o que ele quer, mas ele é totalmente livre ali onde ele é totalmente ele mesmo. Em sua atividade criadora, ele é totalmente ele mesmo."[29]

A criação é, então, um ato de liberdade e transbordamento de amor divino. Na verdade, em Moltmann, não há diferença entre liberdade e amor. A liberdade é pressuposto do amor, e todo amor age em liberdade. Dessa forma, a criação deve ser vista como uma saída de Deus de sua plenitude trinitária na criação e no retorno a si no Reino vindouro da nova criação. Para Moltmann, isso faz parte do mesmo amor divino, ainda que se aja de modos diferentes; portanto,

> ser criatura e imagem não significa somente ser uma obra de suas mãos, mas também "estar enraizado/a" no fundamento criador da vida divina.

---

26. MOLTMANN, *Deus na criação*, 128.
27. Ibidem, 121.
28. Ibidem, 124.
29. Ibidem, 131.

Isto se torna sobremaneira claro quando entendemos a criação pneumatologicamente e quando atentamos para o Espírito criador que toma morada na sua criação[30].

De acordo com a fé cristã, Deus cria a partir do nada — *creatio ex nihilo*. Moltmann parte do conceito de *zimzum* (que quer dizer contração) desenvolvido por Isaac Luria (1554-1572) na cabalística judaica. De acordo com essa ideia, Deus abre um espaço em si mesmo para poder dar origem à sua criação. Nessa contração de sua eternidade é também possível a criação do tempo[31].

Com isso, o nada, no pensamento de Moltmann, é esse espaço aberto por Deus para que a criação pudesse ser criada. Esse lugar abandonado por Deus no próprio Deus é onde pode ocorrer a *creatio ex nihilo*. Nessa contração há o autorrebaixamento de Deus, que, nesse ato, se mostra como amor. Também na própria criação, por meio da abertura de um espaço em si para a criação, se mostra novamente seu autorrebaixamento. Dessa forma, Deus "cria na medida em que ele deixa ser, dá lugar e se retrai"[32].

Parece-nos agora claro por que Moltmann sustenta a imanência de Deus no mundo. Uma vez que o próprio mundo é criado no espaço aberto por Deus, a própria realidade está em Deus e faz parte da história de Deus. Com isso, Moltmann não defende um panteísmo. Acusar Moltmann de panteísta, a nosso ver, é não ter compreendido o pensamento moltmanniano. O fato de o mundo estar em Deus e de esse mundo ser permeado por ele difere muito da doutrina panteísta de que todas as coisas são Deus.

Podemos, então, pensar na criação de Deus em três momentos, mesmo que ao definir momento não estejamos nos referindo a certa sequência histórica. O fazer inicial como um criar de Deus incondicional — *creatio ex nihilo*; o criar histórico como um exaustivo criar da graça sobre a superação da desgraça; e o criar escatológico do reino da glória que emerge da superação do pecado e da morte, ou seja, do nada destruidor. Dessa forma, no pensamento moltmanniano, "a criação a partir do nada é um preparativo e uma promessa quanto à aniquilação do nada"[33].

---

30. Ibidem, 133-134.
31. Ibidem, 136. Para o conceito de *zimzum* ver também HAUSOUL, RAYMOND R. An Evaluation of Jürgen Moltmann's Concept of Time and Space in the New Creation, in *Journal of Reformed Theology*, Amsterdã, v. 7, n. 2, 2013, 137-159.
32. MOLTMANN, *Deus na criação*, 138-139.
33. Ibidem, 140.

Assim, "ressurreição e reino da glória são, por isso, uma realização da promessa que representa a própria criação"[34]. Essa criação, contudo, deve ser vista de forma trinitária. É o Pai que cria, por meio de Jesus, na força do Espírito. Moltmann, pensando por um aspecto pneumatológico, busca mostrar que as forças do Espírito são as forças da nova criação. "São as forças capazes de ressuscitar mortos, que emanam do Cristo ressurreto e carismaticamente são testemunhadas através da comunidade do mundo, vivificada para a vida."[35]

Pneumatologia e criação

Na teologia de Moltmann, o Espírito é aquele que vivifica, e seu dom é a vida eterna. Dessa forma, a experiência do Espírito é a experiência da morada de Deus junto a seu povo, e tornar-se templo do Espírito acontece quando esse Espírito fixa sua morada em nós.

> Quando o Espírito age e fixa morada entre nós, a criação do Pai por intermédio do Filho e a reconciliação do mundo com Deus chegam ao seu objetivo. A presença e a ação do Espírito são o objetivo escatológico da criação e da reconciliação. Todas as obras de Deus chegam ao seu fim na presença do Espírito[36].

Esse mesmo Espírito é a força atuante do Criador e a força vital das criaturas que emanam a partir do Criador, de forma que é no Espírito que ele está presente na sua criação, sofre as dores dela e a preserva. Esse Espírito está também em total relação com o Pai e com o Filho, de modo que é possível falarmos em uma doutrina trinitária da criação. O Pai Criador é aquele que envia o Filho e o Espírito; o que reúne o mundo sob seu poderio libertador e o redime é o Filho, ou seja, a palavra da criação; e Aquele que vivifica o mundo e o deixa participar da eterna vida de Deus é o poder criador, ou seja, o Espírito. Dessa forma, o Pai é a causa criadora da criação; o Filho, a causa que a caracteriza; e o Espírito, a causa vivificadora. Portanto, podemos dizer que a criação existe no Espírito, é cunhada por intermédio do Filho e é criada a partir do Pai. Sendo assim, existe a partir de Deus, por intermédio de Deus e em Deus[37].

---

34. Ibidem, 141.
35. Ibidem, 147.
36. Ibidem.
37. Ibidem, 148-149.

Para Moltmann,

> sem uma doutrina pneumatológica da criação, não existe uma doutrina cristã da criação; sem levar em conta a existência do Espírito criador no mundo, não pode haver uma comunhão pacífica entre humano e natureza. [...] O Espírito é a força criadora e presença de Deus na criação. Toda criação é atuada pelo espírito e é uma realidade cunhada pelo Espírito[38].

Poderíamos nos perguntar, então, como o Espírito age na natureza segundo a teoria moltmanniana. Para ele, o Espírito "é o princípio da criatividade em todos os níveis de matéria e vida. Cria novas possibilidades e antecipa nelas os novos esboços dos organismos materiais e vivos. Neste sentido, o Espírito é o princípio da evolução"[39].

Além disso, Moltmann também considera o Espírito como princípio holístico que, em cada nível de evolução, cria relações recíprocas, *perichoresis* mútuas, e, assim, vida em cooperação e comunhão, sendo, portanto, o espírito comum da criação e, dessa forma, o Espírito é também princípio de individualização e formação de determinados esboços de matéria e de vida. Para Moltmann, essas criações no Espírito são criações abertas, e, por serem criações abertas, são direcionadas para o futuro comum, uma vez que cada uma está, a seu modo, orientada pelas possibilidades, de modo que "o princípio da intencionalidade é inerente a todos os sistema da matéria e da vida"[40].

Dessa forma, Moltmann coloca o Espírito como centro de todo o ser pessoal, corporal e espiritual, como a totalidade psicossomática da pessoa. Ora, se o Espírito é essa presença imanente de Deus no mundo, podemos, conforme Moltmann, falar em uma *kenosis* do Espírito.

Nas palavras de Moltmann,

> com a história do sofrimento do Espírito, que está sujeito à finitude, surge então também uma história do sofrimento do Espírito que nela fixa morada. O Espírito que nele habita transforma esta história de sofrimento da criação numa história de esperança[41].

Segundo Moltmann, somente uma doutrina trinitária da criação no Espírito é capaz de conectar a transcendência de Deus em relação ao

---

38. Ibidem, 151.
39. Ibidem, 152.
40. Ibidem, 153.
41. Ibidem, 155.

mundo e, ao mesmo tempo, sua imanência nesse mundo. De acordo com Moltmann, "se o Espírito cósmico é o Espírito de Deus, então o Universo não pode ser encarado como um sistema fechado. Tudo deve ser entendido como um sistema aberto, para Deus e o seu futuro"[42].

Deus está presente em sua criação por intermédio do seu Espírito, e toda a criação é perpassada pelo Espírito de Deus. Para Moltmann, Deus também está presente nas estruturas materiais. Dessa forma, não podemos pensar em uma matéria desespiritualizada e nem em um espírito imaterial. As informações que determinam todos os sistemas de matéria e de vida devem ser designados de Espírito. Nas pessoas, elas tomam consciência de uma forma criadora. Neste sentido, todo o cosmos pode ser considerado conforme Deus, por ter sido criado por Deus, o Espírito, e existir em Deus, o Espírito. Assim, também se movimenta e se desenvolve nas energias e nas forças do Espírito divino[43].

Com isso, Moltmann procura entender a natureza de forma pneumatológica, sob a doutrina trinitária, e não de forma panteísta, uma vez que, em seu pensamento, o Deus presente na natureza e em cada parte dela é o Espírito criador. O futuro da criação, assim, implica a abertura de todos os sistemas de vida para a plenitude da vida e sua não solidificação, ou seja, insere-se na plenitude da vida de Deus[44].

Assim, "Espírito é aquilo que acontece de forma a promover vida entre pessoas"[45], e que é experimentado no amor incondicional. No pensamento moltmanniano, é por intermédio do Espírito que fazemos a experiência de sermos amados por Deus, e como resultado disso passamos a enxergar todos os indivíduos como também amados por Deus. Pela fé, já experimentamos a salvação e a libertação dos pecados, e isso deve se refletir em favor dos outros e em engajamento no mundo torto por causa do pecado. Nesse sentido, a vida no Espírito é uma antecipação da vida na nova criação de todas as coisas[46].

---

42. Ibidem, 157.
43. Ibidem, 305.
44. Ibidem, 305-306.
45. Ibidem, 378-379.
46. Cf. MOLTMANN, JÜRGEN. A Response to my Pentecostal Dialogue Partners, in *Journal of Pentecostal Theology,* Cleveland, v. 2, n. 4, 1994, 59-70.

Algumas críticas feitas à pneumatologia de Moltmann

Grande parte das críticas feitas à pneumatologia de Moltmann foi feita por teólogos pentecostais. O próprio *Jornal of Pentecostal Theology*, em 1994, convidou diversos desses teólogos para que escrevessem sobre as teorias moltmannianas.

Esse volume da revista obteve, dentre seus onze artigos publicados, sete relacionados às respostas a Moltmann, incluindo um artigo do próprio Moltmann, em que ele responde às críticas feitas. Dessa forma, consideramos interessante para o leitor e a leitora ter conhecimento de algumas dessas críticas que têm a ver com a temática desses capítulos e as possíveis respostas dadas por Moltmann a elas.

São dois temas que perpassam a maioria dessas críticas: o primeiro se refere à questão da imanência do Espírito no mundo; o segundo diz respeito à questão da salvação e da queda da humanidade. Mark Stibbe, Simon Chan e Frank Macchia criticam o conceito do imanentismo do Espírito no pensamento de Moltmann[47]. Stibbe questiona em que sentido o Espírito é imanente na obra de Moltmann, o que, segundo Stibbe, não fica claro na obra do teólogo. Macchia, por sua vez, fala da rejeição de Moltmann ao "totalmente outro" que está implicada na assunção da presença imanente do Espírito no mundo. Para Chan, ao não falar da transcendência, fica difícil identificar o trabalho do Espírito no mundo e, consequentemente, reconhecer a sua personalidade.

É interessante perceber que os três teólogos levantam a questão do Deus transcendente. No caso de Macchia, essa imagem está expressa na pergunta a respeito do "totalmente outro" da teologia barthiana; no caso de Stibbe, a pergunta Deus transcendente se encontra com base em Jeremias 23,23, em que se fala do Deus que é tanto Deus de perto como também Deus de longe; e no caso de Chan, fala-se a respeito da personalidade do Espírito. A pergunta de Chan, a de Stibbe e a de Macchia podem ser sintetizadas na pergunta do próprio Stibbe: "onde está o Deus 'de longe' no pensamento de Moltmann?"[48].

Para Moltmann, na história de Cristo, a alteridade e a novidade tornam claro que a questão do Espírito não é ontológica, mas, sim, esca-

---

47. Ver STIBBE, MARK W.G. A British Apprasial, in *Journal of Pentecostal Theology*, Cleveland, v. 2, n. 4, 1994, 5-16. Também em MACCHIA, FRANK D., A North American Response, in *Journal of Pentecostal Theology*, Cleveland, v. 2, n. 4, 1994, 25-33, e CHAN, Simon K.H. An Asian review, in *Journal of Pentecostal Theology*, Cleveland, v. 2, n. 4, 1994, 35-40.

48. STIBBE, op. cit., 12.

tológica. Para ele, tomando os escritos de Paulo, percebemos o Espírito Santo como o espírito da nova criação. O Espírito não vem de um além do mundo, mas, sim, por intermédio do Cristo ressuscitado do além das fronteiras da morte, trazendo vida eterna, e não morte eterna. Dessa forma, ele não considera a questão da transcendência do Espírito como categoria teológica. Para ele, a categoria teológica correta é o aspecto trinitário. Assim, a resposta de Moltmann à questão de Stibbe é bem sucinta. Para ele, o Deus distante se encontra no Antigo Testamento. Por intermédio de Jesus Cristo, essa ideia do Deus distante deve ser abandonada, uma vez que, em Cristo, o Pai se mostra extremamente próximo, de modo que podemos chamá-lo de Abba e, assim, "o Deus que está longe não é uma função da presença do Espírito, mas da sua ausência"[49].

Com relação à queda, somente Frank Macchia e Mark Stibbe levantam essa temática, que, segundo eles, tem a ver com a própria questão da imanência do Espírito. Afinal, se o Espírito está imanente no mundo e, como diz Stibbe, é a única força agindo no mundo no pensamento moltmanniano, como fica a questão da queda, a questão da salvação e a ambiguidade da vida?

Nas palavras de Macchia,

> Moltmann nos lembra de que não há mal ou sofrimento que esteja além do alcance da graça de Deus manifestada na cruz. Mas podemos presumir que essa graça já alcançou e já está no coração de toda a vida? Se sustentamos que essa graça já está presente em toda a vida, como Moltmann assume, não ignoramos a alienação radical e a ameaça de perda envolvida no mal[50]?

Aparentemente, Macchia não elaborou sua crítica com base no conhecimento da doutrina da criação de Moltmann. Para Moltmann, criação e salvação não podem estar em dois níveis; criação já foi graça tirando o mundo do caos e do nada; salvação final será a nova criação e a completude da criação. Assim, não se deve ver criação e salvação de forma dualística[51].

Faz-se interessante ressaltar que um determinado dualismo é considerado por Moltmann. Esse dualismo diz respeito ao mundo que passará e o mundo que está por vir como nova criação de todas as coisas, bem como o dualismo entre velho homem e novo homem que surge a partir

---

49. MOLTMANN, A Response to my Pentecostal Dialogue Partners, 65.
50. MACCHIA, A North American Response, 27-28.
51. Cf. MOLTMANN, A Response to my Pentecostal Dialogue Partners, 62-63.

de Cristo e se reflete em toda a sua obra na luta da morte contra a vida que vem do seguimento de Jesus na força do Espírito. Nesse sentido, não se trata de um dualismo platônico, mas, sim, de um dualismo que é feito na história[52].

Para Moltmann, não podemos falar do mundo criado sem levar em consideração a queda, nem falar sobre a queda sem levar em consideração a própria salvação. Essa relação entre a queda e a nova criação, segundo Moltmann, é a "libertação das leis e compulsões desse mundo torto, a fim de sermos capazes de viver, diante de Deus, como boa criação"[53].

Dessa forma, a salvação completa a criação, de modo que, por meio dela, não é somente o pecado que deixa de existir, mas também a possibilidade de pecar, bem como não é somente a morte que deixa de existir, mas também a possibilidade de morte. Assim, o mundo redimido da nova criação é a eterna criação na glória de Deus[54].

---

52. Ibidem, 63.
53. Ibidem, 64.
54. Ibidem.

Capítulo 6
Status quaestionis de uma abordagem pneumatológica do diálogo inter-religioso

Introdução

Entrar na temática a respeito do diálogo inter-religioso é algo fundamental em nossa época, uma vez que vivemos em um mundo globalizado e pós-moderno. Diante das constantes evoluções da ciência e do conhecimento humano a respeito do mundo, do Universo e das religiões, mediante os estudos arqueológicos e sociológicos, a teologia não deve se colocar à margem dessas questões, mas deve, sim, dialogar com essas novas descobertas em uma tentativa de se dizer, bem como de se redizer, frente às novas visões de mundo e frente aos novos conhecimentos produzidos pela humanidade.

A questão do pluralismo religioso não é um fenômeno novo no mundo em que vivemos. Desde muito tempo já existe a coexistência de religiões na Terra. Seria ingênuo de nossa parte pensar que essa questão se trata de algo que surgiu apenas no século XX. Desde o seu surgimento, o cristianismo se viu obrigado a conviver com as outras religiões e, de alguma forma, a responder às suas questões[1]. Que isso tenha sido potencializado nos últimos séculos, principalmente com o advento da modernidade e da pós-modernidade, podemos afirmar com alguma certeza.

---

1. KÄRKKÄINEN, VELLI-MATTI. Trinity and Religious Pluralism: The Doctrine of Trinity in Christian Theology of Religions, Aldershot, Ashgate, 2004, 2.

Mesmo convivendo com religiões durante todo esse tempo, foi no século XX que o tema do diálogo inter-religioso veio à tona com maior ênfase no cenário do cristianismo. Na tentativa de lidar com esse antigo fenômeno que se tornou "novo" no meio cristão e dar respostas cristãs a respeito da pluralidade das religiões é que surge a chamada Teologia Cristã das Religiões. Essa tem o intuito de refletir sobre a relação entre Deus e o fenômeno da religião a partir da fé cristã[2], ou seja, "pensar teologicamente sobre o que significa para cristãos viver com pessoas de outras fés e sobre a relação do cristianismo com outras religiões"[3]. Como expõe Kärkkäinen, alguns autores propõem que se chame "Teologia do Pluralismo Religioso", uma vez que esse termo reflete melhor o desafio da teologia das religiões em nosso tempo.

A questão do *Filioque*

Uma das questões presentes quando falamos sobre o diálogo inter-religioso por meio da pneumatologia é a cláusula do *Filioque*. Esse tema, muito debatido e com diversas literaturas a seu respeito, ainda é discutido e sempre volta à tona quando se quer falar sobre algum tema pneumatológico. Com isso em mente, considero necessário recobrar brevemente essa história a fim de podermos situar o pensamento de Moltmann em relação a essa temática.

Pode parecer até mesmo sem sentido para os cristãos de hoje que uma palavra tenha causado tantos problemas e ainda permaneça como ponto de separação dogmática entre católicos e ortodoxos em nossos dias. Contudo, se olharmos mais de perto, veremos que não se trata somente de uma palavra, mas também de uma questão de verdade de fé, o que, em meio teológico, ainda é muito importante[4].

Há muito tempo, a questão a respeito da verdade da doutrina do *Filioque* e a licença de interpolação por parte do Bispo de Roma no credo são problemas conhecidos ao tratar dessa temática. Enquanto o Ocidente, no princípio, não considerou a cláusula do *Filioque* como uma adição ao

---

2. Cf. YONG, AMOS. Beyond the Impasse: Toward a Pneumatological Theology of Religions, Minnesota, Baker Academic, 2003, 14.

3. Kärkkäinen, Velli-Matti. op. cit., 2.

4. Cf. SIECIENSKI, A. EDWARD. *The Filioque: History of a Doctrinal Controversy*, New York, Oxford, 2010, viii. Para o que se segue, tomamos por base seu trabalho às páginas 3-15. Ver também VISCHER, LUKAS (ed.), The Filioque Clause in Ecumenical Perspective, in *The Spirit of Christ, the Spirit of God: Ecumenical Reflexions on the Filioque Controversy*, Geneva, World Council of Churches, 1981, 3-18.

credo, mas, sim, uma clarificação acerca da doutrina que era permitida ao Bispo de Roma, o Oriente não viu da mesma forma, considerando essa adição uma heresia. Para os gregos, a questão do *Filioque* traz tanto um problema teológico quanto um problema eclesiológico.

Não devemos nos esquecer de que há também uma questão de poder envolvida nessa situação. Afinal, se o Bispo de Roma fizesse com que a cláusula do *Filioque* fosse aceita por todos os cristãos, ficaria claramente definido quem era o líder deles nesse período[5].

Siecienski aponta para a grande diferença de perspectiva que há na filosofia latina e na filosofia grega, o que, sem dúvida, influencia na questão a respeito do *Filioque*. Enquanto a filosofia latina parte da natureza comum para depois definir acerca das pessoas, a filosofia grega parte das pessoas para depois definir a natureza.

Nesse sentido, temos na questão do *Filioque* um problema de terminologia. Isso certamente gerou nas duas metades da cristandade desse período a ideia de que o outro lado seguia em direção contrária à verdadeira fé e, mais ainda, que "o outro destruiu a pureza da fé e se recusou a aceitar o claro ensinamento dos padres sobre a processão do Espírito"[6].

A primeira menção à questão do debate sobre a doutrina do *Filioque* ocorreu, de acordo com o estudo de Siecienski, em 645/646, na carta enviada por Maximus para Marianus. Nela já temos uma visão do que seria comum nas épocas seguintes, que era retomar os escritos dos primeiros padres a fim de dar suporte às considerações a respeito da doutrina crida.

Com os debates se acirrando a partir do século IX, cada lado começou a usar os argumentos bíblicos e os textos dos padres na tentativa de justificar suas posições. Contudo, "enquanto os dois lados poderiam concordar que os escritos desses padres eram o critério *sine qua non* para determinar a fé ortodoxa, havia vários problemas metodológicos em utilizar as testemunhas patrísticas dessa maneira"[7].

Isso se devia, como nos apontou Siecienski, ao fato de que o conhecimento mútuo acerca dos escritos de ambos os lados era, em geral, bastante incipiente. Do lado do Ocidente, Agostinho era o mais utilizado para essa questão, visto ter trabalhado essa temática em seus escritos, enquanto, do lado bizantino, autores gregos, como Atanásio, eram usados para sustentar a posição do Oriente.

---

5. Cf. Siecienski, The Filioque: History of a Doctrinal Controversy, 5.
6. Ibidem, 6.
7. Ibidem, 7.

Da mesma forma que havia a ignorância dos teólogos do Oriente em relação aos escritos latinos, também, por parte da igreja do Ocidente, os textos lidos eram traduções dos textos originais gregos, e não os originais. Esse problema de ecumenicidade no que tange aos textos originais não é algo que aconteceu somente com a questão do *Filioque*. Basta lembrarmos das questões cristológicas do século IV e V, em que termos como *prosopon, hypostasis* e *ousia* não tinham o mesmo significado quando se fazia a tradução do grego para o latim.

Com relação à doutrina do Espírito, o termo latino *procedere* não tem o mesmo significado do verbo *ekporeuestai* do grego. Sciecienski também nos alerta para a questão da autenticidade dos textos usados nos debates, que, em grande parte, foram alterados tanto pelos orientais quanto pelos ocidentais durante muitos séculos.

Outro ponto levantado é a questão da hermenêutica do texto. Ler um texto fora do seu contexto é, sem dúvida, um caminho grande para o erro. Foi isso que, durante muitos séculos, também aconteceu com a questão do *Filioque* na igreja cristã. Felizmente, a partir do século XX, estudiosos católicos e ortodoxos começaram a estudar as fontes para que houvesse um verdadeiro diálogo sobre essa temática e a hermenêutica dos temos em seu contexto por parte dos autores. Embora o debate tenha começado somente em 645/646, como citamos anteriormente, a menção da processão do Espírito pelo Pai e pelo Filho no lado latino já se encontra nos Escritos de Agostinho em *De Trinitate*.

No lado grego, a primeira resposta teológica à questão do *Filioque* só veio no século IX, com Fócio e Nicetas, o que, sem dúvida, os colocou em desvantagem quando teve início o debate com o lado latino[8].

É importante fazer uma consideração aqui acerca da afirmação de Sciecienski. A teologia oriental nunca teve como escopo ser uma teologia de caráter sistemático. Ela é marcada muito mais por uma espiritualidade e por uma vivência de acordo com aquilo que é revelado nas Escrituras, por intermédio do Espírito. Nesse sentido, é compreensível que não se tenha feito nenhum tratado sistemático sobre essa questão ao longo do período em que os latinos, sempre preocupados com as sistematizações, realizavam seus sistemas e compêndios teológicos.

Concordamos com Sciecienski quando este afirma que, se buscarmos ao longo da teologia bizantina dos primeiros séculos da disputa acerca do *Filioque* uma teologia da processão própria, não a encontraremos, uma

---

8. Ibidem, 10.

vez que toda essa teologia não passa de uma resposta dada às questões do Ocidente. Isso só será desenvolvido pela teologia Ortodoxa em meados do século XII[9].

A teologia da Reforma, que surge no século XVI, também não foi muito crítica com relação à questão da doutrina do *Filioque*, sendo até mesmo aceita por grande parte dos teólogos reformados[10]. Somente no final do século XIX é que se começa uma nova era de diálogos entre ocidentais e orientais[11]. Em meados do século XX, quando o movimento ecumênico começa a tomar mais forma e ter mais força dentro da Igreja, também cresce o interesse para a questão da teologia da processão, bem como se renova o interesse nos escritos de Máximo Confessor.

Sciecienski nos alerta para uma nova postura no diálogo que começa a partir do movimento ecumênico. Trata-se de uma postura de diálogo com base no amor, visando cada qual à fala da verdade em amor, ainda que as diferenças acerca da doutrina do *Filioque* ainda não tivessem sido resolvidas.

Para Sciecienski, o trabalho dos teólogos históricos foi de grande valia para que o diálogo se tornasse mais bem-sucedido. Entender a história da questão, sem dúvida, contribui muito para que os erros cometidos no passado não aconteçam novamente. Nesse sentido, o estudo da história desse conceito se mostrou e tem se mostrado extremamente profícuo nessa temática[12].

Um impasse no diálogo inter-religioso

Uma vez que nos propusemos a falar a respeito do diálogo inter-religioso, é importante lembrarmos que a religião faz parte da experiência humana. Dessa forma, tentar falar das religiões sem falar dessas experiências em sua completude seria extremamente ingênuo de nossa parte, bem como prejudicial para o fazer teológico, uma vez que seria uma teologia abstrata, que não toca a realidade em que vivemos.

O ser humano é um ser social, político e econômico. Dessa forma, como bem nos aponta Yong, entender uma religião tem a ver com entender seu contexto social, político e cultural, que não pode, assim, ser reduzido

---

9. Ibidem, 10-11.
10. Vischer, op. cit., 6.
11. Sieciensky, op. cit., 13.
12. Ibidem.

somente a um método de aproximação. Portanto, qualquer ideia de uma religião pura ou de uma essência pura de uma religião sem interferência desses fatores é impensável no mundo atual[13].

A tentativa de diálogo inter-religioso, num primeiro momento, deu-se pela via cristológica. Essa abordagem pode ser resumida em três linhas de pensamento: exclusivista, inclusivista e pluralista[14].

A linha exclusivista, também chamada de tradicionalista, traz em seu escopo a ideia de que a salvação somente se daria a partir do pertencimento à fé cristã e, para uma parte da corrente evangélica, da confissão do nome de Jesus como constitutivo da salvação.

A posição inclusivista, por sua vez, faz a diferenciação entre a salvação enquanto ontológica (a ação de Cristo na pessoa) e o acesso epistemológico (por meio da pregação do evangelho entre outras providências divinas). Nesse sentido, na perspectiva inclusivista, é possível que pessoas que nunca ouviram falar do Evangelho possam ser salvas pela ação de Deus de uma forma que somente ele conhece.

A perspectiva pluralista, por sua vez, com nomes como John Hick e Paul Knitter, sustenta que a salvação precisa ser entendida como disponível através das várias religiões da mesma forma que os raios do Sol alcançam a todos. Para isso, pressupõem a noção de paridade epistemológica, ou seja, a salvação precisa ser universal e acessível a todas as pessoas, independentemente do local de seu nascimento ou de sua cultura religiosa.

É interessante perceber que em todos os casos, como nos aponta Amos Yong, a preocupação central não é com respeito às outras religiões, mas, sim, à forma como se dá a salvação nelas. Tanto a linha inclusivista como a linha pluralista não atentam para uma teologia das religiões, mas para uma possível soteriologia que venha a ocorrer nesse percurso.

Segundo Yong, essa preocupação a respeito da salvação pelas vias exclusivistas, inclusivistas e pluralistas gera um "impasse" na questão do diálogo inter-religioso; assim, torna-se necessária uma nova abordagem da

---

13. Cf. YONG, op. cit., 15-16. Yong também faz menção ao grande erro que houve no projeto da teologia liberal, bem como no projeto de Harnack, de descobrir uma "essência" do cristianismo. O caso dos teólogos liberais e de sua busca por um "Jesus histórico puro" também entra nessa tentativa de encontrar algo que, de alguma maneira, possa ser definido sem levar em conta a realidade social, cultural e histórica daquilo que se procura.

14. Diversos autores fazem essa divisão, e há consenso entre teólogos a respeito dessas três abordagens. Aqui, seguimos as indicações da obra supracitada de AMOS YONG, às páginas 23-26. Ver também RACE, ALAN. *Christians and Religious Pluralism: Patterns in the Christian Theology of Religions*, London, SCM Press, 1983, 7.

questão. Essa nova via acontece quando se faz uma virada rumo à abordagem pneumatológica das religiões.

Como se deu essa abordagem e quais foram as principais tentativas empreendidas pelas tradições cristãs sobre esse tema? Todas as tradições cristãs propuseram alguma abordagem para essa temática, e foram diversas as tentativas para o desenvolvimento de uma teologia pneumatológica das religiões nas tradições católica, ortodoxa, protestante e evangélica[15].

A fim de traçarmos esse panorama, analisaremos as tentativas construídas por Jacques Dupuis, Georges Khodr, Stanley Samartha, Clark Pinnock, Amos Yong e Jürgen Moltmann.

---

15. Em nossos dias ainda é comum, apesar das enormes diferenças que alguns movimentos trazem, considerar o movimento evangélico dentro do movimento protestante. De nossa parte, acreditamos que a separação se faz necessária nesse trabalho a fim de que as propostas pneumatológicas de diálogo inter-religioso se mostrem de forma mais clara.

Capítulo 7
As tentativas de Jacques Dupuis, Georges Khodr e Stanley Samartha

Jacques Dupuis[1]

Jacques Dupuis, teólogo jesuíta, nascido na Bélgica em 1923 e falecido em 2004, é muito conhecido por seu trabalho teológico acerca do diálogo inter-religioso, principalmente pelo viés cristológico.

Sua virada à pneumatologia, como nos mostra Yong, pode ser percebida no livro *Jesus Christ and His Spirit*. Nessa obra, tem-se a consciência de que a reflexão teológica, se quiser ser plausível, deve se basear na experiência de vida e se agarrar a isso em cada passo, devendo também ser exposta e testada pelas realidades do mundo moderno[2].

Dupuis está consciente dos esforços feitos em uma tentativa de avaliação do mundo religioso por meio de um método indutivo e de que esses esforços se concentram em uma teologia da "presença oculta de Cristo"[3]. Porém, para ele, aparentemente, se abre uma nova via, que é baseada na experiência dos não cristãos com Deus e que consiste em descobrir na vida

---

1. Ainda que o enfoque de Dupuis não seja o diálogo inter-religioso pela via pneumatológica e sejam poucos os seus escritos sobre essa temática, consideramos importante abordar suas ideias, em virtude das grandes contribuições que o autor fez para a questão do diálogo inter-religioso pela via cristológica.

2. Cf. Dupuis, James, *Jesus Christ and His Spirit*, Nova Delhi, Theological Publications in India, 1976, 181-218. Atentamos para o nome do autor que se encontra errado na própria publicação.

3. Dupuis, op. cit., 183.

religiosa dos não cristãos a presença e a influência do Espírito Santo, que não está limitada à Igreja.

Essa virada na abordagem de Jacques Dupuis, no entanto, não é desvencilhada da presença oculta de Cristo, de que falamos. Dupuis a vê como parcialmente distinta, mas não separada, uma vez que o Espírito é ligado ao Senhor ressuscitado, e, portanto, cristologia e pneumatologia são inseparáveis. Para Dupuis, é a influência do Espírito que manifesta a presença de Cristo, e não o contrário. Se isso é verdade, então, para nosso teólogo, a abordagem pneumatológica se torna vantajosa ao lidar com as experiências religiosas dos não cristãos.

Algo que parece ser interessante ressaltar nessa abordagem de Dupuis é que ele ainda se encontra preocupado com a questão da salvação mais do que com a questão do diálogo inter-religioso, uma vez que "o teólogo não pode se satisfazer com a repetição de maneira abstrata da tradicional afirmação de que é possível para o homem ser salvo fora da cristandade; ele deve procurar descobrir a realidade da salvação na vida dos não cristãos"[4].

Seu foco é observar como a ação do Espírito é mediada por aqueles que vivem comprometidos com a fé em sua tradição religiosa. Para isso, ele retoma o tema do ponto de vista bíblico, mostrando como a ação do Espírito ocorre no Antigo e no Novo Testamento. Com o evento narrado em Atos 10, em que Pedro, enquanto falava, vê descer o Espírito sobre aqueles que ainda não tinham terminado de ouvir o evangelho, e também nos escritos de Paulo a respeito da presença do Espírito e do Cristo enquanto evento cósmico, Dupuis defende a tese de que o Espírito pode operar mesmo naqueles que não receberam o Evangelho.

No entanto, ainda permanece na linha tradicional católica, de que a Igreja é a esfera privilegiada da influência do Espírito, mesmo que essa influência se estenda para fora de suas fronteiras. Assim, da mesma forma que o Espírito é a alma da Igreja, ele é também a alma do mundo.

> A Igreja e o cosmos representam, por assim dizer, círculos concêntricos em volta do centro Cristo, de quem a ação universal alcança a ambos; a Igreja é a zona interna e a esfera imediata da influência de Cristo pelo seu Espírito, o cosmos é o círculo de fora[5].

Para Dupuis, nos textos do Vaticano II sobre o diálogo inter-religioso, há certa evolução de pensamento, passando de uma consideração abstrata a

---

4. Ibidem, 184.
5. Ibidem, 190.

respeito da possível salvação para um "concreto e alegre reconhecimento da ação efetiva da presença da graça de Deus"⁶. Essa presença da graça é atribuída ao trabalho do Espírito Santo, uma vez que "o Espírito está operante atualmente nos não cristãos; sua influência os alcança, misteriosamente e secretamente, na situação concreta em que vivem sua vida religiosa"⁷.

Dentre os documentos da Igreja Católica relativos ao diálogo inter-religioso entre cristãos e não cristãos, Dupuis considera que na constituição pastoral *Gaudium et Spes* se encontra a carta magna para esse propósito⁸. Com isso em mente, ele defende que

> o diálogo inter-religioso deve ser baseado no reconhecimento da presença ativa do Espírito Santo em outros; isso consiste no discernimento comum dos sussurros do Espírito experimentado por todos; tende a uma ação comum direcionada a construir na Terra, em esperança e através do Espírito, uma irmandade universal de homens em Deus, que anuncia, mesmo que imperfeitamente, a realização da família de Deus no Reino celestial⁹.

Para Dupuis, o ponto de partida para o diálogo inter-religioso precisa ser a comunhão espiritual que surge de uma experiência de Deus compartilhada, uma vez que cada experiência com Deus é conhecida como uma colheita do Espírito nessa pessoa, mesmo que aquele que experimente a presença de Deus não saiba que é o Espírito.

O trabalho do cristão nesse diálogo é, então, reconhecer a ação do Espírito naquele com quem dialoga em uma tarefa profética de interpretar o evento da salvação encontrado no outro para, em tempo oportuno, declarar a esse outro a fonte da salvação com o anúncio do evangelho¹⁰.

Com isso, Dupuis propõe um segundo ponto de abordagem para o diálogo entre cristãos e não cristãos. Esse outro ponto diz respeito aos que

---

6. Ibidem, 198. Vale lembrar que, conforme nos aponta Dupuis, são quatro documentos no Vaticano II que abordam o tema das religiões mundiais: a constituição dogmática *Lumen Gentium*, a declaração *Nostra Aetete*, o Decreto *Ad Gentes* e a constituição pastoral *Gaudium et Spes*.

7. Ibidem.

8. Para ele, essa "carta magna" se encontra em *Gaudium et Spes*, 93,1: "Ora, a vontade do Pai é que reconheçamos e amemos efetivamente em todos os homens a Cristo, por palavra e por obras, dando assim testemunho da verdade e comunicando aos outros o mistério do amor do Pai celeste. Deste modo, em toda a terra, os homens serão estimulados à esperança viva, dom do Espírito Santo, para que finalmente sejam recebidos na paz e na felicidade infinita, na pátria que refulge com a glória do Senhor".

9. Dupuis, Jesus Christ and His Spirit, 202.

10. Ibidem, 203-204.

aderem às outras religiões e à experiência do Espírito que é feita por essas pessoas. Para ele, o teólogo cristão deve constantemente tentar ir além das ideias que os não cristãos fazem a respeito de Deus e dos conceitos que usam para falar do mistério divino, para que possam comungar, junto àqueles que não são cristãos, da experiência que fazem de Deus, uma vez que, do ponto de vista existencial, afirma Dupuis, "toda experiência, se for genuína e verdadeira, é uma experiência do Espírito, por mais inadequadamente identificada e imperfeitamente expressa"[11].

Outro tema abordado por Dupuis é a questão a respeito das escrituras, dos ritos e das práticas religiosas das religiões não cristãs. Sua pergunta é sobre a forma como estas podem transmitir a influência universal do Espírito aos não cristãos e como elas sustentam neles uma experiência pessoal de Deus[12]. No entanto, nosso teólogo não consegue responder a essa questão, uma vez que, em sua forma de ver,

> seu significado verdadeiro como possível canal de salvação para não cristãos não pode ser decidido por uma evolução teológica de seu conteúdo; isso só pode ser suposto pelo impacto que eles fazem em suas vidas religiosas, onde quer que essas vidas religiosas suportem o selo de uma autêntica abertura para o Espírito de Deus[13].

Com relação à pergunta sobre a possibilidade de a teologia cristã reconhecer a divina revelação em outros textos canônicos e outras tradições escriturais e em que isso implica para a doutrina da divina inspiração, Dupuis responde positivamente, reafirmando que "o Espírito alcança os homens de outras fés por intermédio de canais viáveis para sua operação divina, nomeadamente as sagradas escrituras e as práticas sacramentais que, juntas, constituem sua tradição religiosa"[14].

Isso retoma a ideia das "sementes do Verbo" que estava presente nos Primeiros Padres da Igreja em sua tentativa de transmissão da mensagem cristã às outras tradições religiosas de seu tempo. Uma vez aplicando essa ideia à questão das escrituras, a pergunta que se segue é a respeito daquilo que faz de um livro sagrado uma escritura sagrada, ou, colocado de outra forma, os textos reconhecidos como sagrados em outras tradições religio-

---

11. Ibidem, 205.
12. Ibidem, 206.
13. Ibidem, 206; 211-212.
14. Ibidem, 219. Ver também YONG, *Beyond the Impasse...*, op. cit., 99.

sas podem ser considerados escrituras sagradas em sentido teológico, uma vez que são consideradas como "sementes do Verbo"[15]?

Para responder a essa pergunta, Dupuis chama atenção para a diferenciação entre profetismo, revelação e Sagrada Escritura. Segundo ele, para a teologia cristã, Sagrada Escritura contém o registro da divina revelação, de maneira que Deus mesmo seja seu autor. Claramente, Dupuis não defende a ocorrência de um transe naquele que escreve o texto. Quem escreve o texto tem todas as suas faculdades mentais e interpretativas, mas somente destaca que, na Sagrada Escritura, há uma coautoria entre Deus e homem.

Dupuis afirma que as experiências que os sábios de outras tradições religiosas tiveram é também uma experiência do Espírito; assim, ele pode admitir que Deus tenha desejado falar com as outras nações por intermédio de seus profetas. Dessa forma, Dupuis considera que as escrituras sagradas de outras tradições religiosas podem ser vontade do próprio Deus. No entanto, o autor não equipara essas sagradas escrituras com a revelação em Jesus Cristo. Em seu pensamento, claramente, nada pode ser adicionado à revelação definitiva que ocorre em Jesus Cristo.

Assim,

> "as sementes do Verbo" contidas naquelas escrituras [não cristãs] são palavras seminais de Deus nas quais a influência do seu Espírito está perdida. A influência do Espírito é universal e estende as palavras faladas por Deus à humanidade em todos os estágios de sua autorrevelação para ela[16].

Em sua obra maior, intitulada *Rumo a uma teologia cristã do pluralismo religioso*, é possível perceber a tentativa de Jacques Dupuis em propor uma teologia do pluralismo religioso de caráter trinitário[17]. Em suas palavras,

> nossa intenção é bem diferente: é mostrar que uma reivindicação bem ponderada da unicidade e da universalidade de Jesus Cristo deixa o espaço para uma teologia "aberta" das religiões e do pluralismo religioso. Uma pers-

---

15. Cf. ibid. 219-227. Ver também também YONG, op. cit., 98-100.

16. DUPUIS, *Jesus Christ and His Spirit*, 227. A relação entre a ação do Espírito e os textos sagrados das outras religiões também foi abordada pelo autor em DUPUIS, *Jesus-Christ a la reencontre des religions*, 197-227, sem haver nenhuma consideração nova em relação àquilo que já estava proposto na obra que abordarmos anteriormente, o que é apontado por YONG, Amos, *The turn to pneumatology in Christian theology of religions: conduit or detour?*, in *Journal of Ecumenical Studies*, Philadelphia, v. 35, n. 3-4, Summer/Fall, 1998, 437-454.

17. Remetemos aqui a HURTADO, MANUEL. *A Encarnação...*, 115-147.

pectiva cristológica trinitária permite reconhecer especialmente a presença e a atividade continuadas do Verbo de Deus e do Espírito de Deus[18].

Por sua ótica, isso faz pensar que "a ação salvífica de Deus por meio do Logos não encarnado (*Logos asarkos*) persiste também depois da encarnação do Logos, assim como existe a ação salvífica pela presença universal do Espírito, quer antes, quer depois do evento histórico Jesus Cristo", de maneira que seria possível pensar outras figuras salvíficas que seriam iluminadas pelo Verbo ou inspiradas pelo Espírito de acordo com o plano de Deus para a humanidade[19].

Ainda que afirme que o Verbo não pode ficar separado da carne por ele assumida, considera que o Verbo e essa carne permanecem diversos um do outro, fazendo uma distinção entre a ação humana do *Logos ensarkos*, que é o "sacramento universal da ação salvadora de Deus", da ação do *Logos*. O *Logos asarkos* tem, assim, uma ação distinta da ação do *Logos*, ainda que esta não seja considerada por ele como uma economia da salvação distinta, mas "expressão da gratuidade superabundante e da liberdade absoluta de Deus"[20].

É com isso em mente que ele afirma que "a perspectiva trinitária sobre a teologia do pluralismo religioso pediria observações análogas sobre a presença universal permanente do Espírito", de maneira que é possível ver que "o Espírito de Deus está universalmente presente e ativo, antes e depois do evento", havendo uma "relação de condicionamento recíproco" entre o Espírito e o evento-Cristo pelo qual o Espírito pode ser chamado como Espírito de Cristo[21].

Por fim, Dupuis resgata a imagem das duas mãos do Pai proposta por Irineu.

> A economia salvífica de Deus é uma só, da qual o evento-Cristo é ao mesmo tempo o ponto culminante e o sacramento universal; mas o Deus que salva é "três", onde cada um dos três é pessoalmente distinto e permanece ativo de maneira distinta. Deus salva com as "duas mãos"[22].

---

18. DUPUIS, JACQUES. *Rumo a uma teologia cristã do pluralismo religioso*, São Paulo, Paulinas, 1999. 389.
19. Ibidem, 413.
20. Ibidem.
21. Ibidem, 415.
22. Ibidem.

Diante do exposto, não seria a tentativa de Dupuis de trabalhar o diálogo inter-religioso por meio da pneumatologia limitada e dentro de uma perspectiva inclusivista que seguiria pela linha de se ver superior às outras religiões, considerando-as apenas como estágios inferiores para a verdadeira religião que é encontrada no cristianismo?

Da mesma maneira, a tentativa de sua teologia trinitária do diálogo inter-religioso por meio da distinção entre a obra de Cristo e a do Espírito não nos faz pensar que, levado às últimas consequências, o que propõe é a separação das duas economias, negociando, assim, o dogma trinitário?

De toda forma, devemos reconhecer que a ideia de Dupuis de fazer uma virada para a questão da pneumatologia no que tange ao diálogo inter-religioso é louvável, bem como sua tentativa de abordar o pluralismo religioso pelo viés trinitário. Todo aquele que inicia alguma coisa traz o risco de não abarcar diversas questões, tanto por não terem sido postas como por ser um campo em que ninguém trilhou. Nesse sentido, o trabalho de desbravamento feito por Dupuis merece destaque.

Georges Khodr: uma perspectiva ortodoxa

Georges Khodr é um teólogo ortodoxo que, à época que escreveu as teorias que abordaremos, era o metropolitano da Diocese de Monte Líbano, pertencente ao patriarcado greco-ortodoxo da Antioquia. Sua abordagem ao diálogo inter-religioso por meio da pneumatologia teve início em 1971 em um artigo publicado na *The Ecumencial Review*[23].

Nesse artigo, ele fala sobre o senso de unidade que o fim da Primeira Guerra Mundial trouxe e sobre a experiência de planetização em que a heterogeneidade das religiões se mostra como grande obstáculo. Por sua ótica, o aumento dessa necessidade de unidade faz com que o diálogo com as outras religiões se coloque como algo imperativo, se nosso intuito for evitar um sincretismo das diversas religiões[24].

Para Khodr, uma vez que as outras religiões não dão sinal de que se renderão ao Evangelho, a questão da exclusividade do cristianismo se mostra como algo a ser pensado caso se queira conservar a paz mundial. Contudo, ele tem claro que não é a questão da paz mundial o tema central que

---

23. O artigo que mencionamos e que serviu de base para o que se segue é KHODR, GEORGES, Christianity in a Pluralistic World: The Economy of the Spirit, in. *Ecumenical Review*, Geneva, v. 23, n. 2, abr. 1971, 118-128.

24. KHODR, Christianity in a Pluralistic World, 118.

motiva um diálogo inter-religioso, mas, sim, a questão da verdade, ainda mais se esta for considerada como pertencente às fronteiras da Igreja histórica. Assim, um diálogo inter-religioso tem a ver com a própria fenomenologia da religião, com seus estudos, sua questão psicológica e até mesmo sociológica. Nas palavras de Khodr,

> A vida espiritual que levamos é uma coisa se a verdade de Cristo é confirmada dentro das fronteiras da Igreja histórica; e é uma coisa bastante diferente se for irrestrita e dispersa pelo mundo. Na prática e a contento, amor é uma coisa se a cristandade é exclusiva e uma coisa muito diferente se é inclusivo[25].

Khodr, dessa forma, considera um completo *nonsense* o fato de que teólogos cristãos tenham pronunciado julgamentos a respeito dos relacionamentos da cristandade com as outras religiões se os dados dessas religiões não entram em seus escopos teológicos de forma criativa e crítica.

Se quisermos seguir os passos do Mestre, isso implica seguir e encontrar seus passos onde quer que ele vá, o que nos leva ao estudo das outras religiões na tentativa de investigar a autenticidade da vida espiritual desses não cristãos. Isso, sob a perspectiva cristã, também leva à questão da presença de Cristo nas outras tradições religiosas, além das fronteiras do cristianismo. Mas, para isso, segundo Khodr, é necessário que o Espírito ocupe lugar primordial tanto na eclesiologia como na missiologia.

Khodr relembra os exemplos que encontramos no livro de Atos dos Apóstolos, nos quais a ação do Espírito na vida dos que não eram cristãos era testemunhada, como no caso de Cornélio (At 10), bem como no discurso de Paulo no Areópago sobre o "deus desconhecido" que os gregos adoraram sem conhecer (At 17), sem que isso trouxesse certa legitimidade ao paganismo. Também nos lembra que, posteriormente, a questão do paganismo seria totalmente condenada, como em Atos 19, no caso dos artífices que faziam nichos de Diana, e, principalmente, na condenação no final de Apocalipse, em que se afirma que todo paganismo pode ser visto como mentira.

De toda forma, segundo nosso teólogo, a fala de Paulo no Areópago descreve uma adoração ao Deus verdadeiro mesmo sem conhecê-lo, ou seja, eles eram cristãos sem saber que o eram. Khodr vê nisso o germe de uma atitude positiva com relação ao paganismo. Essa relação é polarizada

---

25. Ibidem.

entre aqueles que condenavam todo tipo de ídolo, por um lado, e aqueles que viam a questão pagã de uma forma mais inclusiva, do outro.

Não precisamos de um aprofundamento muito grande na história do cristianismo para mostrar que, durante vários séculos, a primeira visão, mais restrita e condenatória, foi a que prevaleceu no escopo da tradição cristã e que até hoje ainda se faz presente.

Mesmo com a visão mais conservadora prevalecendo posteriormente, Khodr observa que, ainda no período dos apologetas, alguns se mostraram mais inclusivos, como é o caso de Justino e de sua famosa teoria do *Logos spermatikos*, que estava presente desde muito tempo na vida do mundo, mesmo antes da vinda de Cristo, tese essa defendida posteriormente por Clemente de Alexandria.

Essa ideia de uma visitação divina em todas as épocas foi o que, segundo Khodr, motivou alguns teólogos a ver nos filósofos gregos uma espécie de revelação divina do *Logos*. Orígenes pode ser contado como um deles, bem como Gregório de Nazianzo. Para Khodr, o pensamento patrístico é, em geral, inclusivo com a questão pagã, vendo a ação de Deus para ajuda à humanidade em suas diversas economias[26].

Khodr também relembra a extensa disputa que houve em relação às igrejas bizantinas e latinas ao longo da Idade Média e considera que isso tenha servido para que a Igreja assumisse a forma sociológica das nações cristãs, fruto de uma historização da eclesiologia. Com isso, a visão de que no mundo cristão habitava paz, luz e conhecimento se contrastava com a visão de que os não cristãos estariam em trevas. Para Khodr, tal forma de ver o mundo também culmina em uma visão da Igreja enquanto *Umma*, sendo esse *umma* entendido tanto no âmbito numérico como no campo sociológico[27].

Khodr é consciente de que há uma visão linear da história que exclui religiões que não a possuem, tais como as religiões orientais greco-asiáticas. Uma vez que a visão histórica é predominante no escopo cristão, principalmente no Ocidente, a missão *ad gentes* empreendida terá essa perspectiva como força motriz. Afinal, se a história tende a um fim e se nesse fim haverá salvação e perdição para os habitantes da Terra, cabe à Igreja, a detentora da verdade última, anunciar a salvação e fazer de tudo para que mais pessoas sejam salvas.

---

26. Ibidem, 121.
27. Ibidem.

Mesmo as tentativas de novos métodos usados pelas igrejas do Ocidente em países majoritariamente não cristãos são vistas por Khodr como uma possibilidade de estabelecimento de um certo imperialismo espiritual. Dessa forma, o que está em jogo é repensar uma teologia da missão.

Para o metropolitano, tanto a Igreja Nestoriana quanto a Igreja Persa na Mesopotâmia deveriam servir de exemplo para essa nova possibilidade de missão. Com relação ao islamismo, Khodr mostra que, na Igreja Nestoriana, o caráter profético de Maomé é definido com base na mensagem do próprio Maomé, sem com isso turvar a centralidade e a unicidade ontológica de Jesus Cristo. Assim, a

> [...] teologia contemporânea deve ir além da noção de "história da salvação" para redescobrir o significado de *oikonomia*. A economia de Cristo não pode ser reduzida à sua manifestação histórica, mas indicar o fato de que nós somos feitos participantes na vida de Deus mesmo[28].

É a partir desse ponto que entra a questão do Espírito Santo na proposta de Khodr, uma vez que a noção de economia é a noção do mistério, entendendo mistério como sendo a força que está respirando no evento[29]. Mesmo que a ideia seja interessante, Khodr ainda volta para a questão tradicional, acreditando que a Igreja é o instrumento de salvação para as nações, que tem como função ler os sinais de Deus ao longo da história e, nas religiões, mostrar o Deus que está escondido nelas como antecipação concreta e última do Mistério.

Claramente Khodr segue na mesma linha de Dupuis, não havendo muita diferença, ou seja, nas religiões há as "sementes do Verbo", e é missão da Igreja perceber como o Espírito está agindo nas outras religiões, mesmo que de forma imperfeita, se quisermos usar a definição do Vaticano II.

Para Khodr, qualquer leitura das religiões é uma leitura de Cristo. Em suas palavras,

> É Cristo sozinho quem é recebido como luz quando a graça visita um brâmane, um budista ou um maometano lendo suas próprias escrituras. Todo mártir pela verdade, todo homem perseguido pelo que acredita ser certo, morre em comunhão com Cristo. Os místicos dos países islâmicos, com as testemunhas do seu amor sofredor, viveram o autêntico ágape joanino. Se a árvore é conhecida pelos seus frutos, então, não há sombra de dúvida

---

28. Ibidem, 123.
29. Ibidem.

que o povo pobre e humilde que vive para Deus e o anseia em todas as nações já recebeu a paz que o Senhor dá a todos que Ele ama (Lc 2.14)[30].

A fim de sustentar sua posição, Khodr apela para a liberdade de Deus em elevar profetas onde ele quiser os elevar, e, segundo ele, isso não entra em conflito com a questão da unicidade de Cristo. Essa plenitude, de acordo com nosso teólogo, é turvada em razão do pecado da humanidade. É por isso que a humanidade não vê a Igreja como portadora do poder e da glória de Deus.

Nesse ponto, caberiam algumas perguntas: estaria Khodr sustentando a mesma linha imperialista que condenou antes? Ainda que não tão fortemente como o cristianismo de tempos antigos, que condenava a todos os que pensavam de forma diferente, não se mostra notável a ideia de que a religião cristã é superior às outras, sendo responsável por "ensinar" a essas o verdadeiro modo de falar a respeito de Deus, mitigando, assim, as religiões em si mesmas?

Um ponto muito importante, que também compromete as proposições de Khodr, é que, em relação ao Espírito e sua ação, ele considera, com base na premissa de Irineu das "duas mãos do Pai", que a economia do Espírito é diferente da economia do Filho, sem, contudo, estarem desassociadas. Uma das consequências é que a vinda do Espírito não está subordinada ao Filho, ou seja, não é mera função da palavra, sendo, por sua vez, sua consequência[31].

O Espírito é aquele que faz Cristo presente. Dessa forma,

> o Espírito opera e aplica suas energias de acordo com sua própria economia, e nós podemos, a partir desse ângulo, olhar as religiões não cristãs como pontos onde sua inspiração está trabalhando. Todos os que são visitados pelo Espírito são povo de Deus[32].

Com isso, o que se espera dos cristãos com relação aos não cristãos é uma atitude de profunda paz e paciência, bem como que aproveitem o que essas outras religiões têm a oferecer a fim de enriquecer a experiência cristã.

Para Khodr, temos de ler suas escrituras à luz de Cristo, em vez de focar os significados históricos, literais e objetivos das escrituras não cris-

---

30. Ibidem, 125.
31. Aqui Khodr se baseia no texto de Lossky, *Théologie mystique de L'Église d'Orient*, 156: "O Pentecostes não é uma 'continuação' da encarnação, ele é sua sequela, sua consequência".
32. Khodr, Christianity in a Pluralistic World, 126.

tãs, e também "penetrar além dos símbolos e das formas históricas, descobrir a intenção profunda dos homens religiosos e relatar suas apreensões da divindade ao objeto da nossa esperança cristã"[33], o que implica falar a respeito de Deus de forma apofática quando se tratando das escrituras das outras religiões.

Por fim, os cristãos devem abdicar de toda ideia de superioridade para que seja possível algum tipo de comunicação e haja a possibilidade de dar e receber por parte do cristianismo. O pensamento de Khodr a respeito desse diálogo com as outras religiões pode ser resumido como segue.

> A tarefa suprema é identificar todos os valores crísticos nas outras religiões, para mostrar a eles Cristo como vínculo que os une e seu amor como sua realização. A verdadeira missão repousa na atividade missionária. Nossa tarefa é simplesmente seguir os passos de Cristo percebido nas sombras das outras religiões[34].

Vinte anos depois, em outro artigo escrito sobre a questão do diálogo inter-religioso, Khodr, mesmo que mantendo seu pensamento a respeito da pessoa oculta de Cristo nas outras religiões, avança um pouco a questão, admitindo que as outras religiões também se encontram em contato com Deus, mesmo que Cristo não seja confessado ou divulgado[35]. Em suas palavras,

> Não devemos considerar *a priori* que as várias esferas religiosas são por definição externas à Igreja. Uma grande crítica severa e contínua precisa ser empreendida de maneira a reconhecer o que é do tipo de Cristo. Também, há uma grande tentação de compreender rapidamente todas as religiões na cristandade. Isso implica uma recusa de sua genuinidade. Um entendimento histórico e espacial da cristandade consideraria todas as outras fés como externas. Nesse sentido, cristandade seria a religião entre outras religiões, um sistema entre sistemas, a última e final economia que destrói as outras. Mas no N. T. [Novo Testamento] os cristãos são vistos como o pequeno rebanho, um fermento que leveda a massa, mas nunca toda a massa. O sal da comida, mas nunca toda a comida, a luz do mundo porque nunca identificado com o mundo[36].

---

33. Ibidem, 127.
34. Ibidem, 128.
35. KHODR, An orthodox perspective of inter-religious dialogue, in *Current Dialogue*, Geneva, n. 19, jan. 1991, 25-27. Ver também YONG, *Beyond the Impasse*, 90-91.
36. KHODR, An orthodox perspective of inter-religious dialogue, 26.

O motivo de as outras religiões permanecerem entre nós, segundo Khodr, faz parte da economia divina, portanto, nunca saberemos o porquê de sua presença no mundo.

Embora Khodr permaneça com sua ideia inicial do Cristo oculto nas outras religiões, percebemos um avanço nessa questão por parte dele. Claramente, também, seu ponto de vista ortodoxo das economias distintas do Filho e do Espírito é uma grande novidade para um diálogo pneumatológico das religiões.

Por mais que estivesse bem-intencionado na tentativa de dialogar com as outras religiões, Khodr aparentemente não consegue avançar muito no tema, então, transforma-se naquilo que combate. Como vimos, sua postura é contra uma posição imperialista da missão, ou seja, os cristãos não devem partir para a evangelização olhando para os não cristãos como se estes estivessem nas trevas e longe de todo o conhecimento de Deus, mas, muito pelo contrário, assim como Rahner, ele acredita que é possível enxergar traços da ação do Espírito Santo nessas comunidades.

Contudo, algo que fica claro é que ele traz consigo a ideia de que a verdade plena foi revelada à Igreja, e que esta tem a revelação completa por parte de Deus. Dessa forma, a Igreja serviria como uma instituição que traria um nome correto e verdadeiro ao deus experimentado pelas religiões não cristãs, ou seja, da mesma forma que Paulo no Areópago revelou o Deus verdadeiro para aqueles que o adoravam sem conhecer, essa também seria sua visão do papel da Igreja.

Mas não seria isso também uma forma de imperialismo *light*? Como se dissesse "tudo bem, não vemos vocês mais como aqueles que estão nas trevas absolutas, mas, ainda assim, vocês precisam chegar ao conhecimento da verdade que nós temos". Com isso, não estaria se sobressaindo a imposição da norma cristã e, no final das contas, no diálogo e naquilo que deveria ser diálogo entre as religiões o que sobra é somente uma tentativa de proselitismo?

Mesmo que Khodr insista em afirmar que é necessário ter uma atitude semelhante à de Cristo, de auto-humilhação e de comunhão, não percebemos isso em sua proposta. Embora, como vimos, posteriormente, ele considere a questão das outras religiões em contato com o divino, ainda assim, mantém a ideia de que "a Igreja é o ar da humanidade, a imagem da humanidade que virá"[37].

---

37. Ibidem.

Com isso, parece que o cristão é visto como superior ao que não é cristão, uma vez que é necessário o segundo para um esclarecimento a respeito da experiência que o primeiro teve, o que pouco coopera para um diálogo que tenha como ponto de partida a auto-humilhação e o exemplo de Jesus em seu caminho entre a humanidade.

Seria possível pensarmos que o Espírito se manifestaria nas outras religiões somente de forma imperfeita, indicando Cristo em sua economia? Olharmos para as outras religiões como se fôssemos os responsáveis por trazê-las ao conhecimento da verdade não seria também uma forma de minimizar a experiência das pessoas que experimentam, de alguma forma, o divino? Haveria experiências do divino que sejam menores que outras?

Stanley J. Samartha: uma abordagem protestante

Quem é familiarizado com o pensamento protestante reconhece que essa teologia é, em sua maioria, de caráter cristocêntrico. Os textos de Lutero e dos primeiros reformadores focam muito a pessoa de Cristo e, com base nela, traçam sua relação com os outros pontos do fazer teológico. O princípio *Solus Christus* é bem indicativo da ênfase cristológica que é dada em toda a teologia protestante.

Diante desse cenário, um estudo cristocêntrico sobre a teologia da religião dentro do protestantismo é algo até mesmo esperado por aquele que entra no estudo pela via protestante. Ainda que Karl Barth ansiasse por uma teologia que começasse pelo terceiro artigo do Credo, ele mesmo não foi capaz de fazer tal empreendimento em sua sistemática. Paul Tillich, por sua vez, no terceiro volume de sua *Teologia Sistemática*, dá grande ênfase à questão pneumatológica, dedicando quase trezentas páginas a esse ponto, o que revela certa mudança no enfoque do fazer teológico em cenário protestante[38].

Mesmo diante desse retorno à questão do Espírito, a temática do diálogo inter-religioso por essa via ainda se mostrava necessária. Uma tentativa séria para abordar essa questão em solo protestante foi feita por Stanley Samartha, que à época era diretor da subunidade de diálogo da World

---

38. A ênfase cristocêntrica da qual falamos é bem observada por Yong, *Beyond the Impasse*, 92. Sobre a obra de Tillich e sua abordagem à pneumatologia em sua sistemática, ver Tillich, Paul, *Systematic Theology*, v. III, Toronto, The University of Chicago Press, 1963, 11-296.

Council of Churches e professor no United Theological College, em Bangalore, no sul da Ásia[39].

Em seu artigo, Samartha nos relembra o quanto o Espírito Santo é associado com a questão da vida entre os cristãos, no sentido de que, uma vez recebendo o dom de Cristo, o Espírito passa a ser vivo em seus corações e em suas mentes, guiando-os nas atitudes e em sua missão no mundo. Dessa forma, o Espírito é o elo de comunhão entre homens e a pessoa de Cristo. Para Samartha, essa pode ser uma das razões pelas quais a relação do Espírito e as outras religiões não são consideradas por muitos cristãos, mesmo aqueles que são de locais onde há uma diversidade cultural muito grande[40].

Assim como Khodr, Samartha percebe que o cenário mudou após a Segunda Guerra Mundial. Esse evento trouxe grandes consequências para o fazer teológico, e, sem dúvida, as questões das outras religiões também entram nesse cenário. Isso faz com que a Igreja, em vez de somente ver o Espírito como responsável pela preservação dos cristãos na verdadeira doutrina da fé, seja inquirida a dialogar em um mundo que não pertence mais à cristandade.

É pertinente a observação de Samartha de que, uma vez que essa questão do diálogo inter-religioso é uma nova demanda para a Igreja, é preciso pensar em uma nova estrutura teológica, em novas metodologias e novas percepções a respeito dessa nova situação multirreligiosa na qual vivemos hoje.

Contudo, Samartha também sabe que se trata de um empreendimento difícil e que está em um campo minado, como faz questão de frisar:

> é uma tarefa difícil e perigosa porque alguém tem de entrar em um território quase desconhecido, o qual está liberalmente semeado de minas anti-heréticas. A chance de ser explodido em pedaços é muito real, e as chances de colocar esses pedaços de volta são muito remotas[41].

Samartha relembra o trabalho feito por Khodr em 1971 em sua tentativa de explorar o diálogo inter-religioso por meio da pneumatologia, bem como chama atenção para o evento acontecido no *Lincoln College*

---

39. Para o que se segue, ver o artigo de SAMARTHA, STANLEY J., The Holy Spirit and People of Other Faiths, in *The Ecumenical Review*, Geneva, v. 42, n. 4, 1990, 250-263.

40. SAMARTHA, The Holy Spirit and People of Other Faiths, 250.

41. SAMARTHA, *The Holy Spirit and People of Other Faiths*, 251. Ver também SAMARTHA, STANLEY J., *Between Two Cultures*: Ecumenical Ministry in a Pluralistic World, Geneva, WCC, 1996, 187.

em 1973, em que se discutiu a temática do Espírito Santo, da qual surge a questão a respeito do discernimento da ação do Espírito em outros movimentos além da Igreja.

Em seu artigo, ele ressalta as diversas resistências que ocorreram quando houve a suposição por parte do *World Council of Churches* [Conselho Mundial das Igrejas] de que na série de textos para o tópico "Venha, Santo Espírito — Renove toda a criação" houvesse a participação de pessoas que eram adeptas de outras religiões. Segundo nosso autor, as críticas eram baseadas no medo do sincretismo religioso, bem como no medo do relativismo por parte dos participantes[42], medos que, a nosso ver, ainda se mostram presentes em nosso cenário atual.

Samartha, no entanto, percebe que pluralismo não relativiza verdade, mas, antes, relativiza as diferentes respostas à verdade que são condicionadas pela história e pela cultura. Dessa forma, os que aceitam a questão da pluralidade não estão, com isso, abrindo mão de seus critérios de crítica, com base no comprometimento que têm em relação ao absoluto, de julgar e rejeitar quaisquer elementos demoníacos, sejam eles de caráter religioso, sejam de caráter ideológico[43].

Mesmo assim, ele não considera que a questão do relativismo e do sincretismo sejam as questões mais profundas com relação à resistência de diversos cristãos em se tentar trabalhar a questão do diálogo com as outras religiões. Em sua opinião, a dificuldade remete a quatro temas que estão conectados entre si, o que gera maior dificuldade para a questão. São eles: a visão vaga e nebulosa a respeito da pessoa do Espírito com a Trindade, a questão da origem do Espírito, se ele procede do Pai ou do Pai e do Filho, também conhecida como questão do *Filioque*, a questão da ação do Espírito no ministério de Jesus e na criação antes do evento de Pentecostes e a relação entre batismo e dom do Espírito[44].

É com isso em mente que, mesmo não trabalhando os temas de forma sistemática nesse artigo, indicam-se as implicações dessas questões para o diálogo inter-religioso por meio da pneumatologia. Samartha pensa que em virtude de uma ênfase cristológica feita pela Igreja no construto teo-

---

42. SAMARTHA, *The Holy Spirit and People of* Other faiths, 252.

43. Ibidem, 253. Ver também SAMARTHA, *Between two Cultures: Ecumenical Ministry in a Pluralistic World*, 185, onde afirma que a questão da verdade não é uma ideia a ser discutida, mas uma realidade a ser aceita e experimentada, sendo necessário que as diferentes respostas com relação à verdade sejam relacionadas umas com as outras.

44. Cf., para o que segue, SAMARTHA, *The Holy Spirit and People of Other Faiths*, 253-256.

lógico, a pessoa do Espírito acabou se tornando algo vago, como se fosse uma espécie de adendo dentro desse âmbito.

É interessante percebermos que, como pontua Samartha, isso não é algo próprio da doutrina protestante. Mesmo que o protestantismo tenha forte caráter cristológico em suas bases, o "deixar de lado" a questão do Espírito Santo remete a uma época desde antes do Concílio de Niceia com a questão do Montanismo e sua rejeição por parte da Igreja, o que pode ter cooperado de alguma forma para chegar aonde se chegou sobre o "esquecimento do Espírito".

No Concílio Niceno, há uma pequena alusão ao Espírito Santo na regra de fé quando esse diz creio "em Espírito Santo". Foi somente em Calcedônia (381) que, graças ao trabalho de Basílio de Cesareia[45], houve uma formulação maior sobre a divindade do Espírito, mesmo que ainda estivesse ligado somente à questão eclesiológica.

No pensamento de Samartha, o Espírito de Deus deve ser considerado como uma pessoa, e, dessa forma, é possível orar ao Espírito como se estivéssemos orando a Deus. Esse dado, para ele, tem grande implicação para a questão do diálogo inter-religioso. Em suas palavras,

> A palavra crucial aqui é o Espírito de Deus porque orar para o Espírito é teologicamente justificado somente como oração a Deus. A implicação desse ponto para a relação do Espírito com pessoas de outras fés deve ser trazida aqui. Se os cristãos são eles mesmos doutrinalmente hesitantes em relação à pessoa do Espírito Santo, como eles podem afirmar ou negar a presença do Espírito na vida das pessoas de outras fés? Se orar ao Espírito é o mesmo que orar a Deus, então, deveria haver confiança teológica em afirmar a presença do Espírito em toda a criação incluindo toda humanidade[46].

Com relação ao *Filioque*, Samartha percebe que considerar a pessoa do Espírito como procedente do Pai e do Filho, assim como a Igreja Católica Romana e grande parte das igrejas protestantes fazem, restringe a ação do Espírito dentro de um canal cristomonístico e, ao mesmo tempo, torna a Igreja um agente do Espírito para as outras nações. Se, todavia, relacionarmos o Espírito àquele que procede do Pai, então, um novo leque se

---

45. O trabalho de Basílio se concentrou em mostrar que o Espírito, com base na doxologia cristã, também deve ser considerado Deus e adorado junto ao Pai e ao Filho. Ver Cesareia, Basílio, *Tratado sobre o Espírito Santo*, São Paulo, Paulus, 2014.
46. Samartha, The Holy Spirit and People of Other Faiths, 254.

abre na discussão, uma vez que o Espírito do Pai pode soprar livremente onde quer que deseje[47].

Com relação ao derramamento do Espírito, ele considera que, ao assumirmos a posição de que o Espírito falou por intermédio dos profetas de Israel antes de Cristo, então se abrem portas para que profetas de outras religiões possam ser incluídos no ecumenismo divino.

A relação entre batismo e derramamento do Espírito também é ponderada por nosso teólogo. Ele volta seu olhar para o texto de Atos 10, a respeito da família de Cornélio, bem como para o texto de Atos 4 e Atos 19, a fim de mostrar que o derramamento do Espírito acontecia sem a necessidade do batismo. Com isso, segundo Samartha, abre-se o leque para que pessoas que não foram batizadas pela Igreja possam receber também o Espírito de Deus como dom dado por ele.

Samartha, então, parte para a questão do discernimento do Espírito. Como seria possível discernir a presença do Espírito em outras religiões? Para isso, ele sugere que se olhe para os frutos do Espírito antes de se olhar para uma questão de doutrina. E, embora com isso não desconsidere a necessidade de se pensar questões doutrinais, no que tange à questão do discernimento, acredita que se basear nos frutos do Espírito na vida das pessoas é uma tarefa mais facilmente reconhecida[48].

Samartha, com isso, tenta apreender características do Espírito que podem ser percebidas no mundo. Para ele, liberdade, espontaneidade e sua impredicabilidade são características do Espírito, bem como o fato de o Espírito ser como "vento que sopra onde quer", o que, segundo ele, torna impossível para nós definir alguma fronteira de ação ou de presença do Espírito.

Por último, Samartha reconhece como marca do Espírito o poder de trazer novos relacionamentos e, consequentemente, novas comunidades. O Espírito, dessa forma, é aquele que destrói as velhas e opressivas estruturas da vida, tais como os dogmas obsoletos, os rituais sem significado,

---

47. SAMARTHA, *The Holy Spirit and People of Other Faiths*, 255. Segundo Veli-Matti Kärkkäinen, que coloca Stanley Samartha dentro de uma perspectiva pluralista no diálogo inter-religioso, Samartha faz uma leitura errônea acerca do princípio ortodoxo de não aceitação do *Filioque*. Considerando que a doutrina ortodoxa tem uma forte estrutura trinitária e espiritual, tentar tratar a missão do Filho como se fosse diferente da missão do Espírito tem pouquíssimo suporte nessa estrutura de pensamento. Cf. KÄRKKÄINEN, VELI-MATTI. *Spirit and Salvation: A Constructive Christian Theology for the Pluralistic World*, Michigan, Eerdmans, 2016, 175.

48. SAMARTHA, The Holy Spirit and People of Other Faiths, 256-257.

as instituições opressivas e as barreiras que separam as pessoas, fazendo emergir uma nova vida, bem como dando força e vitalidade para se erguer contra as injustiças e as opressões existentes na sociedade. Assim, "novas comunidades são formadas tanto como ferramentas de luta contra injustiça quanto como resultado de diferentes povos se unindo em torno de um propósito comum"[49].

O ponto onde podemos identificar a ação do Espírito é, segundo Samartha, as ações, ou seja, por meio dos frutos do Espírito que são manifestados nesses atos. Se as ações são semelhantes, é possível dizer que um age de acordo com o Espírito e o outro não? É possível negar a presença do Espírito naqueles que fazem o bem ao seu próximo?

Assim,

> [...] para os cristãos, esses frutos éticos são enraizados em sua fé em Deus por intermédio de Cristo e no poder do Espírito. Sem estar em Deus ninguém pode produzir os frutos do Espírito de Deus. Para os cristãos, estar em Cristo é o mesmo que estar em Deus. Mas, em um mundo religiosamente plural, estar em Cristo não é a única maneira de estar em Deus[50].

Enquanto reconhece que, no cristianismo, Cristo é o fator de controle no discernimento do Espírito, ainda assim, ele percebe que discernir o Espírito de Deus nas outras religiões é uma tarefa desafiadora para a época em que vivemos, e insiste em afirmar que onde os frutos do Espírito estão presentes, ali também está presente o Espírito de Deus. Com isso, não pressupõe que as obras tomem o lugar da fé, uma vez que reconhece também que muitas ações podem também sufocar o Espírito.

No entanto, considera um erro focar somente a questão do discernimento por meio das ações éticas, e chama atenção para a marca da interioridade, ou, como prefere, "o poder de enraizar a vida do povo de Deus nas profundezas de Deus. O Espírito como o Deus que íntimo capacita as pessoas a habitar em Deus"[51]. Dessa forma, por mais que seja difícil identificar essa marca do Espírito, Samartha acredita que essa é autoautenticada em todas as religiões, não necessitando de provas.

Mais tardiamente, dessa vez em um livro publicado em 1996[52], Samartha pondera a tarefa de fazer teologia com base na herança dos textos

---

49. Ibidem, 258.
50. Ibidem, 259.
51. Ibidem, 261.
52. SAMARTHA, Between two Cultures: Ecumenical ministry in a pluralistic world, 175.

e da cultura, em resposta aos teólogos europeus que se mostravam contra o uso, por parte de teólogos asiáticos, de categorias vindas de sua própria cultura.

Dessa forma, ele questiona:

> Se os teólogos cristãos na Europa usam ideias de suas próprias heranças no trabalho de suas cristologias durante períodos diferentes na história da Igreja, não são os teólogos asiáticos livres para usar os *insights* profundos disponíveis em sua própria herança cultural e religiosa moldando suas teologias? Se uma ideia helenística tão distinta como o *Logos* podia ser combinada com uma noção hebraica tão distinta como a do Messias, se Tomás de Aquino podia usar Aristóteles para construir um sistema tão formidável e credível intelectualmente como sua *Summa Theologica*, se teólogos modernos têm usado criativamente *insights* do Iluminismo e do Renascimento, porque deveriam os teólogos indianos, católicos e protestantes ser impedidos de usar os profundos e duráveis *insights* das tradições *Vedanta* ou *Bhakti* ou *Dalit* ou os desenvolvimentos mais recentes em sua própria herança[53]?

Poderíamos ainda, avançando um pouco na teoria de Samartha, questionar se não haveria, também nessas escrituras, a ação do Espírito, como pensou, como vimos anteriormente, o teólogo católico Jacques Dupuis, uma questão em que Samartha não entra. Por fim, Samartha, em seu livro *One Christ — Many religions*, não dá seguimento a esses *insights* e volta a uma questão cristológica, na tentativa de revisá-la dentro de um esquema trinitário em um mundo de pluralismo religioso[54].

---

53. Ibidem.
54. SAMARTHA, STANLEY J. *One Christ — Many Religions: Toward a Revised Christology*, New York, Orbis Books, 1991, 10. Também em YONG, *Beyond the Impasse*, 97.

Capítulo 8
Clark Pinnock: uma abordagem evangélica

Clark Pinnock foi um teólogo canadense que viveu de 1937 a 2010 e pode ser considerado um dos grandes inovadores dentro do movimento protestante evangélico. Representante da "ala esquerda" do movimento evangélico, é mais conhecido pela sua proposta de um teísmo aberto[1].

---

1. O teísmo aberto pode ser considerado uma crítica à visão clássica a respeito de Deus e sua soberania. Para o teísmo aberto, Deus está aberto para o futuro, e vê-se no aspecto amoroso de Deus sua maior característica. Dessa forma, Deus também é afetado pelas ações humanas e age em relação a elas. Essa ideia, a princípio desenvolvida por Pinnock e outros autores em 1994, é trazida à maturidade, como nos indica Kärkkäinen, em 2001, em seu livro *Most Moved Mover: a Theology of God's Opennes*. Nas palavras de Pinnock: "A fim de trazer a verdade a respeito do domínio de Deus sobre o mundo, a característica dinâmica de sua natureza e a abertura dos seus relacionamentos amorosos mais efetivamente, eu mesmo e alguns colegas oferecemos o modelo 'abertura de Deus', chamado assim porque era um termo atraente e não usado. Nele retratamos Deus como uma comunhão triuna, que busca relacionamentos de amor com seres humanos, tendo concedido a eles liberdade genuína para esse propósito. Amor, e não liberdade, foi nossa preocupação central, porque foi o desejo de Deus por relacionamentos de amor que requereu a liberdade. Em um movimento controverso, nós também prevímos Deus fazendo o mundo, o futuro que ainda não está completamente estabelecido, novamente para fazer sala para a entrada de criaturas significativas". Como podemos ver, a definição de Pinnock caracteriza o amor, e não a liberdade, como valor maior para Deus. Cf. PINNOCK, CLARK H. *Most Moved Mover*: A Theology of God's Openness, London, Paternoster Press, 2001, 3. Ver Também KÄRKKÄINEN, *Trinity and Religious Pluralism*: The Doctrine of the Trinity in Christian Theology of Religions, 98-100. Também PINNOCK, CLARK *et al. The openness of God: A Biblical Challenge to the Traditional Understanding of God*, Illinois, IVP Academic, 1994, 202.

No que tange ao que propomos neste livro, a tentativa de Clark Pinnock de abordar o diálogo inter-religioso a partir da pneumatologia pode ser percebida em sua obra intitulada *Flame of Love*[2]. Para ele, o Espírito, ao longo das tradições católicas e protestantes, foi esquecido, e em nossa linguagem sempre o consideramos como a terceira pessoa em terceiro lugar nas relações trinitárias. Dessa forma, é necessário que tenhamos um coração aberto para o Espírito e percebamos que, ao falarmos do Espírito, falamos de uma realidade ativa em nossas vidas que não pode ser entendida completamente por meios cognitivos[3].

Para Pinnock, o Espírito é a energia da própria vida e está presente na natureza e na história e, embora falemos do Espírito em terceiro lugar, do ponto de vista da experiência, ele é o primeiro, porque, por meio dele, experimentamos a Deus. Nessas presenças, o Espírito é visto como o "êxtase da vida divina, a ligação de amor na Trindade e o transbordar abundante de Deus externamente"[4].

Com isso em mente, concluímos que *Flame of Love* "é uma teologia sistemática do Espírito que examina a visão cristã do ponto de vista do Espírito. É uma exploração de doutrina, em vez de um livro de testemunho ou um programa para renovação congregacional"[5].

O Espírito no pensamento de Pinnock

No pensamento de Pinnock, o Espírito é aquele que liga o relacionamento de amor que Deus é e cria acesso ao Pai por intermédio do Filho. O Espírito busca a criatura, a pega e a traz para a casa, para o amor de Deus. Com base nessa ontologia é que toda a sua teologia a partir do Espírito tomará forma[6].

Para nosso teólogo, é preciso falar do Espírito a partir da Trindade. Por meio dela é possível aprender que o Criador não é estático e distante, mas, sim, relacionamento de amor e pura vivacidade, o que também re-

---

2. Embora em seu livro *Wideness in God's Mercy*: The Finality of Jesus Christ in a World of Religions nós possamos ver pequenos traços de uma mudança rumo a uma abordagem pneumatológica, é em sua obra *Flame of Love*: A Theology of the Holy Spirit que seu esforço se torna mais evidente. Cf. Yong, *Beyond the Impasse*, 118.

3. Pinnock, Clark. H. *Flame of Love: A Theology of the Holy Spirit*, Illinois, IVP Academic, 1996, 9-13.

4. Ibidem, 15.

5. Ibidem, 18.

6. Ibidem, 21.

flete nosso pensamento a respeito da criação e da graça. Essas passam a ser vistas como fundadas no amor de Deus; portanto, a graça não é algo que vem após o pecado da humanidade, como geralmente é falado em diversos seguimentos evangélicos. Criação e redenção fluem da Trindade como puro dom. Assim, segundo Pinnock, se o trabalho do Criador é a fonte de tudo o que existe, então, o escopo da reconciliação tem uma tendência universal[7].

Para Pinnock, Deus é tanto o Espírito quanto aquele que tem um Espírito. Quando Jesus fala que Deus é Espírito, está dizendo que ele é o poder da criação, "a energia incalculável que pode dar vida à morte e chama a existência as coisas que não existem"[8].

Segundo nosso teólogo, no texto bíblico não vemos o Espírito como algo dentro das categorias platônicas, mas como um poder transcendental da criação. Dessa forma, Pinnock, ao falar que Deus é Espírito e o poder da criação, se refere àquilo que Pannenberg chama de "campo da deidade". O Espírito aqui é o poder da divindade e o campo divino no qual as pessoas da Trindade existem na relação de Pai, Filho e Espírito. Assim, todos os três são espíritos, e isso se refere à deidade comum entre eles. As três pessoas existem nesse campo e constituem formas eternas desse campo[9].

Pinnock não discute nem questiona até que ponto a ideia de Pannenberg considera a personalidade do Espírito. No entanto, ele faz pequenas considerações a respeito daquilo que define como pessoa, ou seja, que, a partir da Trindade, ser pessoa é estar em relação e, dessa forma, baseando-se no conceito de *perichoresis* de Gregório de Nazianzo, ele define a Trindade em sua matriz social, mostrando que

> Deus é perfeita socialidade, mutualidade, reciprocidade e paz. Como um círculo de relacionamentos amorosos, Deus é dinamicamente vivo. Há somente um único Deus, porém esse único Deus não é solitário, mas uma comunhão amorosa que é distinguida pelo transbordamento da vida[10].

O Novo Testamento apresenta o Espírito de forma pessoal, ou seja, como aquele que chora, intercede, ensina e consola[11]. Nesse sentido, segundo nosso teólogo, a ideia da Trindade se manifesta por meio das narrativas

---

7. Ibidem, 23.
8. Ibidem, 25.
9. Ibidem, 26.
10. Ibidem, 31
11. Ibidem, 27.

acerca de Jesus Cristo, e esse próprio conceito surge por meio da reflexão acerca da atividade de Deus na história da humanidade[12]. Seguindo dentro do viés histórico, afirma que "a verdade da Trindade está baseada na ressurreição corporal do Filho pelo Espírito"[13].

Segundo Pinnock, considerar Deus fora da Trindade seria fazer especulações fora da revelação, e isso poderia nos levar ao erro de que podemos saber mais sobre a realidade divina por especulação do que por revelação[14]. Em seu pensamento, o Espírito é aquele que tanto nomeia a essência de Deus como também aquele que se refere à terceira Pessoa da Trindade. Aquilo que foi revelado em Jesus acerca do relacionamento do Pai, do Filho e do Espírito também revela algo sobre os relacionamentos intradivinos, e aquilo que os Evangelhos narram a respeito do relacionamento das pessoas podemos tomar também como existente na vida de Deus. Dessa forma, "o amor autodoador que vemos nos Evangelhos tem raízes naquilo que transparece dentro do Deus Trindade"[15].

Para falar a respeito do Espírito, Pinnock prefere o termo êxtase, que significa "estar fora de si". Em sua leitura, isso quer dizer que o Espírito faz da vida *triuna* "um círculo aberto e fonte de pura abundância". O Espírito abre Deus para aquilo que é não divino, como um êxtase divino direcionado para a criatura[16].

Assim, o Espírito não é somente um vínculo de amor, mas também um participante da Trindade. Ele une sendo a testemunha do amor do Pai e do Filho, fomentando e comunicando esse calor para as criaturas. Para nosso teólogo, a comunidade de Deus é a comunidade perfeita, e fomos criados à imagem da Trindade. Dessa forma, deveríamos buscar a face do Espírito na face da comunidade.

Com isso em mente, Pinnock quer mostrar que a Trindade não é uma fotografia da vida interna de Deus em sentido literal, uma vez que a realidade divina é muito maior do que isso. Antes, se trata de uma analogia. "É uma gravura simbólica da vida compartilhada que está no coração do Universo."[17]

---

12. Ibidem, 26.
13. Ibidem, 29.
14. Ibidem, 31.
15. Ibidem, 32.
16. Ibidem, 38.
17. Ibidem, 42.

A ação do Espírito nas outras religiões

Antes de abordar o tema do Espírito e as outras religiões, Pinnock tem o intuito de abordar o tema da salvação[18]. Para ele, salvação é a habitação do Espírito em nós nos fazendo participantes da vida do Deus *triuno*. Dessa maneira, ele toma a característica da teologia oriental e pensa a salvação como *Theosis*[19].

Ao falar da *Theosis*, tem o intuito de fazer a diferenciação entre esta e o panteísmo, com o objetivo de salvaguardar a distinção entre Deus e sua criatura. A união que ocorre no processo da *Theosis* não é de caráter ontológico, mas de corpos ressuscitados. Sendo assim, ele nos adverte para que não tiremos conclusões daquilo que as religiões orientais chamam de absorção no infinito ou no divino[20].

Para ele, também o hinduísmo fala de forma dialética, e Sankara[21], que entende Deus fora do conceito de salvação como união, pode também soar como cristão, às vezes. Dessa forma,

---

18. Ibidem, 149-183.

19. O tema da *Theosis* é amplamente desenvolvido na teologia oriental. *Theosis* e divinização do homem significam a mesma coisa. Ambas tratam da pneumatização do homem, do seu ser transformado pelo Espírito Santo. Representam o fim último do homem, que é viver a semelhança que faz com que a imagem siga em direção ao seu arquétipo, participar da vida de Deus. Diversos foram os padres gregos que discorreram sobre o tema, tais como Orígenes, Clemente de Alexandria, Irineu e Atanásio, dentre vários outros que poderíamos citar. Em todos esses é clara a visão de que o homem deve ser deificado, ou seja, ter restaurada a imagem autêntica de Deus. A deificação no pensamento oriental não se encerra na restauração da imagem, o que tornaria esse processo estático; do contrário, a deificação é um movimento contínuo, de crescente assimilação à imagem de Cristo. Ao longo dos séculos, foram diversos os sistematizadores desse tema, tais como Máximo Confessor, Gregório Palamas e, mais recentemente, Paul Evdokimov e John Meyendorff, fazendo-nos perceber que esse é um dos pilares da teologia oriental. Ver Evdokimov, Paul, *O Espírito Santo na tradição ortodoxa*, São Paulo, Ave Maria, 1996, 112; Meyendorff, John. *La Teologia Bizantina*, Casale Monferrato, Casa Editrice Marietti, 1984.

20. Pinnock, Flame of Love: A Theology of the Holy Spirit, 154.

21. Sankara é considerado um dos maiores filósofos do hinduísmo, tendo vivido por volta do século VIII e XIX a.C. Tem uma história envolvida em lendas. A ele é atribuído ter fundado o sistema monástico hindu. Sua filosofia é conhecida como radical não dualismo, ou *Advaita Vedanta*. O não dualismo consiste no fato de que existe somente uma coisa absolutamente real, e essa coisa é *Brahman*, sendo também a única coisa em existência. *Brahman* é indivisível, não pode ser particionado em qualidades, em componentes e assim por diante. Até mesmo o mais interior Eu é *Brahman*, uma vez que *Brahman* é tudo o que existe. Ver Rodrigues, Hillary. *Introducing Hinduism*, Abingdon, Routledge, 2006, 250-251.

Precisamos ser claros a respeito do que intentamos e pacientes para ouvir o que outros desejam dizer. É possível que, quando nós celebramos união com Deus com o objetivo da salvação, nós tenhamos algo em comum não somente com as igrejas orientais como também com religiões orientais não cristãs. Isso pode ser mais comum do que o que pensamos nessa área[22].

Nosso teólogo considera abordar a salvação individual após sua doutrina da Igreja desenvolvida nos capítulos anteriores por considerar que os indivíduos são moldados em comunidades. Assim, segundo seu pensamento, nos tornamos cristãos no contato com a igreja — ouvindo as boas-novas, encontrando a presença de Deus nas pessoas ou de alguma outra forma, de maneira que, "se não houvesse igreja, também não haveria cristãos"[23].

Para Pinnock, a justificação não é o motivo central da salvação, como colocado pelos reformadores, mas, sim, um momento dela que aponta para a união com Deus. Para ele, ser salvo é como se apaixonar por Deus. Para nosso teólogo, Paulo, provavelmente, via a justificação mais como uma nova era inaugurada pela ressurreição do que como um alívio para uma consciência culpada. No pensamento hebreu, a justiça de Deus está no fato de que ele sustenta a criação e a capacita a florescer, portanto, com justificação, Paulo se refere à forma como os gentios são aceitos por Deus. A salvação, no pensamento de Pinnock, nos leva para dentro do amor de Deus, para participação em sua natureza divina, e envolve transformação[24]. Dessa forma, "se não há novidade de vida, se não há união com Cristo, se não há saída da dominação do pecado, não há salvação"[25].

Assim, se salvação é união, conversão é despertar para o amor. Pinnock coloca como base para sua questão da salvação a necessidade da resposta humana ao chamado de Deus. Isso está ligado ao próprio princípio de liberdade que é dado por Deus aos humanos.

Segundo seu pensamento, seguir na linha de Lutero e Agostinho a respeito da depravação da humanidade que se torna incapaz de responder a Deus é legislar uma salvação sem fé, uma vez que os pecadores são compelidos a ter fé pela graça irresistível que os programa[26].

A fé deve ser pensada como um ato de resposta humana e um ato de cooperação. Dessa forma, nem a fé torna a graça desnecessária, nem a

---

22. PINNOCK, Flame of Love: A Theology of the Holy Spirit, 154.
23. Ibidem, 152.
24. Ibidem, 156.
25. Ibidem, 157.
26. Ibidem, 159.

graça torna a fé automática. Embora considere que Deus faça chamados mais contundentes a algumas pessoas, também fala a respeito daqueles que estão impossibilitados de dar uma resposta a Deus, como o caso do endemoniado gadareno, relatado em Marcos 5.

Assim, Pinnock considera que não se deve criar doutrinas a respeito da liberdade de Deus para agir aleatoriamente nesses casos. Para ele, Deus não é obrigado a respeitar nossa liberdade, embora normalmente seja isso o que ele faz. Ele deseja ser amado por nós em nossa total liberdade, não porque fomos reprogramados para fazer isso[27].

Ele vê a conversão como um evento do Espírito, associado à fé e ao batismo. Com base nos textos de Atos e Gálatas, ser cristão é ter um relacionamento com o Espírito; portanto, ser um cristão real tem a ver com estar vivo no Espírito de uma forma transformadora de vida, sendo esse processo gradual e dinâmico. Como esse processo não é alcançado durante a própria vida, Pinnock chega a considerar uma espécie de purgatório para aqueles que não amadureceram em Cristo, sejam cristãos, sejam pessoas do Antigo Testamento[28].

Diante disso, a pergunta de Pinnock se volta para a questão da graça de Deus onde Cristo não é nomeado[29]. Pinnock destaca que a ênfase colocada sobre a questão da unicidade da obra de Cristo leva à impressão de que a maioria da raça humana está sem salvação, e não são poucos os que pensam que para ser salvo é necessário tornar-se cristão e membro de alguma igreja. Para ele, se pensarmos a natureza de Deus como Pai, a universalidade da expiação de Cristo e o Espírito que pode fomentar amizades com Deus em todo lugar e em qualquer lugar, pensar em uma perspectiva restritiva fica sem sentido.

Pinnock defende que o Espírito está nos lugares mais inalcançáveis deste mundo maravilhoso e ambíguo. Está presente em todo lugar, tanto transcendente como informando todas as coisas. Para ele, "a largura cósmica das atividades do Espírito pode nos ajudar a conceituar a universalidade da graça de Deus"[30]. Assim, "não há nenhuma revelação geral ou conhecimento de Deus que não seja ao mesmo tempo uma revelação graciosa e um poder salvador em potencial"[31].

---

27. Ibidem, 161-162.
28. Ibidem, 163-179.
29. Ibidem, 185-214.
30. Ibidem, 187.
31. Ibidem.

Se considerarmos o ponto de vista do Espírito, a questão do acesso à graça de Deus não é um problema, uma vez que, onde Jesus indica particularidade, o Espírito indica universalidade. Para ele, a encarnação ocorreu em um pequeno espaço na Palestina, mas tem alcance universal graças à obra do Espírito e, assim, o acesso à graça não é problema[32].

O lema grandemente difundido de que "fora da igreja não há salvação" implica pensar que não há salvação fora do cristianismo. Porém, se entendido dessa forma, conciliar essa ideia com a visão do Pai que busca uma ovelha perdida entre muitas, como se mostra no Evangelho, se torna muito difícil. Para Pinnock, o lema de que fora da igreja não há salvação traz uma imagem de um Deus severo teologicamente, o que nada tem a ver com a imagem de Deus relatada nos Evangelhos.

É no reconhecimento dessa amplidão cósmica das atividades do Espírito que podemos entender melhor a questão da universalidade divina[33]. A obra de Cristo foi completa em favor de muitos e, dessa forma, é pela presença universal do Espírito que essa salvação pode alcançar a todos. Com isso em mente, clama para que não sejamos tão certos a respeito de quem será justificado e de quem não o será.

Ao considerarmos a universalidade do Evangelho, segundo Pinnock, é necessário também evitarmos dois possíveis erros: o primeiro é o de pensar que todos serão salvos, e o segundo é o de pensar que somente alguns serão salvos. Nesse sentido, Pinnock se coloca contra uma ideia universalista, por considerar o grande papel que tem a liberdade humana, bem como se coloca contra o restritivismo, por considerar que se trataria de uma questão de sorte ter nascido na cultura, no lugar e no tempo certos para ouvir a mensagem do Evangelho[34].

Para o teólogo canadense, há uma tensão entre a universalidade (que Deus ama o mundo inteiro) e a particularidade (a crença de que Jesus é o único caminho para Deus). Para entender isso, ele propõe reconhecermos a gêmea e interdependente missão do Filho e do Espírito. Para ele, elas são complementares, e não contraditórias. "Cristo, o único mediador, sustenta a particularidade, enquanto o Espírito, que é a presença de Deus em todo lugar, salvaguarda a universalidade."[35] Como o Espírito oferece graça a todos e está presente em todos os lugares, preparando o cami-

---

32. Ibidem, 188.
33. Ibidem.
34. Ibidem, 190-191.
35. Ibidem, 192.

nho para Cristo, a vontade de Deus pode ser verdadeiramente e credivelmente universal.

No pensamento de nosso teólogo, o Espírito seria como um diretor de uma peça se se considerar o mundo como um palco e se direcionar a economia da salvação por sua influência sutil. Ele espalha seus dons generosamente mesmo para aqueles e aquelas que estão fora da Igreja e em um mundo selvagem[36].

A graça, segundo Pinnock, é extensível a todos os lugares onde o Espírito está. Essa graça está tanto na revelação geral como na revelação especial, sendo as duas completadas em Jesus Cristo. Assim, prefere-se dizer que não há salvação fora da graça, ou apenas, enfim, fora de Cristo. Para ele, a verdade da encarnação não eclipsa a verdade sobre o Espírito que estava em ação no mundo antes de Cristo e está presente onde Cristo não é nomeado.

Sendo assim, a missão de Cristo não é uma ameaça à missão do Espírito nem a missão do Espírito é uma ameaça à missão de Cristo, uma vez que a missão de Cristo pressupõe o Espírito e a missão do Espírito é orientada para os objetivos da encarnação. "A missão do Espírito é trazer a história à conclusão e ao cumprimento em Cristo."[37]

Para Pinnock, o Espírito não é um fantasma esotérico, mas, sim, um poder empírico que surge de forma perceptível[38]. O Espírito luta contra o mal que nos empurra para baixo e para trazer a criação sua completude em Deus e também trabalha incessantemente para persuadir os seres humanos a fim de que se abram para o amor.

Segundo ele, a encarnação não deve ser vista como negação da universalidade, mas como cumprimento daquilo que o Espírito já estava fazendo. O Espírito que trabalhava em todo lugar ao longo da história agora está trabalhando em Jesus (na encarnação) para fazê-lo a nova cabeça da humanidade. O Espírito que estava procurando criar uma impressão verdadeira do ser de Deus nos seres humanos e ouvir a resposta que agradaria seu coração ao longo da história vê isso acontecer em Jesus por intermédio do Espírito. "Um sim foi ouvido em favor da raça humana. Jesus se tornou o receptáculo da autocomunicação de Deus e nele Deus recebeu uma completa aceitação."[39]

---

36. Ibidem, 194.
37. Ibidem.
38. Ibidem, 195.
39. Ibidem, 195-196.

Com relação ao *Filioque*, Pinnock também se mostra contrário, uma vez que o considera tanto como um abuso de autoridade por parte da Igreja Católica do Ocidente quanto por considerar que essa cláusula coloca o Espírito como se estivesse subordinado ao Filho e à Igreja, o que leva, sem dúvida, a um restritivismo.

Pinnock vê a encarnação como um evento na história do Espírito e, nesse sentido, reforça sua ideia da conciliação entre particularidade e universalidade. Para ele, o mistério de Deus foi unicamente revelado em Jesus (particularidade), mas isso aconteceu com a ajuda do Espírito, que sempre agiu na criação desde sempre (universalidade). Dessa forma, o que Deus revela em Jesus já estava em preparação para seu cumprimento em um processo no qual o Espírito tem o papel central[40].

O Espírito, segundo Pinnock, nos dá uma pista da universalidade do plano de Deus como amor que está buscando, reunindo e preparando o mundo para redenção, e Jesus é a culminação do oferecimento da graça de Deus[41]. Assim, ele considera a criação e a redenção como contínuas, e não como descontínuas. Em seu pensamento, a salvação pode ser universal se considerarmos o amor e a ação universal do Espírito. "Deus é uma pessoa, e as pessoas podem receber o dom do seu amor sem conhecer quem é o doador e quanto custou isso."[42] Pagãos como Enoque, Jó e Melquisedeque foram salvos dessa forma, segundo nosso teólogo.

Para Pinnock, aceitar a ideia da graça preveniente, como posta por John Wesley[43], nos ajuda a reconhecer que Deus oferece a si mesmo às criaturas e que o Espírito nos fala no profundo do nosso ser, nos chamando para a abertura para Deus. Assim, segundo Pinnock, o Espírito pode ser encontrado no alcance de toda experiência. No entanto, nosso teólogo não aborda o tema da experiência em sua obra.

Diante disso, Pinnock nos coloca algumas questões — "A graça preveniente tem frutos na vida religiosa e nas tradições da humanidade? Se o Espírito age graciosamente no mundo, essa graça também está na área das religiões? Essa oferta de Deus estaria tematizada no mito, na doutrina

---

40. Ibidem, 197-198.
41. Ibidem, 198.
42. Ibidem, 198.
43. O conceito de graça preveniente, como colocado por John Wesley, pode ser entendido como a disposição de Deus que precede todas as nossas ações. Nesse sentido, se trata de uma predisposição de Deus para salvar a humanidade. Para aprofundamentos sobre o tema, ver COLLINS, KENNETH J., *The Theology of John Wesley: Holy Love and the Shape of Grace*, Nashville, Abingdon Press, 2007, 73-76.

ou no ritual das religiões não cristãs?"[44] — e considera que uma resposta afirmativa, de que o Espírito age nelas, é possível.

Para nosso teólogo,

> porque verdades estão incorporadas em várias tradições religiosas, devemos procurar pontes redentoras para as outras tradições e questionar se a palavra de Deus foi ouvida pelos que a aderem. Precisamos olhar as outras tradições com um entendimento empático e a nós mesmos com olhar crítico[45].

Pinnock nos relembra o uso que fizemos no passado de vozes não cristãs, como a de Platão e Aristóteles, e de como fizemos uma teologia comparativa com suas teorias, e nos convida a não pararmos por aí.

Em seu pensamento, a teologia deve se enriquecer com a interação com outras filosofias religiosas da mesma forma que também deve enriquecer essas tradições. Para ele, esse diálogo levanta oportunidades para falar de Cristo como Deus revelado e encarnado na vida humana, o que nos leva a perguntar se nesse ponto não haveria uma proposta de diálogo utilitarista.

Para Pinnock, devemos dizer tanto sim como não para as outras religiões. Devemos aceitar sua profundidade e aceitar as verdades nelas contidas, mas também devemos rejeitar escuridão e erros e, pelo menos, ver outras fés como insuficientes fora do cumprimento em Cristo. Assim, devemos falar tanto da operação universal da graça quanto da unicidade da manifestação em Jesus Cristo[46].

Segundo nosso teólogo, um dos medos do protestantismo de não pensar a ação do Espírito nas outras religiões seria o de perder a unicidade da encarnação. Contudo, ele considera que seria estranho se o Espírito se ausentasse da grande arena da cultura onde as pessoas buscam um sentido[47].

Nesse sentido, uma vez que Deus está buscando os pecadores, por que não o faria também na esfera das religiões? A fim de solidificar sua ideia, coloca tanto o caso de Melquisedeque quanto o de Cornélio para falar a respeito da ação de Deus em não cristãos ou não judeus. Porém, afirma que eles esperam a salvação messiânica. Em suas palavras,

> Religião é um importante segmento da cultura, e Deus está em contato com ela. É central para a vida humana, porque nós somos feitos para a

---

44. Pinnock, *Flame of Love*: A Theology of the Holy Spirit, 200.
45. Ibidem, 201.
46. Ibidem, 202.
47. Ibidem, 203.

comunhão com Deus e nossos corações não têm descanso enquanto não o encontramos. Pessoas procuram a religião para respostas às suas questões profundas. Deus está trabalhando desenhando-as. O Espírito, que está trabalhando em todo lugar, está trabalhando na história das religiões, e as religiões têm um papel na história da graça, como o Espírito move o mundo rumo ao Reino. O mundo está sendo preparado para o evangelho assim como pontes redentoras são criadas nas culturas humanas. Não nos maravilhemos em encontrar pessoas santas e sinais da verdade nas religiões mundiais. Elas podem prover uma janela de oportunidade para o Espírito para alcançar pecadores sem diminuir a importância de Jesus, o cumprimento de todas essas aspirações[48].

Diante disso, não seria sábio considerar as religiões como veículo de graça. Pinnock considera importante diferenciar e não minimizar as diferenças entre as religiões, e coloca as experiências religiosas como aquelas que podem ter um papel preparatório no caminho para Jesus. A autorrevelação decisiva de Deus está somente em Jesus Cristo, porém ele também reconhece que Deus não é nossa propriedade, mas está ativo por meio da criação e da história.

Por último, considera a questão do discernimento. Para ele, Deus não é o único poder no mundo, e Deus não controla tudo de uma maneira unilateral. Mesmo estando presente em todo lugar, o Espírito não é idêntico a todas as coisas, e certamente não o é com aquilo que engana e destrói. Diante disso, sua pergunta se refere ao reconhecimento do Espírito além da Igreja. Para ele, a resposta é encontrada na missão dupla do Filho e do Espírito e na ligação entre eles. "A verdade encarnada é o critério para testar os espíritos e a questão a ser perguntada é cristológica (1Jo 4,2-3). O Espírito está de acordo com o Filho e concorda com o que ele disse e fez."[49] Assim, de acordo com nosso teólogo, aquilo que o Espírito diz não pode ser oposto à revelação que temos em Cristo. O Espírito está ligado à palavra de Deus da mesma forma que a palavra está ligada ao Espírito. Dessa forma, devemos olhar para os frutos do Espírito e para o caminho de Jesus Cristo. Para Pinnock, a história do Evangelho nos ajuda a discernir os movimentos do Espírito.

Então, onde vemos traços de Jesus no mundo e pessoas se abrindo para seus ideais, nós sabemos que estamos na presença do Espírito. Onde, por

---

48. Ibidem, 203-204.
49. Ibidem, 209.

exemplo, encontras amor autossacrificial, cuidado com a comunidade, anseios por justiça, onde as pessoas amam umas às outras, cuidam dos doentes, fazem paz e não guerra, onde quer que haja beleza e concórdia, generosidade e perdão, o copo de água fria, nós sabemos que o Espírito de Jesus está presente[50].

Esses frutos do Espírito não são apenas cognitivos, eles têm a ver com transformação de vida. Para nosso teólogo, Jesus é decisivo para a participação no Reino de Deus. Ele não é somente um profeta entre muitos ou um caminho entre muitos. Com isso em mente, ele acredita que a participação na salvação não é impossível para aqueles que estão fora da Igreja, mesmo que esta seja o pilar e o baluarte da verdade[51].

---

50. Ibidem, 209-210.
51. Ibidem, 218.

Capítulo 9
As tentativas de Amos Yong

Voltemos nosso olhar agora para o pensamento de Amos Yong. Malasiano crescido nos Estados Unidos, ele pode ser considerado, na atualidade, um dos teólogos que mais se debruçou sobre o diálogo inter-religioso por meio de uma questão pneumatológica.

Seu esforço também pode ser percebido, em obra recente, numa tentativa de dialogar, por intermédio da pneumatologia, com o budismo e o conhecimento científico atual, em particular com a neurociência[1].

A fim de termos uma visão geral a respeito das teorias de Amos Yong sobre a temática proposta, consideramos duas obras principais; *Beyond the Impasse: Toward a Pneumatological Theology of Religions* e *The Spirit Poured Out On All Flesh: Pentecostalism and the Possibility of Global Theology*. Quando necessário, apontaremos para outras obras do autor que podem servir de complemento do desenvolvimento de suas ideias.

---

1. Sua tentativa de diálogo com a ciência se mostra de forma bem clara em sua obra YONG, AMOS, *Pneumatology and the Christian-Buddhist Dialogue: Does the Spirit Blow Through the Middle Way?*, Boston, Brill, 2012, 43, em que sugere que "tentativas recentes de entender a natureza humana em diálogo com as ciências cognitivas podem prover pistas que tornam mais inteligível a presença de Deus no mundo e para o mundo. Em particular, minha hipótese é que o pensamento atual sobre a mente humana como emergente e dependente, mas irredutível ao cérebro — o que chamo de modelo da superveniência de emergência — pode prover alguns significados para reconceitualização da relação Deus-mundo". A tentativa de Yong de dialogar com as antropologias cristã e budista, e ao mesmo tempo com a neurociência, se mostra um caminho importante. Cf. KÄRKKÄINEN, *Spirit and Salvation*, 167.

O motivo dessa escolha se deve ao fato de que, na primeira obra citada, Yong lança os fundamentos por onde pretende pensar a questão do diálogo inter-religioso em viés pneumatológico, e, na segunda, como o próprio autor diz, "provê uma espécie de suma inicial e muito provisória da ampla gama do meu pensamento teológico, escondida nas minhas publicações prévias"[2].

O ponto de partida de Yong quando visa trabalhar a questão de um diálogo inter-religioso é tomar por base o que vem a ser a religião. Para ele, a religião faz parte da experiência humana, e, dessa forma, é inseparável das questões culturais, sociais e políticas de determinada cultura. Como consequência da complexidade do aspecto religioso, a religião não pode ser reduzida somente à questão da experiência humana ou somente a um método de apropriação, como se existisse algum tipo de "religião pura"[3].

Yong toma a definição de Tillich de que a religião se refere à "preocupação última"[4]; assim, "uma teologia das religiões é a tentativa de entender a 'preocupação última' humana por uma estrutura teísta"[5].

A motivação de Yong para tentar abordar o diálogo inter-religioso por meio da pneumatologia se dá porque, segundo ele, as abordagens exclusivistas, inclusivistas e pluralistas não focam a questão das outras religiões, mas são apenas uma tentativa de compreender como as pessoas que não são evangelizados são salvas. Assim, tem mais a ver com uma teologia soteriológica do que com uma teologia das religiões[6].

Embora não tenha muita clareza a respeito de sua posição dentro das perspectivas do diálogo inter-religioso, Yong se considera próximo de uma abordagem inclusivista.

> Eu estou próximo da posição inclusivista que afirma a normatividade ontológica de Cristo para a salvação sem insistir em afirmar que pessoas que

---

2. YONG, AMOS, The Spirit Poured out on All Flesh: Pentecostalism and the Possibility of Global Theology, Michigan, Baker Academic, 2005, 10.
3. YONG, *Beyond the Impasse*, 15-16. É interessante percebermos que Yong, assim como Pinnock, considera a importância da categoria da experiência ao falar das religiões; contudo, nenhum dos dois autores se mostra disposto a trabalhar essa temática.
4. Cf. TILLICH, PAUL, *Christianity and the Encounter of the World Religions*, New York, Columbia University Press, 1963, 4: "[…] o estado de ser agarrado por uma preocupação última que qualifica todas as outras preocupações como preliminares e que contém a resposta para a questão do significado da vida".
5. YONG, Beyond the Impasse, 17.
6. Ibidem, 23-26.

nunca ouviram o Evangelho ou verbalmente confessaram Cristo não têm esperança da grande salvação[7].

Em seu pensamento, uma abordagem pneumatológica tem a característica de "transcender" a essas categorias postas pelas perspectivas cristológicas, fazendo com que o diálogo inter-religioso saia do "impasse" ao qual foi submetido por meio delas. Nesse sentido, abre-se um novo leque para esse diálogo.

> Essa é a exata promessa, e o potencial problema, de uma abordagem pneumatológica da teologia das religiões. De um lado, uma *theologia religionum* pneumatológica tenta mediar entre um foco estreito naquilo que se pode chamar de soteriologia das religiões, de um lado, e um relato puramente descritivo, seja da fenomenologia, seja da história das religiões, de outro. É então motivada pela convicção de que uma abordagem teológica rica é mais exigida do que aquela fornecida dentro de uma estrutura puramente soteriológica[8].

Para Yong, essa abordagem pneumatológica das religiões traz várias vantagens, sendo a principal o fato de revigorar a teologia trinitária. Confirme ele afirma, "somente uma genuína teologia pneumatológica é uma teologia trinitária completa"[9], uma vez que não podemos falar do Espírito sem falar do Pai e do Filho. Para isso, ele busca interpretar de forma metafísica a antiga metáfora de Irineu das "duas mãos do Pai".

A estrutura básica do pensamento de Yong para sua teologia das religiões pneumatológica se baseia em três axiomas[10]: 1 — Deus é universalmente presente e ativo no Espírito, o que leva Yong a se perguntar sobre a ação do Espírito na vida humana, na sua cultura e em seu aspecto social; 2 — O Espírito de Deus é o sopro de vida da *imago Dei* em todo ser humano e o pressuposto de toda relação humana e comunitária, o que quer dizer que "há uma dimensão pneumatológica para cada indivíduo humano que sustenta a comunicação intrassubjetiva, o relacionamento interpessoal, intencional, racional, moral e a vida espiritual"[11]; dessa forma, todo engajamento humano com o "outro" é mediado pneumatologicamente; 3 — as religiões do mundo, como tudo que existe, são providencialmente

---

7. Ibidem, 27.
8. Ibidem, 27-28.
9. Ibidem, 42.
10. Ibidem, 44-46.
11. Ibidem, 45.

sustentadas pelo Espírito de Deus para propósitos divinos, o que nos remete à ideia também contida em Pinnock a respeito da ação do Espírito na esfera das religiões.

Pneumatologia fundacional e imaginação pneumatológica

Uma vez tendo esclarecido os axiomas básicos, Yong tem o intuito de responder à questão a respeito da pessoa do Espírito em relação ao mundo e àquilo que ele faz nele. Para isso, ele faz uso da pneumatologia fundacional desenvolvida por Donald L. Gelpi, teólogo jesuíta. Yong, no entanto, questiona a insistência de Gelpi na conversão cristã como pré-requisito para o entendimento pneumatológico[12].

A fim de ir um pouco além da teoria de Gelpi, Yong propõe focar a inteireza do espectro epistemológico e experimental do ser-no-mundo em vez de focar o papel metodológico e funcional de algumas experiências específicas. Ele tem por intuito capitalizar a teoria de Gelpi de que as experiências constituem as pessoas e, dessa forma, a teoria da experiência desenvolvida por ele é extensiva de forma universal para a situação humana. Para Yong, na teoria de Gelpi falta a conexão da experiência do Espírito com as experiências humanas em geral, e é essa a conexão que ele propõe fazer[13].

Dessa forma, o fundacionismo proposto por ele não é a questão da conversão, mas aquilo que ele chama de imaginação pneumatológica, que,

---

12. Cf. Yong, *Beyond the Impasse*, 61. Essa teoria de uma pneumatologia fundacional foi desenvolvida por Gelpi em Gelpi, Donald L., *The Divine Mother: A Trinitarian Theology of the Holy Spirit*, Lanham, University Press of America, 1984. Em suma, o intuito de Gelpi é trabalhar a ideia de conversão como uma subcategoria da experiência. Ele faz isso em diálogo com a obra de Bernard Lonergan e com as obras de alguns filósofos americanos, como Pierce. Para Gelpi, "um teólogo fundacional toma posição dentro da experiência pessoal da conversão e tenta entender suas condições, suas consequências e as realidades que lhe dão forma. As realidades encontradas dentro da conversão são interpretadas; e a interpretação de qualquer realidade molda o caminho de perceber isso. A ambição de uma pneumatologia fundamental é, portanto, uma adequada e integrada percepção do Santo Hálito de Deus", cf. Gelpi, *The Divine Mother*, 17. O termo fundacional na pneumatologia de Gelpi, cf. Yong, *Beyond the Impasse*, 59-60, "sugere uma categoria fundamental da realidade, incluindo Deus como descritivo da experiência humana, e tanto de forma prescritiva como normativa para os caminhos nos quais cristãos (e outros) têm experimentado e deveriam experimentar Deus. Ainda mais importante, seguindo Lonergan, Gelpi afirma que o que é fundacional aqui é, a princípio, metodológico e relacionado a experiências que permitem tipos específicos de reflexão teológica — nesse caso, a pneumatologia".

13. Cf. Yong, *Beyond the Impasse*, 62.

como explica, se refere a "uma forma de ver Deus, a si mesmo e o mundo que é inspirado pela experiência (cristã) do Espírito"[14].

Para Yong, essas categorias derivam do processo dialético entre as experiências pessoais do Espírito e a reflexão dessas experiências dentro da comunidade cristã da fé. Para isso, Yong propõe a metáfora das "fundações deslocadas" (*shifting foundations*), a fim de "sublinhar a dialética entre Escritura e experiência, pensamento e prática, teologia e doxologia, razão e narrativa, objeto e sujeito, racionalidade *a priori* e empirismo *a posteriori*, o si mesmo e a localidade sócio-histórica na comunidade, em todo conhecimento"[15].

Por outro lado, ele também sugere que "a teologia do Espírito Santo emerge fora da experiência cristã da presença e da atividade de Deus no mundo, mesmo quando, por outro lado, essa nos capacita a experimentar aquela presença e a atividade de forma mais precisa, intensa e verdadeira"[16].

Yong, em seu percurso, se mostra convicto de que uma pneumatologia fundacional abre um caminho para poder discutir as diversas formas de se ver as experiências religiosas nas outras religiões e no cristianismo, bem como o relacionamento de Deus com o mundo.

> A minha convicção é de que uma pneumatologia fundamental fornece um caminho possível pelo qual explorar, discutir e talvez conhecer algumas dessas diferenças [relativo aos conceitos de presença e ação divina no contexto do diálogo inter-religioso por meio da pneumatologia]. Um ponto de partida pneumatológico fornece a mais ampla gama de contextos para o encontro inter-religioso, ambos começando com a doutrina da criação (do cosmos e do *humanum*) e fornecendo recursos conceituais e linguísticos pelos quais se investiga a presença e a ação divina no mundo[17].

Aqui se faz importante observar que o próprio Yong se mostra consciente de que essa ideia de uma imaginação pneumatológica desenvolvida pelo movimento pentecostal é diferente da forma como a os teólogos reformados, tais como Moltmann, abordam a questão pneumatológica. No entanto, em seu pensamento,

> é preciso enfatizar que a maior linguagem neutra que emerge de tal engajamento, mesmo que traduza o que é significativo de uma tradição religiosa para outra parte interessada, deve ser capaz de preservar (ou reter a

---

14. Ibidem, 64.
15. Ibidem, 65.
16. Ibidem.
17. Ibidem, 69-70.

capacidade de preservar) as profundas convicções verdadeiras da tradição em diálogo. Qualquer coisa menor que isso não seria uma pneumatologia fundacional como vista aqui[18].

Em suma, podemos dizer que sua pneumatologia fundacional (que toda experiência humana é uma experiência do Espírito) tem sua epistemologia em uma imaginação pneumatológica (a lente pela qual vemos determinada coisa, ou seja, "um processo sintético de fazer-o-mundo que faz a ponte entre a percepção elementar e a cognição na experiência humana")[19].

Assim, segundo nosso teólogo, uma pneumatologia fundacional verdadeira estará aberta para *insights* e correções das diversas perspectivas que chegam das histórias humanas de encontro com o Espírito[20].

As propostas de diálogo inter-religioso de Yong

Cientes do cenário em que Amos Yong constrói suas propostas de diálogo inter-religioso, podemos atentar a elas. A primeira tentativa vem em resposta ao impasse que a questão cristológica levantou com as perspectivas exclusivista, inclusivista e pluralista. Com relação à proposta de Clark Pinnock, que segundo Yong foi quem "desenvolveu uma das mais compreensivas teologias evangélicas das religiões até o momento[21]", ele questiona o critério de discernimento e considera que esse é o calcanhar de Aquiles de uma teologia pneumatológica das religiões. Dessa forma, seu intuito é propor uma teologia pneumatológica do discernimento espiritual.

A seu ver,

> devidamente entendido, discernimento espiritual é muito mais que um dom carismático de discernimento de espíritos. Ao contrário, em senso mais amplo, deve ser entendido como uma hermenêutica da vida que é tanto um presente divino quanto uma atividade humana destinada a ler corretamente o processo interior de todas as coisas — pessoas, instituições, eventos, ritos, experiências etc.[22]

A fim de defender uma teologia pneumatológica do discernimento espiritual, Yong toma por base três teses centrais: a primeira é a de que todas

---

18. Ibidem, 80.
19. Ibidem.
20. Ibidem.
21. Ibidem, 128.
22. Ibidem,129.

as coisas são compostas por *Logos* e *Pneuma* (as duas mãos do Pai), sendo o *Logos* a forma concreta e o *Pneuma* o complexo de hábitos e tendências que em certo aspecto manifestam e/ou determinam seu comportamento fenomenal ou concreto[23].

Nesse sentido, se observarmos a pessoa de Jesus Cristo, veremos que ali está o *Logos* encarnado (em sua forma concreta) e o *Pneuma*, que Yong chama de "campo dinâmico interno ou força"[24]. Ora, se todas as coisas são compostas de *Logos* e *Pneuma*, ao observarmos uma corporação que tem seu prédio como forma concreta e seus valores como complexo de hábitos e tendências, então, para nosso teólogo, essa organização também é composta de *Logos* e *Pneuma*[25].

Nesse ponto dessa teoria de Yong aparece algo importante. Ele faz uma ligação entre aquilo que denomina como pneumatologia fundacional e a ideia de que todas as coisas são compostas de *Logos* e *Pneuma*. Ao fazer isso, a conexão entre o Espírito e o Filho, aparentemente, é colocada em suspenso.

> Em geral, os cristãos, por instinto, começam suas pneumatologias pela conexão do Espírito com o Filho, e, a partir da perspectiva cristã, pode não haver outro ponto de partida. Contudo, ao assumir que todas as pessoas experimentam o Espírito Santo de alguma forma fundamental, a pneumatologia fundacional é obrigada a inquirir dentro de características mais abstratas ou gerais dessa experiência. Onde alguém começa ou termina com a particularidade da cristologia, a pneumatologia fundacional requer que se preste mais atenção no caminho das características universais da realidade do Espírito[26].

A segunda tese é a que afirma que os autores bíblicos entendem discernimento como o "cultivo da percepção humana e de sensos cognitivos que possibilitam penetrar as formas concretas das coisas no interior de

---

23. Ibidem, 130.
24. Ibidem, 135.
25. Ibidem, 135-136.
26. YONG, *Beyond the Impasse*, 132. A separação entre as economias do Espírito e do Filho é também sustentada em YONG, *The Turn to Pneumatology in Christian Theology of Religions: conduit or detour?*, 453: "O que é importante para os propósitos desse ensaio é o reconhecimento da autonomia da economia do Espírito que liberta a teologia comparativa das fronteiras categoriais da cristologia". Ainda que no mesmo artigo ele afirme que não esteja considerando a economia do Espírito como soberana ou não relacionada com a do Filho, um olhar atento faz perceber que é exatamente essa a consequência de sua fala, o que será assumido por ele posteriormente, como veremos adiante.

seus espíritos"[27], e a terceira é que o discernimento espiritual em seu sentido mais amplo inclui, mas não se limita por isso, o dom carismático de discernir os espíritos, devendo ser entendido como uma hermenêutica de vida que tem a ver tanto com um dom divino quanto com uma atividade humana que pretende ler os processos internos de todas as coisas[28].

Assim, podemos perceber que a maior ênfase de Yong é dada ao discernimento dos espíritos, ou seja, saber como o Espírito pode ser distinguido dos outros espíritos nas outras religiões. Yong parece ter uma grande preocupação com o critério a ser utilizado para o discernimento e com a forma de validá-lo. Para ele, esse critério de discernimento vem tanto pela atividade do Espírito, como dom, como também pelo duro trabalho fenomenológico (observar as situações para se ter discernimento) e teológico de comparar[29].

Yong propõe que, junto à categoria do Espírito como divina presença e divina atividade, uma teologia pneumatológica das religiões também aborde a questão do demoníaco, ou seja, a ausência de Deus. Para o teólogo malasiano, "o objeto do discernimento teológico é identificar a presença ou a ausência do divino nos vários níveis de qualquer fenômeno religioso em qualquer ponto particular do espaço-tempo"[30].

Uma vez que vivemos em um mundo imerso no pecado, esse pecado emudece e distorce a completa manifestação do Espírito e da Palavra. Vivemos em um mundo ambíguo espiritualmente e em constante conflito, e, para nosso teólogo, todas as coisas e experiências estão em conflito espiritual. Assim, é o pecado que faz com que os rituais, as doutrinas, os mitos etc., bem como as coisas no mundo, não reflitam a Palavra e o Espírito em sua forma pura, mesmo que todas as coisas reflitam a Palavra e o Espírito em algum grau. Nas palavras de Yong,

> [...] todas as coisas, e mais especificamente toda realidade e todo evento religioso, reflete não somente Palavra e Espírito em maior ou menor grau, mas também a atividade humana e talvez até mesmo a atividade demoníaca em vários graus também[31].

Assim, as dimensões divina, humana e demoníaca não podem ser entendidas como se estivessem isolados uns dos outros. Cada um deles tem seu significado e sua realidade a partir dos outros dois.

---

27. Yong, Beyond the Impasse, 130.
28. Ibidem.
29. Ibidem, 163-164.
30. Ibidem, 165.
31. Ibidem, 166.

> Discernimento espiritual, portanto, não deve rotular toda realidade religiosa somente como divina, humana ou demoníaca, uma vez que nenhuma dessas características surge de forma pura nos eventos da história humana. Em vez disso, um discernimento incisivo deve ser capaz de apontar onde Deus, o Espírito, está ou não está trabalhando, bem como onde e como outros espíritos estão trabalhando na mesma coisa[32].

No que tange aos critérios para o discernimento da ação do Espírito nas outras religiões, Yong se volta para a questão da salvação, buscando investigar se nas outras religiões encontramos aquilo que nós cristãos chamamos de salvação. Embora reconheça que seja uma tarefa importante para se pensar, ele acredita que tal questão é posta prematuramente. Afinal, se pensássemos que as religiões mediam a salvação cristã, estaríamos distorcendo aquilo que as religiões acreditam a respeito de si mesmas e mudando os parâmetros da discussão.

> O discernimento requerido presentemente não é tanto sobre aquilo que identifica o que é bom, verdadeiro, nobre e salvífico nas religiões, mas se aquilo que se compreende como bondade, verdade, mobilidade e salvação como os cristãos os entendem são ou não são aplicados às diversas religiões[33].

Dessa forma, ele considera importante que, caso queiramos dialogar com as outras religiões, é necessário acessar essas tradições religiosas, incluindo seus critérios e normas em seus próprios termos. Para ele, isso é entender a religião do outro. Por isso, são necessários, ao menos, critérios normativos que surjam tanto a partir da tradição cristã como também a partir daquilo que ele denomina como "critério genérico", que pode ser aplicado a outras tradições religiosas e a outras culturas. Isso quer dizer que, se as normas cristãs forem aplicadas às religiões não cristãs, as normas budistas às religiões não budistas etc., continuaremos a desenvolver uma criteriologia "não genérica"[34]. Segundo Yong, "discernir as religiões envolve desenvolver habilidades não somente para reconhecer heterodoxias, mas também para identificar heteropraxis"[35].

Por fim, sua primeira proposta pode ser sumarizada em suas próprias palavras:

---

32. Ibidem, 167.
33. Ibidem, 171-172.
34. Ibidem, 173.
35. Ibidem, 174.

Eu argumentei através deste livro que o objetivo abrangente de uma teologia pneumatológica das religiões é a atividade contínua de discernir o Espírito Santo e a diversidade dos espíritos no modo das religiões. Esse objetivo tem três aspectos: entender as religiões como fenômeno humano em toda a sua diversidade; entender a relação entre o divino e esse fenômeno humano; e, distinguir, onde é possível, o divino e o humano do demoníaco[36].

Uma segunda abordagem sobre a temática do diálogo inter-religioso pelo viés pneumatológico é feita por Yong em sua obra *The Spirit poured out on all flesh: Pentecostalism and the possibility of global theology*. Nela, Yong reconhece que errou ao tentar separar a missão do Filho da missão do Espírito, como vimos ao analisarmos as questões principais de *Beyond the Impasse*.

A correção que faz está em reconhecer que o desafio de uma teologia pneumatológica é preservar, sem desassociar o Espírito do Filho, a integridade da missão do Espírito contra a tendência de subordinar o Espírito ao Filho. Nesse sentido, Yong volta a uma posição mais centralista a respeito da pessoa de Jesus no que tange à salvação[37].

Nas palavras de Yong,

> é possível que a ênfase do pentecostalismo no Espírito possa levar a negligenciar a pessoa e o trabalho do Filho? Possivelmente, sim; necessariamente, não. Apesar de a cristologia do *Logos* poder proteger os teólogos contra essa negligência, a cristologia do Espírito não é completa sem suas fontes[38].

No que tange ao diálogo inter-religioso, Yong relaciona essa temática ao diálogo ecumênico intracristão que foi fomentado pelo movimento pentecostal[39] e apresenta novos *insights* sobre a razão de o desafio entre fés ser relacionado ao desafio ecumênico intracristão. Em suas palavras,

---

36. Ibidem, 175.
37. Cf. Yong, *The Spirit Poured out on all Flesh*, 111. A correção acerca da separação entre a missão do Filho e do Espírito é apresentada por Yong na nota 81.
38. Ibidem.
39. Segundo Yong, o que define o conceito bíblico de ecumenismo tem a ver com a questão da unidade. Essa unidade do corpo de Cristo deveria ser, em seu pensamento, reflexo da unidade entre o Pai e o Filho que é demonstrada no amor que os membros do corpo têm entre si. Esse amor é, conforme Efésios 4:3, "a unidade do Espírito no vínculo da paz" que foi inaugurada no Pentecostes. Com isso em mente, Yong clama que o movimento pentecostal foi ecumênico ao fazer com que diversas pessoas que estavam insatisfeitas com suas denominações e estavam procurando alguma outra denominação se encontrassem sob a ação do Espírito. Ver Yong, *The Spirit Poured out on all Flesh*, 173, 177-178.

"Eu desejo providenciar fundamento exegético para o fato de que o encontro cristão com outras religiões surge da presença e da atividade do mesmo Espírito de Deus que também permite o relacionamento ecumênico intra-cristão"[40].

Para isso, ele se baseia no trabalho de Jean-Jacques Suurmond[41]. Para Suurmond, os carismas também ocorrem fora da Igreja, e o batismo com a Palavra e o Espírito não é limitado somente àqueles que conhecem Cristo[42]. Em seu pensamento, o evento do Pentecostes tem caráter decisivo na questão do relacionamento de Deus com o mundo e no relacionamento dos humanos consigo mesmos. O evento de Pentecostes foi o que possibilitou o poder de encontro que havia na comunidade cristã. Em suas palavras,

> Certamente o evento de Pentecostes do derramamento da Palavra e do Espírito de Cristo em "toda criatura viva" é considerado como uma nova chance decisiva no relacionamento entre Deus e o mundo e também no relacionamento entre os seres humanos (At 2,16-20; Rm 5,1-11). Nós vimos que, para Lucas e Paulo, o batismo com Palavra e Espírito explica o radical poder de encontro da comunidade cristã além das barreiras rígidas, um poder de encontro que também é característico de todos os tipos de correntes carismáticas na história[43].

Com isso em mente, o ponto crucial para esse desenvolvimento no pensamento de Yong é ver o caráter de comunicação intercultural ou relacional (*cross-cultural*) que o evento de Pentecostes, narrado em Atos 2, tem. Nosso teólogo considera que, dentre os muitos milagres que o evento de Pentecostes traz consigo, o fato de possibilitar o encontro de pessoas que por si mesmas jamais se encontrariam é o mais importante para o que propõe[44].

Uma vez que toda linguagem está intrinsecamente ligada a uma cultura e também a uma religião, Yong vê nesse ponto uma possibilidade de fundamentar, por meio do pentecostalismo ecumênico, a questão do diálogo inter-religioso. Ou seja, do mesmo modo que em Pentecostes houve uma variedade de línguas para falar a respeito das maravilhas de Deus, também é possível pensarmos o testemunho da verdade em suas diversas formas.

---

40. Yong, The Spirit Poured out on all Flesh..., 195.
41. Suurmond, Jean-Jacques, *Word and Spirit at play: Towards a Charismatic Theology*, London, SCM Press, 1994, 198-203.
42. Ibidem, 198.
43. Ibidem, 201.
44. Cf. Yong, The Spirit Poured out on all Flesh, 196-197.

Para Yong, da mesma forma que a questão da diversidade das culturas e das religiões não pode ser subestimada, também a unidade da verdade não deveria minar a particularidade de cada voz. O derramamento do Espírito, seguindo a narrativa de Pentecostes, preserva as diferenças e não as apaga; assim, "a integridade de cada caminho precisa ser protegida e não subsumida em um sistema todo inclusivo que ou ignora ou transmuta ilegitimamente seu caráter distintivo"[45].

Segundo nosso teólogo, três questões precisam de atenção especial para uma teologia cristã das religiões em nosso tempo: a primeira é o papel dessas religiões na providência divina, a segunda é sobre saber se Deus salva por meio das outras religiões e, se sim, como? E a terceira é sobre qual pode ser a resposta cristã às outras fés[46]. Para Yong,

> A hipótese proposta aqui é que uma teologia pneumatologicamente dirigida é mais propícia a engajar essas questões em nosso tempo do que as propostas anteriores. Eu sugeri em outro lugar que as religiões não são nem acidentes da história nem uma invasão na providência divina, mas são, de várias maneiras, instrumentos do Espírito Santo trabalhando os propósitos divinos no mundo e que o não evangelizado, se salvo, é salvo por meio da obra de Cristo pelo Espírito (mesmo que mediado pelas crenças religiosas e pelas práticas disponíveis a elas)[47].

Dessa forma, somente uma abordagem pneumatológica das religiões é o que permite segurar a tensão entre a confissão distinta da fé cristã e as outras religiões, porque, como vimos, o Espírito que é derramado sobre toda carne não cancela, mas, sim, preserva, a diversidade das vozes divinas. O que segue disso no pensamento de nosso teólogo é que a consequência do derramamento do Espírito sobre toda a carne implica que a humanidade seja o público da razão teológica[48].

Diante disso, para nosso teólogo, o cristianismo tem três tarefas no mundo atual: a primeira é aprender a falar as diversas línguas — da ciência, de outras religiões e dos vários pós-modernismos —, a fim de podermos entender os contextos atuais. A segunda é entender essas diversas linguagens profundamente de forma que possamos dialogar com os articulado-

---

45. Ibidem, 200.
46. Ibidem, 235-257.
47. Ibidem. Os "outros lugares" mencionados na citação se referem tanto a YONG, *Beyond the Impasse*, 2003 como também a YONG, *Discerning the Spirit(s)*, 2000.
48. YONG, The Spirit Poured out on all Flesh, 236.

res delas, e a terceira, traduzir apropriadamente essas linguagens para os termos e as categorias cristãs, da mesma forma que as categorias cristãs precisam ser traduzidas para as outras linguagens para que tenha algum significado diante das questões propostas à teologia cristã[49].

Como apresentamos anteriormente, para Yong, o evangelho vem sempre dentro de uma cultura e de uma linguagem; por isso, é necessário fazer uma teologia multiperspectiva, multidisciplinar e multicultural. Do mesmo modo, é salutar que os cristãos estejam abertos para aprender com as outras religiões, assim como aprendemos com as ciências ao longo do tempo. Para nosso teólogo, isso faz parte da identidade cristã que se reconhece como ainda não terminada. Em suas palavras,

> Se outros têm algo a dizer sobre Deus, não deveríamos ao menos ouvir tanto com benevolência como de modo crítico? Ainda mais, não estamos apenas sendo formados; nosso conhecimento sobre Deus permanece finito neste lado do *eschaton*. Finalmente, dada a infinitude de Deus, como pode isso ser exaustivamente transmitido em tempo e palavras finitas[50]?

Para Yong, reconhecer que o Espírito é derramado sobre toda carne implica que tenhamos um ouvido disposto a ouvir, uma disposição para a autocrítica, uma abertura para aprender e até mesmo para ser corrigido pelas outras religiões. A seu ver, essa potencialidade da presença e da atividade do Espírito nas religiões e nos seus seguidores mostra que as tradições religiosas da humanidade são resgatáveis para a glória de Deus e que

> [...] o evangelho pode ser comunicado (*i.e*, contextualizado, acomodado), mesmo se encontrado manifesto de outras maneiras, em outras fés. Assim, o Espírito que é derramado sobre toda carne permite o milagre da comunicação humana — audição e fala, línguas e suas interpretações, de maneira que o que estava longe foi trazido para perto (Ef 2,13) e o que era estranho é agora inteligível (1Cor 14,21)[51].

Yong, então, apresenta três hipóteses para uma estrutura rudimentar para uma teologia pneumatológica das religiões. A primeira deriva da ideia de que Deus é universalmente presente pelo Espírito, e, dessa forma, sustenta até mesmo as religiões para propósitos divinos. A segunda parte do princípio do Espírito como guia para o Reino; portanto, desse ponto de vista,

---

49. Ibidem, 237.
50. Ibidem, 240.
51. Ibidem, 247.

Ele é ativo nos vários aspectos e por intermédio dos vários aspectos da religião enquanto os sinais do Reino são manifestos. A terceira, uma vez que há a presença universal do Espírito e toda atividade presume a resistência e o retardamento de uma presença que trabalha contra o Reino de Deus, supõe que o Espírito seja também ausente das religiões na medida em que os seus sinais sejam ausentes ou proibidos de ser manifestos[52]. Yong identifica o demoníaco como a ausência de Deus ou a ocultação de Deus. "Porém o demoníaco não significa somente a aparente ausência do divino, mas também as forças que resistem ativamente à chegada do Reino de Deus."[53]

Com isso em mente, como discernir os espíritos? Tentando responder a essa demanda, Yong propõe três questões para se trabalhar a questão do discernimento do Espírito[54]. A primeira é discernir os vários fatores de fundo no encontro com as outras religiões, uma vez que os contextos também são plurais e envolvem a cultura, a economia, a história, dentre outros fatores.

Em segundo precisamos prestar muita atenção naquilo que demanda discernimento, uma vez que o discernimento somente se faz sobre realidades concretas. Precisamos aprender a observar a outra fé de uma perspectiva de quem está dentro dela para evitar olharmos com nossos próprios preconceitos. Nesse sentido, o discernimento tem a ver com saber medir a realidade com critérios previamente estabelecidos para determinar congruência ou divergência[55].

Para Yong, a imaginação pneumatológica que deriva do derramamento do Espírito sobre toda carne e da qual falamos um pouco mais acima permite esse tipo de visão imparcial (dentro do possível), simpática, e ainda uma investigação crítica para prosseguir nesse empreendimento. Por sua ótica, a missão do Espírito é sempre concreta e realizada historicamente, e é esse Espírito que nos permite entender o outro em sua alteridade, como mostra o texto de Atos 2.

---

52. Ibidem, 251.
53. Ibidem, 252.
54. Ibidem, 253-257.
55. Essa questão também é abordada em seu artigo YONG, *The Turn to Pneumatology in Christian Theology of Religions*: conduit or detour?, 452-453, em que afirma que "Discernir o Espírito nas religiões necessita da aplicação de critérios cristológicos em algum momento do processo, mas a integridade da outra tradição também precisa ser respeitada. Isso só pode ocorrer se começarmos com o que ele representa como importante sobre si mesmo e concluirmos assegurando que nada considerado valioso em seus próprios termos tenha sido perdido no processo".

Nosso teólogo não vê a questão do discernimento como uma tarefa fácil e também não pensa que se trata somente de uma matéria meramente intelectual, embora considere necessário ler os textos de outras religiões. O discernimento é sempre provisional e, dessa forma, sempre requer que o chequemos novamente a fim de sustentar as conclusões obtidas.

Enfim, para Yong, discernir o Espírito implica uma investigação multinivelada que é mais bem medida pelos frutos. Esse exercício de discernimento com relação às outras religiões, em certo nível, transforma nossa maneira de as entendermos e também de abordá-las, da mesma forma que também as afeta, em outro nível, também nos auxilia em relação a nosso autoentendimento enquanto cristãos.

Dentre os níveis propostos por Yong, ressaltamos o último deles, que trata dos critérios de discernimento[56]. Como critérios propostos, em primeiro lugar estão os frutos do Espírito. Nesse sentido, devemos sempre perguntar se eles são manifestados no fenômeno religioso em questão. Em segundo, as obras do Reino manifestadas na vida e no ministério de Cristo, uma vez que o Espírito testemunha Jesus, o que nos leva a perguntar se tais obras são vistas no fenômeno religioso que estamos observando. Em terceiro, deve se observar se a salvação, entendida em suas várias dimensões, pode ser discernida nas outras religiões. Em quarto, se a conversão nos vários domínios humanos acontece na vida daqueles que estão nas outras religiões. Em quinto lugar, se a marca eclesial da santidade, entendida como perceptível e escatológica, é discernível, mesmo que de forma turva no fenômeno religioso observado.

Yong está ciente de que a questão do discernimento causa mais perguntas do que respostas e, assim, é perda de tempo tentar dar respostas rápidas a essas questões. Ele compreende que nem todos são chamados ao diálogo inter-religioso, mas todos são chamados para ser testemunhas de Cristo para as outras religiões, e faz parte de ser testemunha de Cristo o diálogo com o outro[57].

Com todo esse desafio em mente, Yong reconhece que a verdade em definitivo somente será revelada no dia do Senhor. Contudo, é necessário sair das abordagens tradicionais caso se queira avançar na questão do diálogo inter-religioso. Em suas palavras,

---

56. YONG, The Spirit Poured out on all Flesh, 256.
57. Ibidem, 256.

Finalmente, a vida cristã é uma jornada rumo à verdade que é para ser revelada completamente no dia do Senhor. Vida no Espírito, direcionada rumo ao objetivo escatológico (cf. Jo 16,13; 1Jo 2.27), será empobrecida e debilitada se as questões difíceis concernentes às religiões forem subordinadas às tarefas pragmáticas da missão e da evangelização mundial, tradicionalmente entendida[58].

Amos Yong, sem dúvida, dentre todos os teólogos que observamos até agora, é o que leva mais a fundo a questão de uma tentativa de promover um diálogo inter-religioso por meio da pneumatologia.

Embora em sua primeira abordagem tenha deixado de lado a questão trinitária, ao propor a separação da obra do Espírito da obra do Filho, ele tenta recuperá-la em uma nova obra, buscando realizar, como vimos, um diálogo inter-religioso centrado no âmbito cristológico e dirigido no aspecto pneumatológico.

Como fruto da sua crítica acerca das abordagens de seus antecessores de que a questão do discernimento dos espíritos não havia sido devidamente abordada, percebemos que, desde seu primeiro trabalho nessa temática, esse tema está presente ao falar a respeito do diálogo inter-religioso no intuito de definir quais seriam os critérios que deveríamos utilizar para fazer esse discernimento, uma vez que é necessário discernirmos a ação de Deus da ação das forças malignas[59]. Como vimos, em sua obra *The Spirit poured out on all flesh: Pentecostalism and the possibility of global theology*, Yong chega a elucidar cinco critérios para o discernimento do Espírito, embora não indique como se deve proceder para aplicá-los.

Também acreditamos ser salutar mencionarmos duas tentativas efetivas de Amos Yong no diálogo inter-religioso. A primeira se trata de sua tentativa de diálogo com a religião muçulmana com base na teologia do pentecostalismo unicista[60], uma vez que, segundo ele, essa teologia pode ajudar no diálogo dado que Deus, nessa perspectiva, é visto como único, de forma similar àquela vista dentro do Islã.

---

58. Ibidem, 257.
59. YONG, *Discerning the Spirit(s)*: a Pentecostal-charismatica Contribution to Christian Theology of Religions, 2000. Essa foi a sua tese de doutorado em teologia.
60. A ideia do pentecostalismo unicista remete a John Schaeppe e Frank Ewart e considera Jesus como no "nome" de Deus, entendido como Pai, Filho e Espírito. Dessa forma, não há distinção das pessoas em Deus, e em Jesus está a completude da divindade encarnada. Cf. YONG, *The Spirit Poured out on all Flesh*, 205-213.

A nosso ver, ao fazer isso, uma vez que o pentecostalismo unicista não aceita o dogma trinitário, Yong tenta resolver o problema do diálogo com o Islã comprometendo a identidade cristã e, dessa forma, retorna à sua abordagem pneumatológica desassociada da Trindade como feito em *Beyond the Impasse*. Nesse sentido, um dos pressupostos para o diálogo que é a manutenção da identidade fica comprometido, e o que se tem é certa adequação do pensamento cristão ao pensamento islâmico, o que também não ajuda muito na questão do diálogo inter-religioso.

A segunda tentativa de Yong trata do seu diálogo com a religião budista[61]. Nessa obra Yong busca fazer uma teologia comparativa pós-colonial e pós-imperialista, abordando os temas da antropologia, da soteriologia e do demonismo com base nas doutrinas cristãs e budistas. Ao fazer isso, no que tange à questão da revelação, ele considera que seu trabalho é inconclusivo para dar uma resposta sobre se há ou não uma revelação divina, como entendida no cristianismo e no budismo, e, da mesma forma, evita colocar "sims" e "nãos" no que tange às questões da salvação e da presença de Cristo nessa religião[62].

---

61. Yong, Pneumatology and the Christian-Buddhist Dialogue, 301.
62. Yong, Pneumatology and the Christian-Buddhist Dialogue, 242-249.

Capítulo 10
Moltmann e o diálogo inter-religioso

Moltmann não esteve alheio, ao longo de sua obra, à importância que há no diálogo com as outras religiões. Em seu pensamento, a ideia do diálogo se torna extremamente importante para a nova situação do mundo em que vivemos, no qual se manifestam diversas culturas e religiões.

Diante disso, Moltmann insere a questão do diálogo dentro da categoria da missão da Igreja que visa a uma transformação qualitativa a respeito da humanidade[1], o qual chama de "contaminação" das pessoas, seja qual for sua religião, com o espírito da esperança, do amor e da responsabilidade pelo mundo. Para o teólogo, essa missão qualitativa acontece no diálogo entre as religiões. A seu ver, "o diálogo das religiões universais é um processo para o qual podemos nos abrir somente se nos tornamos vulneráveis na abertura e quando saímos dele transformados"[2].

Contudo, do ponto de vista de nosso teólogo, esse diálogo não implica uma perda da identidade cristã, mas, sim, ganhar mediante esse encontro com o outro um novo perfil, que, de acordo com a esperança cristã, é voltado para o bem dos seres humanos, para a vida e para a paz. Nesse

---

1. Ver MOLTMANN, JÜRGEN. *El Espíritu Santo y la Teologia de la Vida*, Isidorianum, Sevilla, v. 7, n. 14, 1998, 359-360: "*Missio Dei* não é nada menos que o envio do Espírito Santo pelo Pai mediante o Filho a este mundo, para que este mundo não se perca, mas que viva".

2. MOLTMANN, JÜRGEN. *Igreja no poder do Espírito*, Santo André, Academia Cristã, 2013, 204.

sentido, Moltmann propõe que o cristianismo desconstrua os preconceitos em relação a outras religiões[3].

Isso também se manifesta em um artigo publicado em 1973, em que Moltmann diz que

> a primeira consequência para a cristandade é que a Igreja só pode apresentar a universalidade da entrega de Deus em Cristo a todos os homens se empreender um diálogo e uma cooperação sem condições com grupos de outras crenças[4].

A consequência de se pensar a universalidade da salvação trazida por Deus por intermédio de Cristo, segundo Moltmann, envolve repensar o velho adágio de que "fora da Igreja não há salvação" e redizê-lo de outra forma. Moltmann, então, propõe que

> fora da salvação que Cristo traz para todos os seres humanos também não há Igreja. A Igreja visível é como na Igreja de Cristo o serviço praticado da reconciliação do mundo. Nesta perspectiva, a Igreja já não é vista de forma absoluta, mas em sua relação com o reconciliador divino e com o ser humano reconciliado, independentemente da religião[5].

Não estaria aqui se descortinando uma possível abordagem para a questão do discernimento da ação do Espírito nas outras religiões? Será possível pensarmos que, ali onde o humano é reconciliado consigo mesmo, com sua comunidade e com a natureza, ali está a ação do Espírito de Cristo, independentemente da religião a que esse homem ou essa mulher pertença?

O texto retoma a luta de Moltmann contra toda forma de absolutismos, seja de um absolutismo da própria fé, visto que, no pensamento de nosso teólogo, a própria fé é uma crítica da religião[6] e é também diferente dessa[7], seja de um governo absoluto por parte da Igreja cristã que se mostrou no Ocidente desde a sua ligação com o poder romano por meio da conversão de Agostinho.

---

3. Ibidem.
4. MOLTMANN, JÜRGEN. Ecumenismo en el servicio al mundo, *Selecciones de Teología*, Barcelona, v. 12, n. 46, abr.-jun.1973, 175.
5. MOLTMANN, Igreja no poder do Espírito, 205.
6. Ibidem, 206.
7. Cf. MOLTMANN, JÜRGEN. Christianity and the World Religions, in HICK, JOHN; HEBBLETHWAITE, BRIAN (eds.), *Christianity and Other Religions*, Philadelphia, Fortress Press, 1981, 197.

Com isso, nosso teólogo também faz uma crítica ao documento *Nostra Aetate*. Para ele, nesse documento, o que se apresenta é uma ideia absolutista mais branda e, talvez, mais esclarecida[8], mas, ainda assim, mostra o cristianismo como uma religião superior às outras e como auge para um relacionamento com Deus, o que dificulta muito a questão de um diálogo verdadeiro com as outras religiões.

Moltmann também considera que essa relação do cristianismo com outras religiões, tradicionalmente, seguiu uma linha absolutista e monológica, e não uma linha dialógica. Isso, segundo ele, pode ser percebido no modelo de natural e sobrenatural que mostra que, enquanto as outras religiões pertencem à ordem do conhecimento natural a respeito de Deus, o cristianismo é o representante de um mistério que é de ordem sobrenatural. Assim, a ideia de que o cristianismo tem uma verdade mais completa por trás dos elementos de verdade das outras religiões é percebido na própria definição do Vaticano II[9].

Dessa forma, Moltmann considera que pensar o cristianismo como catalisador crítico pode ser um novo modelo dentro de uma era pós-absolutista. O catalisador, em química, é aquilo que, mediante a sua presença, faz com que os elementos reajam entre si. Para Moltmann, a presença do cristianismo entre as outras religiões teria o mesmo efeito que um catalisador, ou, como ele também denomina, uma "contaminação indireta" das outras religiões com ideias cristãs, valores e princípios cristãos, sempre atento às ambiguidades que pode haver ao se entender cristianismo somente em sua forma ocidental. Em suas palavras,

> Quando o cristianismo, em sua relação com outras religiões, renuncia à reivindicação da verdade absoluta e também à arrogância de reivindicar integrações, apresenta-se como possível novo modelo para sua era pós-absolutista o modelo de catalisador crítico[10].

A ideia do cristianismo como catalisador crítico é algo que Moltmann toma de Hans Küng. Isso foi desenvolvido em seu livro *Ser Cristão* e pode ser sintetizado no seguinte trecho:

---

8. MOLTMANN, *Igreja no poder do Espírito*, 205. Ver Também MOLTMANN, Christianity and the World Religions, 196.

9. Ver MOLTMANN, *Christianity and the World Religions*, 201-202. A meu ver, esse tipo de pensamento também pode ser percebido em linhas mais inclusivistas. Nessas, o cristianismo é responsável por identificar e aperfeiçoar aquilo que há de bom nas outras religiões.

10. MOLTMANN, Igreja no poder do Espírito, 211.

Antes o livre e desinteressado serviço cristão ao homem nas religiões. Exatamente a partir de uma abertura que é mais do que acomodação condescendente; que não renega as próprias convicções religiosas, como também não impõe nenhuma solução determinada; que transforma a crítica alheia em autocrítica e, simultaneamente, aceita tudo o que for positivo; que nada destrói de valor nas religiões, assim como não assimila criticamente nada que não tem valor. Portanto, o cristianismo deve prestar o seu serviço entre as religiões universais no jogo dialético do reconhecimento e da rejeição: qual catalisador crítico e ponto de cristalização dos seus valores religiosos, éticos, meditativos, ascéticos e estéticos. [...] Em poucas palavras, nem absolutismo arrogante que não dê valor a mais nada, nem ecletismo indolente a fazer valer uma pitada de tudo, mas um universalismo cristão, inclusivo, a pleitear para o cristianismo não exclusividade, mas singularidade[11].

Assim como Küng, Moltmann vê a necessidade de estar na relação com as outras religiões em perfil dialogal, sem, contudo, perder a própria identidade. Em suas palavras,

Os cristãos podem falar de sua missão particular somente quando tomam conhecimento e respeitam as missões de caráter diferente de outras religiões. Podem entrar num diálogo razoável com elas somente quando não querem apenas dar algo, mas também receber algo. Pertence a um diálogo frutífero, por um lado, um claro conhecimento acerca da identidade da própria fé, mas por outro lado também um senso para a própria incompletude e uma necessidade verdadeira de comunhão com os outros[12].

Diante do mundo plural em que vivemos, Moltmann propõe que sejamos tolerantes com as outras religiões não com uma tolerância cética, mas com uma tolerância produtiva, como proposta por Lessing, em que "cada religião é um meio de educar para a humanidade e uma fase de passagem para a autêntica moralidade"[13].

Nosso teólogo, porém, não pensa a questão do diálogo inter-religioso por um viés relativista ou pluralista, que é o que se pode esperar ao

---

11. KÜNG, HANS. *Ser Cristão*, Rio de Janeiro, Imago, 1974, 92.
12. MOLTMANN, *Igreja no poder do Espírito*, 212. Essa mesma posição é defendida por Moltmann em MOLTMANN, JÜRGEN. *Situación de la teologia al final del siglo XX*, *Catharginensia*, Murcia, v. 15, n. 28, jul.-dez. 1999, 248. A nosso ver, nesse ponto se exclui alguma possível acusação de uma postura imperialista no pensamento moltmanniano, uma vez que assume o "senso de incompletude" do cristianismo e postula a necessidade de verdadeira comunhão com as outras religiões mundiais.
13. MOLTMANN, Igreja no poder do Espírito, 209.

se falar em tolerância religiosa. Para ele, o relativismo pode simplesmente disfarçar outra forma de absolutismo[14]. Segundo Moltmann, a verdade do relativismo e da tolerância justificada por ele deve ser procurada provavelmente na relacionalidade.

> Uma vida e uma religião tornam-se relativas ao se comportarem de maneira relacional, assumindo relações vivas com outra vida e outras religiões. Em relações vivas, não se torna "tudo" de valor igual e, com isto, indiferente, mas uma coisa se torna para a outra extremamente significativa[15].

Com relação ao pluralismo religioso, Moltmann, em um capítulo escrito em 1990, pondera a necessidade de distinguir entre um pluralismo que encoraja a liberdade religiosa individual como reconhecimento formal dos direitos humanos e o pluralismo empírico que acontece entre as religiões da Ásia e da África[16]. Nesses continentes, segundo nosso teólogo, tem surgido um cristianismo que não visa a absolutismos como consequência da doutrina cristã, mas se percebe um convívio não violento com as outras religiões que vivem no mesmo espaço. Nas palavras de Moltmann,

> O pluralismo, nesses casos, não é uma teoria geral metarreligiosa de inter-relação entre as tradições religiosas, mas a aceitação autoevidente da realidade das outras comunidades religiosas, a aceitação de conviver com elas, realizando a tarefa da comunidade cristã com métodos adaptados às circunstâncias[17].

No Ocidente, a história se mostra diferente. Para nosso teólogo, desde a Idade Moderna o que aconteceu foi um deslocamento para a crença subjetiva e, assim, a liberdade religiosa passou a significar a liberdade de adorar na igreja que você escolher, ou até mesmo não adorar[18]. Para Moltmann, a religião, desse modo, perde seu caráter social e vai para o âmbito privado.

---

14. MOLTMANN, *Igreja no poder do Espírito*, 209. Em MOLTMANN, *Christianity and the World Religions*, 200, Moltmann chega a definir absolutismo e relativismo como gêmeos: "Absolutismo e relativismo são realmente gêmeos, porque ambos veem tudo a partir de uma torre de vigia alta, não histórica".
15. MOLTMANN, *Igreja no poder do Espírito*, 210.
16. MOLTMANN, JÜRGEN. Is "Pluralistic Theology" Useful for the Dialogue of World Religions?, in: D'COSTA, GAVIN (ed.), *Christian Uniqueness Reconsidered: The Myth of a Pluralistic Theology of Religions*, New York, Orbis Books, 1990, 151.
17. Ibidem.
18. Ibidem, 152. Também em MOLTMANN, JÜRGEN, *Fundamentalismo e modernidade*, *Concilium Brasil*, Petrópolis, n. 241, maio 1992, 144. Essa temática também aparece em

Diferentes tradições religiosas perdem suas capacidades de ser o elemento de vínculo das sociedades e se tornam, em vez disso, meras opções para consumidores religiosos a selecionar, para suas próprias razões privadas, razões não são para serem discutidas. Assim, "democratizadas" religiões entram no mercado como objetos de escolhas subjetivas do mesmo modo que marcas de pasta de dente e sabão em pó: "Religião é agora um item de consumo para uma nação de 'estou dando uma olhadinha (Window shoppers)'", diz Martin Marty [19].

Diante disso, Moltmann nos alerta para o fato de que, no mundo ocidental atual, a ideia de uma religião de consumo se coloca como aquilo que Herbert Marcuse definiu como uma "tolerância repressiva"[20], uma vez que, segundo Moltmann,

> se é tolerante ao se permitir tudo numa perspectiva subjetivista e repressiva no sentido do ceticismo sobre qualquer realidade objetiva sendo mediada pelos símbolos religiosos que deve ser aceito por todos da mesma forma que se exigia da fé cristã na época do Império de Constantino[21].

Uma vez que isso acontece, nosso teólogo se questiona sobre a possibilidade de haver um verdadeiro diálogo inter-religioso. Ao se tentar fazer a adequação de todas as religiões e fazer com que elas abram mão de seu discurso a respeito da verdade, em uma espécie de *self-service*, em que pegamos aquilo que nos agrada em cada uma delas em troca de uma possível segurança, tornando todas as religiões igualmente válidas, as pessoas podem considerar essas religiões como indiferentes para sua vida[22].

MOLTMANN, A Common Earth Religions, World Religions from an Ecological Perspective. *Ecumenical Review*, Geneva, v. 63, n. 1, mar. 2011, 16-24.

19. MOLTMANN, *Is "Pluralistic Theology" Useful for the Dialogue of World Religions?*, 152.

20. Esse tema foi desenvolvido por Hebert Marcuse em WOLFF; MOORE JR.; MARCUSE, *A Critique of Pure Tolerance*, 95-137. Para a tradução em português, recorremos ao trabalho de Kathlen Oliveira, *Tolerância repressiva*, 28-58. Nesse texto, o autor desenvolve a ideia de que "a tolerância apresenta-se novamente como o que era em suas origens, no começo do período moderno — uma meta partidária, uma prática e uma noção libertária subversiva. Contrariamente, o que hoje é proclamado e praticado como tolerância está, em muitas de suas manifestações mais efetivas, servindo a causa da opressão", 1-2.

21. MOLTMANN, Is "Pluralistic Theology" Useful for the Dialogue of World Religions?, 152.

22. Contudo, seria possível pensar um judaísmo sem a Torá, ou um islamismo sem a Sharia, ou ainda um cristianismo sem o Sermão do Monte? Traços dessa pergunta reverberam em MOLTMANN, *A Common Earth Religions:* World Religions from an Ecological Perspective, 20: "uma religião que não exige nada não pode oferecer conforto".

Pluralismo, então, pode tomar a forma de um ceticismo pio no qual pessoas pegam o melhor do que é oferecido, mas o fazem de forma estupefata; ele também pode assumir uma forma a-religiosa quando pessoas renunciam a todas as escolhas religiosas porque elas descobrem que podem viver igualmente sem elas[23].

Com relação à corrente pluralista a respeito do diálogo inter-religioso que surge com John Hick, Moltmann também a considera imperialista no sentido de que tenta definir o fundamento válido para o diálogo entre todas as religiões. Nas palavras de Moltmann,

Uma teologia pluralista das religiões pode não ser menos imperialista que as teologias cristãs das religiões que Knitter quer superar. A natureza verbal do processo de "diálogo", por exemplo, já dá às chamadas "religiões do livro" uma vantagem importante. Uma teoria relativista da religião pode ser necessária para os Estados Unidos, dada sua diversidade. Até onde o pluralismo americano é um modelo situável da relação que deveria haver entre as religiões mundiais deve ser motivo de debate mais do que assumido como verdadeiro[24].

Cerca de catorze anos depois, ainda dirá que "o 'pluralismo' como tal não é uma religião e nem se constitui numa teoria particularmente útil para o diálogo inter-religioso. Quem parte dessa divisa logo nada mais terá a dizer e ademais ninguém lhe dará ouvidos"[25]. Com isso, Moltmann também questiona se somente aquelas religiões que cumprem as condições para diálogo propostas pela teologia pluralista são capazes do diálogo.

Uma pergunta, então, nos surge: no pensamento de Moltmann, quem são as pessoas capazes de dialogar? Para ele, o teólogo ou a teóloga que se propõe a dialogar com as outras religiões, além de precisar ter capacitação para isso por meio do estudo da outra religião, precisa também se tornar digno(a) de participar do diálogo inter-religioso. Essa dignidade, do ponto de vista dele, tem aquele ou aquela que já alcançou uma posição firme em sua própria religião e já está domiciliado(a) nela, uma vez que "os representantes de outras religiões não querem conversar com modernos relativizadores da religião, mas com cristãos, judeus, islamitas etc. convictos"[26].

---

23. MOLTMANN, Is "Pluralistic Theology" Useful for the Dialogue of World Religions?, 152.
24. Ibidem, 155.
25. MOLTMANN, JÜRGEN. *Experiências de reflexão teológica:* caminhos e formas da teologia cristã, São Leopoldo, Unisinos, 2004, 29.
26. Ibidem.

Isso não quer dizer que somente quem tem um conhecimento formal pode participar do diálogo, mas, para Moltmann, a firmeza naquilo que se crê e a abertura para ouvir são fundamentais para esse tipo de diálogo. O próprio Moltmann chega a afirmar que "como marxista ou como muçulmano, eu teria pouco interesse em um cristianismo que faz concessões vitais antes de entrar em conversa comigo"[27].

Dessa forma, em um diálogo inter-religioso sério, cada participante tem claro para si aquilo que é próprio de sua própria religião e, através do olhar do outro, é possível chegar a uma visão mais depurada da sua própria religião. No diálogo inter-religioso, cada participante é uma testemunha da verdade de sua religião[28].

Para Moltmann, um diálogo é sério quando se torna necessário, e ele é necessário quando há algum conflito que ameaça a vida, e uma solução pacífica deve ser buscada a fim de salvaguardá-la[29]. Diante disso, Moltmann propõe que cada participante de um diálogo inter-religioso deve trazer a si próprio e a verdade de sua religião, sem preocupação de chegar a um consenso, visto não ser esse o objetivo de um diálogo.

Nas palavras de Moltmann,

> Cada parceiro deve trazer para o diálogo a si próprio com toda a verdade de sua religião. A troca de gentilezas não ajuda a ninguém. O diálogo deve girar em torno da pergunta pela verdade, mesmo que não seja possível chegar a um consenso em relação a ela. Pois o consenso não é o objetivo do diálogo. Se um dos parceiros for convencido pelo outro, acaba o diálogo. Quando dois dizem a mesma coisa, um deles está sobrando. Para o diálogo inter-religioso sobre o que "concerne incondicionalmente" às pessoas e no que elas colocam toda a confiança do seu coração, já o caminho é uma parte do alvo, na medida em que ele possibilita convivência em meio às diferenças intransponíveis[30].

Com base em sua participação no diálogo cristão-marxista na década de 1960, Moltmann pontua aquilo que considera importante para um diálogo sério. Em suas palavras,

---

27. MOLTMANN, Is "Pluralistic Theology" Useful for the Dialogue of World Religions?, 155.
28. MOLTMANN, *Experiências de reflexão teológica:* caminhos e formas da teologia, 29.
29. Essa ideia também se mostra presente na análise que Moltmann faz de sua participação no diálogo com cristãos marxistas na Europa na década de 1960. Ver: MOLTMANN, *Is "Pluralistic Theology" Useful for the Dialogue of World Religions?*, 154.
30. MOLTMANN, *Experiências de reflexão teológica:* caminhos e formas da teologia, 29.

No diálogo cristão-marxista e nos eventos que transpiraram depois desses, eu aprendi que devemos tomar os pontos fortes do parceiro seriamente e abster-se das litanias de crítica de seus atalhos e erros. Eu aprendi que um não perde a identidade no diálogo, mas atinge um profundo sentimento daquela identidade. No despertar de um diálogo honesto, não se pode ver a si mesmo em autoimagens romantizadas, mas com os olhos críticos dos outros. Eu finalmente entendi que em um diálogo sério não pode haver evasão das questões difíceis por recorrer a uma autoridade superior não aberta à inspeção crítica pelos outros. Adicionalmente, a natureza do diálogo não era nosso tópico; nós discutíamos seriamente cristianismo e marxismo; nós não tínhamos um diálogo sobre diálogo. Somente depois ficou claro para nós que os reais problemas não surgem entre cristãos e marxistas cabeças abertas, mas de marxistas e cristãos que não eram parte do diálogo[31].

Diante disso, Moltmann distingue dois tipos de diálogo possíveis, a saber, o diálogo direto e o diálogo indireto. O primeiro, para nosso teólogo, envolve as religiões mundiais, que são assim chamadas por não pertencerem a nenhum povo, nenhuma língua nem a uma cultura específica e por estarem presentes em todo o mundo, tais como o cristianismo, o budismo, o islamismo, dentre outras religiões.

No diálogo direto, segundo nosso teólogo, ocorre a confrontação entre os conceitos de salvação, transcendência, antropologia etc., e é nesse diálogo que o cristianismo precisa se fazer representar de forma séria. No entanto, Moltmann tem consciência de que a ideia de que se chegará à paz por meio de diálogos tem um caráter totalmente ocidental, uma vez que as religiões que possuem livros são mais bem preparadas para questões verbais e argumentações do que as religiões mais rituais da África e as meditativas do Oriente, sendo até mesmo notável que as "religiões naturais" da África, da Austrália e da América não estejam representadas nesse programa de diálogo direto[32].

O diálogo indireto, por sua vez, ocorre quando está em jogo as questões sociais e as questões ecológicas. Diante dos atuais problemas de nosso mundo hodierno, e no reconhecimento dos problemas que o assolam, tais como a crise ecológica, a ameaça nuclear etc., o intercâmbio entre as religiões ocorre visando a caminhos para escapar dessas ameaças. Nesse sen-

---

31. MOLTMANN, Is "Pluralistic Theology" Useful for the Dialogue of World Religions?, 153.
32. MOLTMANN, *Experiências de reflexão teológica:* caminhos e formas da teologia, 30.

tido, não se fala sobre si mesmo ou sobre nós em relação ao outro, mas, conjuntamente, se fala a respeito de outro assunto[33].

Para Moltmann, nesse diálogo indireto é que as religiões primitivas, com seus conhecimentos milenares a respeito da terra e sua sabedora social, começam a se expressar e ser ouvidas, a fim de que possamos lutar para a sobrevivência do mundo[34].

Sendo assim, para Moltmann, no futuro, uma religião será considerada mundial somente se "promover e assegurar a sobrevivência da humanidade no quadro do organismo Terra"[35]. Essa mesma ideia, se observarmos atentamente, já estava presente em sua obra *Igreja no poder do Espírito*, quando Moltmann afirma que,

> como religião universal, poderão se apresentar e sobreviver futuramente somente aquelas religiões que se abrem para o "mundo único" que está surgindo e para a "história universal" comum que hoje ainda precisa ser criada. Esta é uma nova situação para as religiões, inclusive o cristianismo[36].

Dessa forma, para nosso teólogo, é necessário que o diálogo inter-religioso se dirija às pessoas que sofrem no mundo e não fique somente em conversas de alto escalão, que, geralmente, pouco ajudam aos que passam necessidade. Somente assim o diálogo pode se mostrar como sinal de esperança, ou seja, quando se realiza em seu interesse pela vida e pela libertação dos que sofrem[37].

Partindo da premissa de que cultura e religião não se separam, Moltmann defende que, no que tange à indigenização cultural, é necessário que surja um cristianismo japonês, chinês, indonésio, árabe e africano, bem como, por meio do diálogo, que também haja um cristianismo budista, hin-

---

33. Ibidem. Ver também Moltmann, Is "Pluralistic Theology" Useful for the Dialogue of World Religions?, 155.

34. Moltmann, *Experiências de reflexão teológica*: caminhos e formas da teologia, 30.

35. Ibidem. Ver também Moltmann, *A Common Earth Religions*: World Religions from an Ecological Perspective, 23.

36. Moltmann, *Igreja no poder do Espírito*, 202. Ver também Moltmann, *Direitos humanos, direitos da humanidade e direitos da natureza*, 151: "somente se tornam religiões 'universais' ali onde começam por se integrar nas condições e exigências da vida, e na emergente comunidade de direitos deste mundo único, ao mesmo tempo em que se mostrarem dispostas a abrir mão das suas exigências de absoluto particular em proveito do universalismo da verdade".

37. Cf. Moltmann, *Igreja no poder do Espírito*, 216. Ver também Moltmann, *Direitos humanos, direitos da humanidade e direitos da natureza*, 152: "o diálogo entre as religiões, hoje, deverá se direcionar às questões vitais da humanidade toda, se quiser ter um significado para as religiões do Ocidente e do Oriente e para a humanidade".

duísta, muçulmano, animista, confucionista, xintoísta etc. Tudo isso visando à tarefa cristã de preparação do mundo para o Reino de Deus que vem[38].

> Cultura e religião não podem ser separadas. Por isso teremos que perguntar também hoje por motivos hinduístas, budistas e muçulmanos para a fé em Jesus. Isso não pode ser condenado como sincretismo. Um cristianismo colorido por diferentes civilizações não resulta em uma mistura cultural; e um cristianismo tingido com diferentes religiões não produz simplesmente uma mistura religiosa. [...] Se for a vocação particular da cristandade preparar o tempo messiânico entre os povos e preparar o caminho da redenção que vem, então nenhuma cultura pode ser reprimida e nenhuma religião, extinta. Ao contrário, todas podem ser acolhidas e transformadas carismaticamente no poder do Espírito. Com isso são orientadas em direção ao reino. Para o cristianismo, o diálogo com as religiões universais dá-se no ambiente mais amplo da libertação de toda a criação para o Reino que está vindo[39].

No que tange ao discernimento dos espíritos, outro tema que, como vimos, é basilar para se pensar um diálogo inter-religioso por meio da pneumatologia, o critério proposto por Moltmann é bem simples e direto. Esse critério é a cruz de Cristo. Dessa forma, todo espírito que permanece ao passar pelo crivo da cruz de Cristo e àquilo que é manifestado nela procede de Deus. Caso contrário, esse espírito não procede do Pai e deve ser considerado demoníaco. Em suas palavras,

> Como qualquer leitor pode reconhecer, para mim, o verdadeiro critério para o discernimento espiritual é a cruz e o discipulado (*Nachfolge*) de Cristo no qual tomamos nossa cruz. Aquilo que permanece quando é confrontado com o Crucificado é Espírito do seu Espírito; qualquer coisa que não pode permanecer em sua presença é anticristã e demoníaca[40].

---

38. Para Terry Dohm, colocar as religiões abaixo da categoria do Reino de Deus como Moltmann faz soa também como absolutista e sacrifica a identidade das outras religiões. Ver DOHM, TERRY. The Key to Dialogue and Peaceful Co-Existence In: KONING, ANDREA (ed.), *Glaube und Denken Mission, Dialogue and Peaceful Co-Existence: Living Together in a Multireligious and Secular Society: Situation, Initiatives and Prospects for the Future*. Frankfurt: Peter Lang, 2010, 69-76. A crítica de Dohm se baseia na corrente pluralista, que, como já vimos, no pensamento de Moltmann, não ajuda em nada no diálogo inter-religioso. Todavia, por ser uma crítica relativamente recente à postura de Moltmann, considero interessante a mencionarmos.

39. MOLTMANN, Igreja no poder do Espírito, 216-217.

40. MOLTMANN, A Response to my Pentecostal Dialogue Partners, 67.

A posição de Moltmann a respeito do *Filioque*

A posição de Moltmann em relação à cláusula do *Filioque* é tratada no livro organizado por Lukas Vischer, em 1981[41]. Nessa sua contribuição à questão, Moltmann admite que o intuito da adição da cláusula do *Filioque* era tornar a afirmação trinitária mais precisa no próprio Credo; assim, Moltmann se mostra preocupado em trazer uma fórmula interpretativa, sem uma tentativa de correção unilateral do credo.

Moltmann acredita que, com a retirada da cláusula do *Filioque*, a controvérsia eclesial pode ser finalizada, ao mesmo tempo que uma inquirição à doutrina da Trindade também pode se abrir. Na verdade, uma ação implica na outra, em seu ponto de vista.

Segundo nosso teólogo, o credo não diz nada a respeito da participação do Filho na processão do Espírito do Pai, bem como nada a respeito da relação do Filho com o Espírito, o que pode ser consequência da luta contra os pneumatômacos que acreditavam que o Espírito era o filho do Filho.

Para Moltmann, como a preocupação era somente falar a respeito da divindade do Espírito, os primeiros padres não devem ser considerados contra essa participação do Filho na processão do Espírito pelo Pai. Em sua contribuição ao tema, ele nos relembra que nem em Constantinopla, em 381, nem nos concílios posteriores essa questão da relação do Filho e do Espírito foi abordada, ainda que ambos os lados concordassem que se deveria ter uma afirmação mais clara a respeito do tema.

Para Moltmann, antes de tratar a questão do *Filioque* em busca de uma resposta comum, é necessário clarificar a premissa acerca da relação da Trindade na economia da salvação. A seu ver, a diferenciação entre Trindade imanente e Trindade econômica soa como imprecisa, parecendo que se trata de duas trindades. Só podemos falar de uma Trindade e de sua respectiva economia da salvação.

Se isso é verdade, então, na economia da salvação, a Trindade aparece como si mesma, o que significa que a relação entre o Filho e o Espírito não pode ser restrita a um aspecto temporal do envio do Espírito por meio de Cristo; antes, deve haver uma base intratrinitária para o envio temporal do

---

41. Cf. MOLTMANN, JÜRGEN. Theological Proposals towards the Resolution of the *Filioque* Controversy, in VISCHER, LUKAS (ed.), *Spirit of God, Spirit of Christ: Ecumenical Reflections on the Filioque Controversy*, n. 103. Geneva: World Council of Churches; London: WCC, 1981, 164-173. Para o que segue, ver também as considerações abordadas nessa contribuição. A mesma posição pode ser vista também em MOLTMANN, *A plenitude dos dons do Espírito e sua identidade cristã*, 50-51.

Espírito por intermédio de Cristo. Assim, no pensamento moltmanniano, salvaguardamos a fidelidade de Deus consigo mesmo.

Para Moltmann, ancorado em João 15,26, o Espírito procede do Pai. Dessa forma, somente a interpretação de que o Espírito procede do Pai[42] é correta. Contudo esse "somente" deve ser entendido, no pensamento de Moltmann, como referência à processão do Espírito e a sua existência enquanto *hypostasis*, e não em sua forma pessoal na relação com o Pai e o Filho. Aqui, o Pai é visto como causa e fonte da Divindade. Assim, Moltmann quer deixar claro que o Espírito recebe sua divina existência somente da fonte da Divindade que é o Pai.

Para Moltmann, essa processão pelo Pai nunca foi objeto de dúvida no Ocidente, e com o *Filioque* não queriam fazer com que o Filho competisse com o Pai na processão do Espírito. Também não foi contra a monarquia do Pai que se colocou a cláusula do *Filioque*. Para ele, essa fórmula também tinha em vista a luta contra o subordinacionismo na doutrina trinitária e de uma dissolução subordinacionista da Trindade na economia da salvação. Que o Pai seja a "primeira pessoa" da Trindade, isso nunca foi um tema de discussão entre Ocidente e Oriente. Por esse motivo, segundo Moltmann, a fórmula do credo sem o *Filioque* deve ser aceita pelo Ocidente.

No pensamento moltmanniano, o Pai só é Pai em relação ao Filho, de modo que não podemos pensar em Deus como um "pai universal", como diversos outros deuses, como Zeus, *Vishnu* etc., mas somente por causa de sua geração do Filho. Ele é o Pai de Jesus Cristo, e é esse fato que o define como Pai. Dessa forma, Moltmann propõe que se fale a respeito do "Pai do Filho".

> O Pai é na eternidade somente o Pai do Filho. Ele não é o Pai do Espírito. A processão do Espírito a partir do Pai, portanto, pressupõe a eterna geração do Filho pelo Pai, pois é somente nisso que o Pai é e é mostrado como o Pai. Tal como "Filho" é uma categoria teológica e não cosmológica, como se tornou claro na controvérsia ariana, também é "Pai" uma categoria teológica, não cosmológica ou até mesmo político-religiosa. A doutrina da Trindade torna isso inerroneamente claro[43].

---

42. STANILOAE, DUMITRU. The Procession of the Holy Spirit from the Father and his Relation to the Son, as the Basis of our Deification and Adoption, in VISCHER, LUKAS (ed.), *Spirit of God, Spirit of Christ*, 174-186.

43. MOLTMANN, Theological Proposals towards the Resolution of the Filioque Controversy, 167.

O Espírito procede do Pai do Filho. Moltmann vê que essa fórmula pressupõe tanto a geração do Filho como sua existência, assim como a mútua relação entre o Pai e o Filho. O Filho é então uma pressuposição lógica e pré-condição material para a processão do Espírito a partir do Pai, não sendo, segundo Moltmann, uma fonte adicional de processão. Processão do Espírito e geração do Filho são coisas distintas, mesmo que estejam intimamente relacionadas.

Assim, no pensamento de Moltmann, se o Espírito procede do Pai não somente por ele ser a fonte da Divindade, mas em razão de ser o Pai do Filho, então, ele deriva também dessa paternidade do Pai, ou seja, da relação do Pai e do Filho. Portanto, o Espírito procede do Pai na eterna presença do Filho e, assim, o Filho também não se torna estranho nessa processão[44].

Essa mesma argumentação será mantida dez anos depois em seu livro sobre pneumatologia. Nas palavras de Moltmann,

> Se o Espírito procede do Pai, então este proceder pressupõe o Filho, pois o Pai só é Pai em relação a Seu Filho. Se o Filho é gerado do Pai, então o Espírito acompanha a geração do Filho e se manifesta através dele. Mas isto só pode ser imaginado se o Espírito não apenas repousa sobre o Filho e não apenas se manifesta em sua eterna geração, mas se já a geração do Filho a partir do Pai é acompanhada pelo proceder do Espírito a partir do Pai. O Espírito não pode ser imaginado sem o Filho, o Filho não pode ser imaginado sem o Espírito[45].

Moltmann, dessa forma, considera a cláusula do *Filioque* supérflua pelos seguintes motivos[46]: em primeiro lugar, ao se dizer que o Espírito procede do Pai, está se afirmando que ele procede do Pai do Filho, uma vez que a primeira Pessoa da Trindade só pode ser chamada de Pai com relação ao Filho. Como consequência disso, o Espírito procede da paternidade do Pai, uma vez que procede do Pai do Filho.

Se pensarmos dessa forma, então perceberemos que há uma participação do Filho na processão do Espírito. Para Moltmann, o Filho acompanha a processão do Espírito do Pai. Dessa forma, a processão do Espírito pressupõe a existência do Pai e do Filho, bem como suas relações mútuas.

---

44. MOLTMANN, nessa análise, se baseia no trabalho de Bolotov Thesen über das Filioque. Vo einem russischen Theologen, *Revue Internationale de Theologie*, n. 24, 1898. Infelizmente não consegui localizar esse texto durante minha pesquisa.
45. MOLTMANN, *O Espírito da Vida*, 77.
46. Ibidem, 284.

"O Espírito, em seu existir hipostático, está marcado pelo Pai e pelo Filho: do Pai, como origem da divindade, ele recebe sua divindade hipostática, do Filho e do Pai e de suas relações mútuas ele recebe sua figura intratrinitária."[47]

Para Moltmann, o acréscimo da cláusula do *Filioque* coloca o Espírito como subordinado ao Filho, e isso é prejudicial para o desenvolvimento de uma pneumatologia trinitária. Segundo ele, "pela estrutura trinitária, a pneumatologia cristológica é estabelecida como a única forma de pneumatologia"[48]. Isso também pode ser percebido quando ele afirma que "só uma pneumatologia aberta num leque trinitário permite-nos perceber toda a riqueza das forças do Espírito e nos preserva de sermos desalojados"[49].

Assim, devemos ver o Espírito como aquele que procede do Pai, determina o Filho que repousa sobre o Espírito e irradia através desse mesmo Espírito. Dessa forma, o Filho é marcado pelo Espírito.

Para Moltmann, falar em uma pós-ordenação de um em relação ao outro não faz sentido quando consideramos as relações do Filho e do Espírito Santo em seu viés trinitário. Se assumirmos isso no fazer teológico, então, ao falarmos da eterna geração do Filho, falaremos dessa geração em relação ao Pai.

Para falar a respeito da relação do Filho com o Espírito, Moltmann parte da sentença adotada pelo Oriente de que o Espírito Santo procede do Pai e recebe do Filho[50]. Em seu pensamento,

> o Espírito Santo recebe do Pai sua própria existência divina e obtém do Filho sua forma relacional. Assim como a processão da divina existência do Espírito deve ser atribuída ao Pai, então também devemos reconhecer que sua forma, sua "face", é estampada pelo Pai e pelo Filho. Esse é o porquê de ele também ser chamado "O Espírito do Filho"[51].

Da mesma forma, estaremos falando do Filho quando nos referirmos ao Espírito que procede do Pai, de maneira que não se trata de dois atos distintos, mas, sim, de uma coisa só, uma vez que o Filho está no Espírito e o Espírito está no Filho.

---

47. Ibidem.
48. Ibidem, 76.
49. MOLTMANN, A plenitude dos dons do Espírito e sua identidade cristã, 51.
50. SPANNEUT, MICHEL. *Os Padres da Igreja*: Séculos IV-VIII, v. 2, São Paulo, Loyola, 2002, 257.
51. MOLTMANN, Theological Proposals Towards the Resolution of the Filioque Controversy, 167.

Se a cláusula do *Filioque* permanece, segundo Moltmann, isso conduz o Espírito ao terceiro lugar da Trindade, uma vez que fica claro que ele só pode aparecer como pós-ordenado ao Filho na economia da salvação. Se isso acontece, para nosso teólogo, as relações de reciprocidade ficam comprometidas.

Vale lembrar que no Novo Testamento não existe qualquer tipo de relação de subordinação do Espírito em relação ao Filho, mas, sim, relações de pura reciprocidade. O Filho nasce do Espírito, age no Espírito, é ressuscitado pelo Espírito e distribui o Espírito.

Moltmann concorda com a ideia ortodoxa do "acompanhar" da geração do Filho pelo Espírito e do proceder do Espírito através do Filho. Com isso, as metáforas de hálito e palavra se mostram bastante úteis. O Pai profere a Palavra por meio do seu Hálito. Assim, o Pai é aquele que fala, a palavra proferida é o Filho e o hálito na qual a palavra é dita é o Espírito Santo, e todos eles procedem do Pai.

Esse acompanhamento do Espírito também pode ser chamado de manifestação do Espírito pelo Filho[52]. Dessa forma, a geração do Filho se mostra intensamente acompanhada pela procedência do Pai e pode se dizer que "O Filho é gerado pelo Pai através do Espírito"[53].

Com isso, para Moltmann, é possível dizer que, desde a eternidade, o Filho e o Espírito estão unidos entre si, de maneira que se pensar um Filho sem o Espírito não faz o menor sentido. Como consequência, o Espírito que procede do Pai repousa no Filho. Para Moltmann, o Filho é o receptor do Espírito e também o seu lugar de repouso. "O Filho é gerado pelo Pai como morada do Espírito, e o Espírito procede do Pai para habitar eternamente no Filho."[54]

---

52. Remetemos aqui ao capítulo de Staniloae, Dumitru, The Basis o four Deification and Adoption, in Vischer, Lukas (ed.), *Spirit of God, Spirit of Christ*, 182-184, em que mostra como essa temática foi trazida por Gregório de Chipre e João Damasceno nas relações da Trindade. Moltmann também segue as ideias contidas no trabalho de Staniloae.

53. Moltmann, *O Espírito da Vida*, 285. Digno de nota é o pensamento de Evdokimov, teólogo oriental russo que ressalta que "É impossível conceber a Hipóstase sem as outras e é esta verdade que o *Filioque* latino e o *per Filium* oriental exprimem, cada um à sua maneira, ao ponto que podemos dizer que o ser das Hipóstases reveladoras depende do Pai, mas também da outra Hipóstase correveladora. O Filho, na sua geração, recebe do Pai o Espírito que repousa sobre ele numa coexistência inseparável, e é nesse sentido que se pode dizer *ex Patre Spirituque*. Da mesma forma, o Espírito procede do Pai, indo sobre o Filho, e é o *Filioque* no mesmo sentido. O que não se refere apenas à relação de origem, mas ele intervém em todas as situações nas quais se deve exprimir a definição trinitária de cada Hipóstase". Evdokimov, *O Espírito Santo na Tradição Ortodoxa*, 75.

54. Moltmann, O espírito da vida, 285.

Disso também resulta que esse mesmo Espírito, que repousa e inabita no Filho, também irradia do Filho e por intermédio do Filho. Nas palavras de Moltmann,

> Ele irradia sua luz do Filho para as relações mútuas entre o Pai e o Filho e traz o eterno ser de Deus e para o eterno amor de Deus a eterna luz de Deus. Esta luz eterna traz a eterna alegria ao ser e ao amor de Deus. Esta é a transfiguração intratrinitária, que parte do Espírito. A glória de Deus também é uma energia intratrinitária, não apenas uma energia voltada para fora. Ela ilumina a eterna essência de Deus com a eterna luz de Deus. Mas o Espírito, então, irradia também por intermédio do Filho, sobre quem ele repousa, a saber, na revelação, fazendo dos que recebem "filhos da luz" (Ef 5,8s)[55].

Para nosso teólogo, as ideias de acompanhar o Filho, repousar no Filho e de irradiar do Espírito a partir do Filho são mais condizentes com a história trazida pelos Evangelhos do que aquilo que é trazido com a cláusula do *Filioque*.

Para Moltmann, torna-se importante fazer a diferenciação entre a geração do Filho e a processão do Espírito ao falar a respeito da Trindade. Se as duas categorias forem consideradas como processão e se falarem de duas processões, há um grande perigo de abstrações. Em seu pensamento, a particularidade da relação do Filho com o Pai e do Pai com Espírito é negligenciada, o que facilmente traz a ideia do Espírito como um segundo Filho ou do Filho como um outro Espírito[56].

Moltmann quer, com isso, ressaltar a distinção da processão do Espírito a partir do Pai, de seu recebimento da forma intratrinitária a partir do Pai e do Filho, e, segundo ele, o *Filioque* torna isso de forma turva, uma vez que dá a ideia de que o Espírito tem duas formas de existência. Com tudo isso em mente, Moltmann então propõe que se interprete da seguinte maneira o texto do Credo: "O Espírito Santo, que procede do Pai do Filho, e recebe sua forma do Pai e do Filho"[57]. Claramente, as ideias de Moltmann a respeito da cláusula do *Filioque* têm suas bases na teologia do Oriente.

Dumitru Staniloae, autor de uma das obras usadas pelo próprio Moltmann em sua argumentação, considera que a ideia de Moltmann de que o

---

55. Ibidem.
56. MOLTMANN, Theological Proposals Towards the Resolution of the Filioque Controversy, 171.
57. Ibidem.

Espírito recebe a existência do Pai e a imagem ou o caráter de pessoa do Filho é algo difícil de entender, uma vez que, segundo Dumitru, separar o caráter pessoal da existência é algo que não podemos fazer.

Para Dumitru,

> o Espírito Santo é uma pessoa distinta dentro da Trindade Santa não somente por tomar lugar na comunhão entre o Pai e o Filho como também pelo fato de ser ligado por um especial e íntimo relacionamento não apenas com o Pai, mas também com o Filho. Além disso, cada pessoa da Santa Trindade é uma pessoa não somente enquanto tem uma relação com o outro, mas enquanto tem uma diferente relação com cada um dos outros dois. O Espírito Santo não recebe seu caráter pessoal de sua "imagem (eidos) relacional" somente do Filho. Ele recebe do fato da sua processão do Pai, o que acompanha a geração do Filho pelo Pai, sendo assim colocado em relação com as outras duas pessoas divinas, isso quer dizer, dentro da comunhão trinitária[58].

Mesmo com essa observação, Dumitru considera que Moltmann dá um novo passo rumo à doutrina dos primeiros padres quando faz a distinção clara entre o Pai e o Filho e a relação com o Espírito. A nosso ver, isso ressalta o grande esforço de Moltmann em tentar fazer uma pneumatologia de caráter trinitário e ecumênico.

O diálogo direto de Moltmann com as outras religiões

Dois momentos em que Moltmann está presente no diálogo inter-religioso direto merecem consideração. O primeiro acontece em 1981, em um encontro com o rabino Pinchas Lapide, em que se discute a questão do monoteísmo judaico e da doutrina cristã da Trindade[59]. Nesse encontro, o que Moltmann faz é retomar a ideia desenvolvida em *Trindade e Reino de Deus* e mostrar como, no processo do *pathos* divino, desenvolvido por Heschel, bem como na teoria rabínica da auto-humilhação de Deus, já se encontram presente aquilo que o cristianismo, a partir do Crucificado, usará para a definição da Trindade.

---

58. STANILOAE, The Procession of the Holy Spirit from the Father and his Relation to the Son, as the Basis of our Deification and Adoption, 185.
59. Ver LAPIDE, PINCHAS; MOLTMANN, JÜRGEN. Jewish Monotheism and Christian Trinitarian Doctrine: A Dialogue by Pinhcas Lapide and Jürgen Moltmann, Philadelphia, Fortress Press, 1981, 93.

O que se mostra interessante nesse diálogo entre Lapide e Moltmann é a postura dos dois em relação ao tema. É possível perceber, na leitura do diálogo, a disposição para ouvir e aprender com a religião alheia de uma forma honesta e sem negociar os valores e as identidades próprias.

No diálogo fica clara a postura de Lapide, dentro do contexto judaico, de não acreditar no Filho Unigênito de Deus, mas, sim, em "filhos de Deus". Da mesma forma, ele não pensa a ressurreição como irrupção do Reino de Deus, mas, sim, como bom judeu, dentro das categorias judaicas da ressurreição. Nesse sentido, chega a afirmar que, se Jesus tivesse se manifestado aos judeus de sua época como ressuscitado, com certeza, o cristianismo hoje estaria dentro do judaísmo.

Lapide vê a Páscoa como indicação do dedo de Deus de que o tempo estava cumprido, ou seja, que o tempo estava maduro e que a fé em Deus deveria ser levada ao mundo dos gentios. Utilizando a parábola do filho pródigo, que, segundo ele, representa os judeus e a Igreja, ele mostra que o filho mais velho é aquele que já está com o Pai; portanto, os judeus não precisam de Jesus para chegar ao Pai ou para a salvação, uma vez que já estão com ele sem nunca ter saído de lá. Assim, ele não vê dificuldade em aceitar a Igreja como instituição de salvação, e, considerando que essa é indispensável para que a humanidade creia num deus único, ele considera que, nesse sentido, também precisa de Cristo. Contudo, também considera desnecessário salpicar açúcar no topo do mel, como se faz ao tentar batizar os judeus[60].

Com relação à crucificação de Jesus, para Lapide, o único elemento nela é a história dos efeitos que ela produz. Em seu pensamento, que segundo ele segue a linha dos profetas de Israel, há vários caminhos de salvação almejados por Deus. Ele mostra que na bíblia hebraica há seis diferentes messias, e em *Qumran*, três diferentes messias, e o *Talmud* conhece ao menos dois: o filho de José e o filho de Davi. Com base nisso, ele não pensa no conceito de messias como alfa ou ômega da história da salvação e considera os cristãos e judeus como dois tipos de religião messiânica. Pensar a redenção como proposta pelo cristianismo é algo irreconhecível no judaísmo, ou seja, a forma como Deus irá redimir o mundo tem a ver somente com Deus. Assim, no pensamento de Lapide, Deus deseja a pluralidade e talvez até deseje que nos esforcemos para ele em diferentes caminhos de salvação, o que não significa um pluralismo[61].

---

60. Ibidem, 67-70, 78.
61. Ibidem, 71-72, 76.

Com relação à filiação de Jesus, Lapide vê Jesus como um filho de Deus, com Israel sendo o primeiro (Ex 4,22). Assim, Jesus só pode ser chamado de segundo filho nascido de Deus. Para Lapide, não há problema quando Moltmann fala que na crucificação Jesus se torna o salvador dos gentios e na parusia se manifesta como o messias de Israel. Para Lapide, isso pode ser visto como uma fórmula aceitável de reconciliação. Uma vez que os judeus não sabem quem será o messias, mas os cristãos sim, ele considera que nenhum judeu teria algo contra, caso, ao chegar o messias esperado, percebessem que fosse Jesus de Nazaré[62].

Moltmann, por sua vez, dentro da linha cristã, afirma que Jesus é o redentor e o único messias, uma vez que desconhece os outros aspirantes que houve em Israel. Assim, para Moltmann, Jesus é o único caminho para a salvação. Também considera que, de acordo com o texto de Paulo, o endurecimento por parte de Israel representa o "não" dos judeus ao plano de Deus e que os cristãos têm responsabilidade diante de Israel de estimulá-los à fé, sem que isso implique que o judeu deva aceitar tudo que vem dos gentios[63].

Com relação ao tema da Trindade, Lapide considera difícil para um judeu pensar em um Deus que se separa de si mesmo, como proposto pelo rabino Rosenzweig e também por Moltmann em seus escritos. Dessa forma, ele prefere considerar Deus como incompreensível e pensar o Espírito de Deus como emanação do próprio Deus, uma radiação do único Deus, o amor de Deus, ou a misericórdia de Deus. Assim, para Lapide, ao tentar hipostatizar os atributos de Deus, o que se tem é uma blasfêmia[64].

Em resposta à questão de Lapide, Moltmann vê a unidade de Deus como o maior mistério do cristianismo; contudo, em seu pensamento, não tem como Deus comunicar a si próprio se partirmos da ideia monoteísta. Dessa forma, o que intenta é deixar o conceito de unidade como partícula indivisível e utilizar outro conceito que procede da comunicação, da autocomunicação de Deus e, consequentemente, da autodistinção de Deus. Pensando dessa forma, o conceito de Trindade não hipostatiza os atributos de Deus como proposto por Lapide; antes, nos faz pensar a unidade de Deus na autodistinção do Pai e do Filho no Espírito Santo[65].

Tanto Lapide quanto Moltmann concordam que uma ponte para o diálogo entre o judaísmo e o cristianismo pode ser construída por meio

---

62. Ibidem, 79.
63. Ibidem, 78.
64. Ibidem, 61-62.
65. Ibidem, 64-65.

da questão do Deus que sofre e caminha com seu povo, algo que está presente tanto no judaísmo, por meio do sofrimento de Deus com a nação de Israel ao longo de sua história, como no cristianismo, no Cristo que sofre em nosso lugar e por nós no Calvário[66].

Por fim, vale ressaltar a observação de Lapide de que, enquanto o cristianismo é uma religião que se preocupa com a categoria do "quem", ou seja, procura saber quem é o Filho de Deus, quem é o verdadeiro Cristo, o judaísmo é uma religião do "o que". Nesse sentido, ela tenta determinar "o que" Deus tem feito na Terra, o que corresponde à vontade Dele e, de modo mais atrevido, o que Deus intenta para a humanidade. Assim, considera tanto o "quem" e o "o que" como palavra do Deus que vive[67].

Ao final do diálogo se tem uma declaração comum em que se insiste na unidade na pluralidade, na expectativa de que as nações clamarão a Deus em uma só voz e na concordância entre judeus e cristãos como exemplo para o mundo, sendo o diálogo dedicado à busca da verdade.

A segunda participação de Moltmann no diálogo inter-religioso direto aconteceu em 1990 e está registrada no livro *The Emptying God: a Buddhist-Jewish-Christian conversation*, organizado por John B. Cobb Júnior. Nesse livro, Masao Abe, budista e estudioso do cristianismo, apresenta seu texto *Kenotic God and Dynamic Sunyata*, em que ele tenta fazer uma ligação entre o conceito budista de *Sunyata* e o conceito da *Kenosis* de Deus, que é respondida por teólogos cristãos, uma teóloga cristã e um teólogo judeu.

Masao, querendo se posicionar também contra o cientificismo e o niilismo, faz uma análise do hino kenótico de Filipenses 2 a partir da perspectiva budista. Nessa análise, seu intuito, dentre outros, é mostrar que essa *kenosis* não deve ser entendida de uma forma temporal, como se o Cristo fosse originalmente o Filho de Deus e depois esvaziasse a si mesmo e se tornasse humano, o que, a seu ver, seria somente um entendimento conceitual e objetificado da questão da qual o texto fala. Ao contrário,

> devemos entender que a doutrina da *kenosis* de Cristo significa que Cristo, como Filho de Deus, é essencialmente e fundamentalmente autoesvaziamento ou autonegação — por causa dessa natureza fundamental, o Filho de Deus é Cristo — ou seja, o Messias. Não é que o Filho de Deus se tornou uma pessoa através do processo do seu autoesvaziamento, mas que fundamentalmente ele é verdadeira pessoa e verdadeiro Deus em um e

---

66. Ibidem, 66-67.
67. Ibidem, 85.

ao mesmo tempo na sua obra dinâmica e atividade de autoesvaziamento. [...] Consequentemente, nós podemos reformular a doutrina da *kenosis* de Cristo como segue: o Filho de Deus não é o Filho de Deus (para ele é essencialmente e fundamentalmente autoesvaziamento); precisamente porque ele não é o Filho de Deus ele é verdadeiramente Filho de Deus (para ele originalmente, e sempre trabalha como Cristo, o Messias, em sua função salvadora do autoesvaziamento)[68].

Da mesma forma, ao falar da total humanidade de Jesus, na categoria da *homoousia*, Abe também pressupõe que não entendamos esse termo somente como consubstancialidade de duas substâncias, mas como uma função, ou função não dual de autoesvaziamento e autonegação[69].

Assim, entender a noção da *kenosis* de Cristo ou seu autoesvaziamento só é possível por meio do nosso próprio esvaziamento e da nossa autonegação[70]. Com isso, ele propõe que entendamos o novo eu como sendo "eu é não eu (para o velho eu que deve ser crucificado com Cristo); precisamente porque não é, o eu é verdadeiro eu (para o novo eu ressuscitado com Cristo)"[71].

Para Abe, tocar na questão da *kenosis* de Cristo implica tocar também no problema da *kenosis* de Deus. Nesse sentido, ele pergunta, usando o pensamento de Moltmann, o que representa a cruz de Cristo para Deus, a qual ele considera uma questão "enraizada profundamente na fé cristã"[72].

A seu ver, a *kenosis* não deve ser vista como atributo de Deus, mas, sim, como algo próprio da natureza do próprio Deus, visto que ele é amor. Em suas palavras,

> O Deus kenótico que se esvazia totalmente do seu ser divino e sacrifica totalmente seu ser divino é, em minha visão, o verdadeiro Deus. E é precisamente esse Deus kenótico que salva completamente tudo, incluindo seres humanos e natureza, por meio do amor abnegado e autossacrificial[73].

Nesse sentido, ele nos alerta para a abertura que a noção da *kenosis* de Deus promove no diálogo com o budismo, uma vez que supera o caráter monoteísta e também o da absoluta unicidade de Deus, bem como

---

68. ABE, MASAO. Kenotic God and Dynamic Sunyata, in COBB, JOHN B., IVES, CHRISTOPHER (ed.), *The Emptying God:* a Buddhist-Jewish-Christian Conversation, New York, Orbis Books, 1990, 10-11.
69. Ibidem, 11.
70. Ibidem.
71. Ibidem, 12.
72. Ibidem, 13.
73. Ibidem, 16.

compartilha com o budismo a realização do absoluto como base para o final de todas as coisas. Em seu pensamento, embora Moltmann tenha caminhado na superação da dualidade, ele não entra profundamente no "grande interior" da questão da Trindade, dando somente um passo para o interior da questão[74].

A unicidade de Deus, então, deve ser entendida, segundo Abe, se queremos superar uma ideia dualista de Deus (sua natureza divina e humana), como o grande zero. Em termos ocidentais, seria aquilo que Mestre Eckhart e Jakob Böhme chamaram de Nichts ou Ungrund[75].

Após essa análise, Abe passa a considerar o conceito budista de *Sunyata*. Seu intuito é mostrar como esse conceito pode contribuir para o diálogo entre o budismo e o cristianismo. *Sunyata*, de acordo com Abe, significa literalmente "vazio" e pode implicar um "absoluto nada". Em suas palavras,

> Isso é porque *Sunyata* é inteiramente não objetivável, não conceituável e inatingível pela razão ou pela vontade. Como tal, não pode ser "alguma coisa". De acordo com isso, se *Sunyata* é concebida como "algo fora" ou "além" de um eu autoexistente, isso não é a verdadeira *Sunyata*, pois *Sunyata* assim concebida fora ou além da existência se transforma em alguma coisa que não representa e é concebida como *Sunyata*[76].

Nesse sentido, Abe deseja mostrar que a *Sunyata* não é algo autoafirmativo, mas completamente autonegativo[77]. *Sunyata*, dessa forma, se mostra como "não *Sunyata*".

Positivamente falando, Abe tenta resumir os significados soteriológicos da *Sunyata* em cinco pontos: primeiro, tenta mostrar que na *Sunyata* todas as coisas são percebidas como são enquanto tal (*talidade*). Assim, a *Sunyata* preserva a distinção de todas as coisas sem a necessidade de reduzir a um princípio monístico. Mesmo distintas, todas as coisas são igual-

---

74. Ibidem, 23-24.
75. Essa ideia da divindade como *Ungrund* foi desenvolvida de uma maneira mais sistemática, no Ocidente, por Schelling, que, em seu pensamento, se refere à questão da profunda indiferença. Essa absoluta indiferença é diversa da ideia da absoluta identidade. Com isso, Schelling deseja mostrar que, antes da distinção entre fundamento e existência, há algo prévio, que é essa anterioridade que só pode ser pensada do ponto de vista lógico ontológico, e não temporal. O amor, então, é aquilo que une a absoluta indiferença que poderia existir em si mesma, mas que não pode existir sem essa oposição que se coloca. SCHELLING, FRIEDERICH WILHELM JOSEPH VON. *Investigações filosóficas sobre a essência da liberdade humana e das questões conexas*, Petrópolis, Vozes, 1991, 87.
76. ABE, Kenotic God and Dynamic Sunyata, 27.
77. Ibidem.

mente percebidas enquanto tal (*talidade*). Aqui, embora Abe reconheça que tanto o budismo como o cristianismo têm como meta da salvação a libertação humana do sofrimento, ele salienta que o budismo não se baseia em uma relação personalista divina-humana, mas toma como base para salvação a "dimensão transpessoal e universal comum entre seres humanos e natureza", não aceitando a ideia de um Deus como regulador e salvador do mundo[78].

Em segundo lugar, a *Sunyata* se mostra como uma abertura sem fronteiras e sem um centro fixo, ou seja, a *Sunyata* se mostra livre de quaisquer centrismos, seja antropológico, cosmológico ou teológico. O vazio a que propõe a *Sunyata*, segundo Abe, só é possível dessa forma[79].

O terceiro ponto é que a *Sunyata* pode ser traduzida também como *jinen*, que significa "espontaneidade", dentre outros sentidos. O que deseja ressaltar é o caráter da dinâmica espontaneidade que existe por trás desse conceito. Assim,

> o completo autoesvaziamento de Deus (a *kenosis* de Deus) como a absoluta autonegação da vontade de Deus deve ser baseado nessa espontaneidade em termos de *jinen*. Decerto, *jinen* é a residência do abrir dinâmico para onde tudo retorna para seu descanso final, da qual tudo e sua atividade saem espontaneamente[80].

O quarto ponto é que a *Sunyata* engloba tanto a interdependência quanto a interpenetração de todas as coisas, assim como as reversibilidades são totalmente percebidas. Na *Sunyata*, até mesmo a unidade dos opostos se torna totalmente percebida, uma vez que esta representa o *locus* de uma abertura sem fronteira, descentralizada e sem limitação. Assim, a visão de tempo e de história se torna compreensível não de forma linear, mas, sim, de forma recíproca e até mesmo reversível[81].

O quinto ponto é que a *Sunyata* contém as características da sabedoria e da compaixão. Sabedoria no sentido de que todas as coisas podem ser percebidas enquanto tal (*talidade*) em termos de sua distinção e mesmidade, assim como a percepção do conceito de *jinen*. É compaixão no sentido de que na relação de dominador-subordinado entre as coisas é livremente convertida. Em outras palavras, "através da compaixão per-

---

78. Ibidem, 29.
79. Ibidem, 30.
80. Ibidem, 31.
81. Ibidem.

cebida na *Sunyata* até um vilão atroz é ultimamente salvo, até paixões são transformadas em iluminações"[82].

Assim, a *Sunyata* não deve ser pensada como um conceito estático, mas, sim, como um conceito dinâmico, visto que, por intermédio do seu autoesvaziamento, ela faz com que tudo que exista venha a existir e também trabalhe da forma como foi feito[83]. Ao contrário do que podemos pensar, Abe nos alerta que a *Sunyata* não deve ser entendida como um objetivo da vida de um budista, mas, antes, como ponto de partida[84].

Após abordar os temas da razão humana, o livre-arbítrio, o conceito de *karma*, a noção de tempo e espaço e o problema do mal pela via budista, Abe conclui que,

> quando percebemos claramente o conceito do Deus kenótico no cristianismo e o conceito da *Sunyata* dinâmica no budismo — então, sem eliminar as distinções de cada religião, mas, em vez disso, aprofundando suas características únicas —, encontramos uma significativa base comum em uma dimensão profunda. Nesse sentido, eu acredito, cristianismo e budismo podem entrar em um diálogo muito mais profundo e criativo e superar ideologias antirreligiosas que prevalecem em nossa sociedade contemporânea[85].

Em sua resposta à questão proposta por Abe, Moltmann se mostra maravilhado pela lucidez e pela grande profundidade com que o budista aborda o texto de Filipenses, algo que, segundo Moltmann, poucos estudiosos cristãos conseguiram fazer[86].

Com relação à proposta de Abe da *kenosis* divina, Moltmann aponta que, na questão do esvaziamento de Cristo, "não há condição imaginável do Filho de Deus na qual ele não existiria em sua entrega autoesvaziadora"[87]. Como consequência, a divindade em si mesma é, desde a eternidade, um amor altruísta.

Uma vez que, para Moltmann, amor significa entrega, isso também implica pensarmos a *kenosis* de Deus como esse amor se entregando. Nas palavras de Moltmann, "O ser inteiro de Deus é amor, e isso significa en-

---

82. Ibidem, 32.
83. Ibidem, 33.
84. Ibidem.
85. Ibidem, 61.
86. Cf. MOLTMANN, JÜRGEN. God is Unselfish Love, in COBB, JOHN B., IVES, CHRISTOPHER (ed.), *The Emptying God: a Buddhist-Jewish-Christian Conversation*, New York, Orbis Books, 1990, 116.
87. Ibidem, 119.

trega. A liberdade de Deus é o amor de Deus e o amor de Deus é a liberdade de Deus"[88].

Em sua resposta, Moltmann discorda de Masao quando este considera a unidade substancial da Trindade como o grande zero, ou *nothingness*, ou ainda como o *groundlessness* da divindade. Para Moltmann, Abe, no lugar das categorias interpessoais da doutrina social da Trindade, usa as categorias naturais da substância, e, com isso, se perde a possibilidade de balancear pessoa e natureza[89]. Para Moltmann,

> De acordo com a doutrina cristã da Trindade, "pessoa" é uma natureza hipostática, ou, dizendo de um modo diferente, a natureza é capturada em pessoa. Nesse sentido, uma divisão necessária entre pessoa e natureza ou fazer pessoa e natureza como antitético se torna impossível. Na pessoa, a natureza vem a si mesma. Na natureza, a pessoa percebe a si mesma[90].

Assim, retomando as considerações a respeito da comunhão pericorética que desenvolveu na Trindade e no Reino de Deus, novamente realça o papel central que essa comunhão tem, em vez da centralidade na substância proposta tanto por Tertuliano, na qual Abe se baseia. No pensamento moltmanniano, Deus não é sujeito, mas comunidade[91]. A existência cristã, para nosso teólogo, é também uma existência em Deus, o que impede que consideremos Deus como sujeito ou como predicado[92]. Em uma tentativa de resumo, Moltmann diz que

> Deus é amor altruísta. *Kenosis* é o mistério do Deus trinitário. Graças ao amor altruísta de Deus, Deus permeia todas as criaturas e as faz vivas. Nesse sentido, Deus vive na comunidade da criação e permite que a comunidade de todas as criaturas de Deus viva em Deus. Em permeação recíproca, tudo existe e vive. A empatia altruísta de Deus desperta a simpatia de todas as criaturas em relação às outras. *Perichoresis* é também o mistério da criação[93].

---

88. Ibidem.
89. A essa crítica, Abe responde que o que tem o intuito de fazer é justamente colocar a interpretação do Deus kenótico no lugar da visão teísta de Deus. Nesse sentido, ele discorda da crítica de Moltmann. Cf. ABE, MASAO, *A Rejoinder*, 161.
90. MOLTMANN, God is Unselfish Love, 120.
91. Massao Abe, em sua resposta, diz que "budistas podem aprender dos cristãos a noção de que 'Deus é comunidade e a estrutura pericorética da comunidade da criação'". No entanto, questiona o relacionamento entre cada coisa e Deus e se esse relacionamento também seria recíproco ou não. Cf. ABE, MASAO, *A Rejoinder*, 165.
92. MOLTMANN, God is Unselfish Love, 120.
93. Ibidem, 121. Essa ideia também é encontrada em MOLTMANN, JÜRGEN. *A unidade convidativa do Deus uno e trino, Concilium Brasil*, Petrópolis, n. 197, jan. 1985, 62.

Dessa forma, e na mesma linha daquilo que vimos ao analisarmos o papel do Espírito na criação, Moltmann considera que o conceito de *Sunyata* está bem próximo do conceito de criação cristã, portanto,

> os cristãos podem aprender com os budistas como lidar e como viver na comunidade da criação. Se todas as coisas no mundo existem reciprocamente umas nas outras e em Deus, então, esse mundo não tem centro em si mesmo. Ele é "excêntrico". Na *Sunyata*, a estrutura *pericorética* de todas as coisas é percebida[94].

Para Moltmann, Masao Abe, ao considerar a imagem do Deus cristão de acordo com a visão teísta, age de maneira incorreta, o que não provê bases para um diálogo que possa ser considerado produtivo. Para Moltmann, a interseção entre o budismo e o cristianismo pode ser vislumbrada quando Abe critica a fraqueza de sua religião em lidar com a questão da racionalidade moderna, a personalidade humana e o problema do mal. Ao fazer isso, ele traz um caráter totalmente convidativo e não apologético. Segundo Moltmann, enquanto os cristãos são fascinados com a ideia do budismo de comunidade cósmica de todas as criaturas, o budismo nos pergunta a respeito do entendimento da pessoa, uma vez que, para Moltmann, o desenvolvimento da subjetividade moderna e da racionalidade tem como base o próprio cristianismo. Assim, diante da crise ecológica, nosso teólogo pondera que as duas questões são necessárias: tanto um novo entendimento com relação à natureza como também uma nova integração entre natureza e pessoa[95].

Por último, para Moltmann, a explicação de *jinen* na realização da *Sunyata* proposta por Abe chega bem perto do entendimento cristão da graça de Deus. Contudo, esse viver pela graça e essa nova espontaneidade que surge a partir dela não é uma espontaneidade animal e instintiva, como proposta por Abe, mas, como espontaneidade da graça, é o começo da redenção, uma vez que somente na nova criação de todas as coisas tudo viverá nessa mesma espontaneidade[96].

Com isso em mente, Moltmann encerra sua participação questionando se a *Sunyata* pode ser interpretada dinamicamente sem dar atenção à unicidade de cada ocorrência e à finalidade do futuro redimido, bem como se é possível entender o fato de a *Sunyata* ter uma forma

---

94. MOLTMANN, God is Unselfish Love, 121.
95. Ibidem, 122.
96. Ibidem, 123.

dinâmica sem expandir as categorias naturalistas por meio das categorias personalistas[97].

A essas duas questões, Abe responde que não é possível, uma vez que a *Sunyata* dinâmica só pode ser percebida ao se prestar atenção na unicidade de cada ocorrência e no futuro redimido, bem como, uma vez entendendo que a *Sunyata* indica a interseção da dimensão sócio-histórica com a dimensão religiosa ou metafísica, entendê-la dinamicamente implica perceber que "a dimensão metafísica, trans-espacial, transtemporal e a dimensão personalista sócio-histórica, ainda que essencialmente diferentes umas das outras, são inseparáveis na *Sunyata* dinâmica"[98].

Nas duas participações de Moltmann, percebemos sua abertura para encontrar os pontos sobre os quais há continuidade entre o pensamento das outras duas religiões com os aspectos centrais do cristianismo. Tanto por meio da categoria do sofrimento, no caso do judaísmo, como pelas categorias da *Sunyata* e do *jinen*, do budismo, encontramos o esforço de nosso teólogo em realizar o diálogo sem perder a identidade cristã.

---

97. Ibidem, 124.
98. Abe, A Rejoinder, 176.

Capítulo 11
Contrapontos necessários

Uma vez expostas as propostas dos diversos teólogos a respeito do diálogo inter-religioso pelo viés pneumatológico, bem como a forma como Moltmann se pronuncia e faz o diálogo inter-religioso ao longo de sua teologia, parece-nos propício, agora, colocar essas perspectivas em diálogo para que se possa ter uma visão de conjunto a fim de, na sequência, podermos apresentar aquilo que enxergamos como contribuições moltmannianas para o diálogo inter-religioso a partir de sua pneumatologia de caráter hermenêutico.

Comecemos com a questão da motivação. Embora todos os teólogos que apresentamos tenham a plena consciência das transformações pelas quais o mundo passou, é interessante observar que cada um tem uma motivação diferente em relação à necessidade de abordagem da questão do diálogo inter-religioso.

Por um lado, Jacques Dupuis, preocupado em descobrir como ocorre a salvação nas outras religiões, toma por base a experiência que os não cristãos fazem de Deus para então pensar como nela se dá a ação do Espírito. Por outro, Georges Khodr e, em alguma medida, Stanley Samartha têm em mente o repensar a exclusividade do cristianismo frente a um mundo pluralizado que acaba de sair da Segunda Guerra Mundial, sendo, assim, sem sentido para o cristianismo desconsiderar o que as outras religiões têm a dizer.

Em linhas diferentes das anteriores, temos a motivação de Clark Pinnock, que, ancorado na questão do esquecimento do Espírito, busca fazer uma exploração doutrinal do Espírito, e a de Amos Yong, que, estimulado pelo impasse que as posições exclusivistas, inclusivistas e pluralistas geram, vê na abordagem pneumatológica do diálogo inter-religioso um caminho a ser percorrido no seu tempo, preocupando-se com uma pneumatologia do discernimento espiritual.

Por último, dentre os teólogos analisados, Moltmann é aquele que pensa a questão do diálogo inter-religioso pelo viés da transformação qualitativa da humanidade, que se dá quando há uma abertura para o outro. Nesse sentido, sua posição concorda com a de Georges Khodr quando este afirma que o diálogo, além de necessário, se mostra também como possível instrumento de paz no mundo contemporâneo.

Que essas motivações apresentassem aspectos diferentes já era de imaginar, visto que cada um desses teólogos vem de realidades, confissões e, em alguns casos, épocas também diferentes. No entanto, é possível perceber que o contexto e a confissão nos quais se começa a busca pela ação do Espírito nas outras religiões é o que direciona a forma como essas religiões serão vistas dentro dessas propostas dialogais.

Assim, é de esperar que Dupuis, ao tomar como base a experiência que os não cristãos têm de Deus, em seu contexto católico de 1976, apenas dez anos depois do término do Vaticano II, pergunte-se a respeito da salvação nas religiões não cristãs, enquanto Amos Yong, Pentecostal na década de 2000, se pergunte pelos critérios de discernimento que são necessários para se pensar na ação do Espírito nas outras religiões.

A mesma análise poderia ser feita se tomássemos as motivações de Georges Khodr, ortodoxo, e Jürgen Moltmann, protestante, que, como observamos, escreve sobre o diálogo inter-religioso indireto durante a sua velhice, relembrando suas experiências, e em um contexto cultural totalmente diferente de Khodr.

Ao mesmo tempo, porém, há uma convergência de motivação. Esta ocorre no interesse de tentar compreender a ação do Espírito Santo nas outras religiões e como seria possível dar uma resposta cristã ao pluralismo religioso, que é uma realidade no Ocidente desde a Idade Moderna. Assim, ao comparar as propostas, precisamos ter em mente tanto o contexto cultural, a tradição de onde se fala, quanto a motivação por detrás dos diversos textos sobre a temática.

Outro ponto que merece destaque ao compararmos as propostas dos teólogos apresentados é a relação que existe entre a experiência humana e a experiência do Espírito. Como vimos, nem Stanley Samartha nem Georges Khodr, ao abordarem a temática do diálogo inter-religioso, se preocuparam com a categoria da experiência.

Dupuis, por sua vez, pensa somente na experiência do Espírito, que é feita pelos não cristãos, sem conciliá-la com as experiências humanas, enquanto Pinnock, ancorado no pensamento de Moltmann, diz que o Espírito pode ser encontrado em toda experiência humana.

Amos Yong e Moltmann são os que se preocupam em fazer essa relação de uma forma mais abrangente, sendo Moltmann o que, a nosso ver, leva essa relação a um nível totalmente elevado, chegando a dizer que toda experiência humana é também uma experiência do Espírito.

Yong, por sua vez, ancorado em uma filosofia de cunho mais analítico, e partindo da visão pentecostal que lhe é própria, juntamente com o conceito de imaginação pneumatológica, afirma que há uma dimensão pneumatológica em cada indivíduo, que, por sua vez, sustenta a comunicação intrassubjetiva; dessa forma, todo engajamento com o outro se dá no âmbito pneumatológico, fazendo emergir uma linguagem mais neutra para o diálogo, o que, mostraria que Yong foi seduzido pela visão idealizada da filosofia analítica de querer explicar o mundo por meio da linguagem.

No que tange mais especificamente à experiência do Espírito nas outras religiões, todos admitem que ele age nelas. Contudo, tanto Dupuis como Amos Yong acreditam que a experiência do Espírito se dá ou de maneira imperfeita (Dupuis) ou de maneira não tão precisa (Yong) nas outras religiões, sendo, portanto, o cristianismo o local onde é possível ter uma experiência mais perfeita do Espírito e a Igreja, aos olhos de Dupuis, a esfera privilegiada da influência do Espírito, com o que também Clark Pinnock concorda, visto considerá-la o "baluarte da verdade".

A meu ver, o cristianismo, que assume tal postura, se mostra soberbo, visto se considerar uma religião mais perfeita que as outras. Ora, se isso ocorre, é de se suspeitar que, ao se aproximar das outras religiões, o que se tem em mente é o diálogo que visa ao crescimento, ou o pseudodiálogo que visa ao proselitismo. Da mesma forma, sugere o questionamento a respeito da própria experiência vivida pelo humano nas outras religiões. Se assumirmos que há experiências do Espírito nas outras religiões, e que essas se desenvolvem de forma imperfeita, então se assume que há experiências de Deus que são imperfeitas. Mas é possível experimentar Deus de forma imperfeita?

Não seria mais interessante para o diálogo, à luz do pensamento moltmanniano, pensar que, uma vez que toda experiência de vida é também uma experiência do Espírito que dá a vida a todo o Universo, essas experiências da presença divina que são vividas nas outras religiões seriam apenas formas diferentes de experimentar a vida de Deus?

Ao mesmo tempo, considerar a Igreja como baluarte da verdade ou esfera privilegiada, aos olhos de Moltmann, leva a pensar o Espírito como somente o Espírito da Igreja e da fé, e não o Espírito da criação de todas as coisas. Nesse sentido, podemos imaginar Moltmann, à luz de sua pneumatologia, propondo duas perguntas a Jacques Dupuis (a quem, provavelmente, parabenizaria reconhecendo sua tentativa de uma teologia das religiões pelo viés trinitário, ainda que questionando alguns pontos) e a Clark Pinnock (no qual veria traços de sua própria pneumatologia) que seriam: "Se seguirmos na direção da Igreja como esfera privilegiada ou baluarte da verdade, a comunhão do Espírito com sua criação não ficaria assim comprometida? Da mesma forma, pensar assim não se mostraria como sendo somente outro aspecto de um pensamento absolutista que acompanha a Igreja há séculos?".

Outro ponto que se torna interessante de perceber é que, dentre os seis teólogos abordados, quatro deles trabalham a questão da unidade ou da separação das economias do Filho e do Espírito e a colocam como ponto importante para se pensar a questão do diálogo inter-religioso. Dentre eles, dois separam a economia do Filho e do Espírito (Georges Khodr e Amos Yong) e dois a mantêm (Clark Pinnock e Jürgen Moltmann).

Embora a intenção daqueles que fazem a separação seja boa, uma vez que visam tentar compreender como pode o Espírito estar nas outras religiões e agir nelas, para isso, eles negociam a identidade trinitária cristã, criando, dessa forma, um problema ainda maior. Nesse ponto, a indicação de Moltmann a respeito de "trazer a si próprio com toda a verdade de sua religião" se mostra como bom critério para perceber se o que está havendo é uma tentativa honesta de diálogo inter-religioso ou somente uma tentativa de evitar o embate acerca daquilo em que se crê.

Tanto Amos Yong quanto Georges Khodr, a nosso ver, partem de interpretações erradas a respeito da doutrina cristã. Khodr, como vimos, interpreta erroneamente os princípios da teologia oriental, uma vez que, quando esta diz, com Lossky, que o Espírito é consequência do Filho, não tem em mente uma separação entre as economias, mas, sim, quer dizer que a vinda deste se deve à ascensão daquele (cf. Jo 16,7). Como mostra o próprio texto joanino, o Espírito fala de acordo com aquilo que recebe do Filho, que, por sua vez, recebe do Pai, de maneira que onde o Espírito fala, fala em nome do Filho e do Pai. Assim, Lossky seguiria essa linha de pensamento que se coaduna com a teologia oriental, o que nos leva a concluir que Khodr faz uma interpretação errônea tanto da teologia de sua tradição oriental quanto do texto de Lossky.

No caso de Yong, há duas negociações da doutrina cristã ao longo de sua tentativa de diálogo inter-religioso por meio da pneumatologia. Como vimos, a primeira se dá quando separa a economia do Filho e a do Espírito; a segunda, por sua vez, se dá quando este parte de um conceito unicista de Deus para tentar dialogar com a fé muçulmana. Fazendo isso, estaria Yong realmente tentando um diálogo inter-religioso, ou estaria tentando uma conciliação religiosa entre tradições diferentes? Será que se faz realmente necessário abrir mão dos princípios basilares da fé para dialogar? Se for assim, será esse realmente um diálogo inter-religioso ou a tentativa de uma religião universal?

Claramente, em seus textos, tanto Moltmann quanto Pinnock assumem que não deve haver separação das economias do Filho e do Pai. Como vimos anteriormente, tanto Moltmann quanto Pinnock (provavelmente, sob influência moltmanniana) assumem que o Espírito é aquele que vai além em seus efeitos. A máxima de Pinnock de que o Cristo indica particularidade enquanto o Espírito indica universalidade mostra bem a semelhança de pensamento entre esses dois teólogos.

Dessa forma, é possível perceber que essa interpretação se concilia muito melhor com as teses de Lossky dentro da tradição oriental do que aquelas interpretações propostas por Khodr em sua teologia, o que nos faz refletir sobre a grande necessidade de sermos conhecedores da nossa tradição cristã, seja para dialogar no âmbito ecumênico, seja para o diálogo com as outras religiões.

No que concerne à ação do Espírito nas outras religiões, é possível perceber desde posturas mais conservadoras, como nos casos de Jacques Dupuis, Georges Khodr e Clark Pinnock, como também posturas mais progressistas, como no caso de Stanley Samartha, Amos Yong e Jürgen Moltmann.

Do lado conservador, é clara a tônica de que o cristianismo contém a verdade de forma mais completa e que sua função no diálogo é de trazer ora uma correta interpretação acerca das ações do Espírito nessas religiões para declarar a elas a fonte da salvação, como na proposta de Dupuis, ora como sendo instrumento de salvação para as nações, como na proposta de Khodr, ou ainda utilizar a oportunidade de diálogo para falar de Cristo como Deus revelado e encarnado, como na proposta de Clark Pinnock.

Todas essas posturas, por sua vez, partem do princípio da presença do Cristo oculto nas outras religiões, de maneira que a tarefa cristã está em encontrar esse Cristo escondido ou os valores crísticos presentes nelas, para, assim, anunciar a salvação.

Desse modo, Dupuis e Pinnock concordariam facilmente que o Espírito pode até trabalhar nas outras religiões, mas que estas não são meio de graça, nem suas Escrituras são tão sagradas como as do cristianismo, sendo somente preparatórias para o cumprimento em Jesus Cristo, que se revela por meio da Igreja.

Clark Pinnock, ainda que considere a Igreja como baluarte da verdade, trabalha essa postura cristã frente às outras religiões de modo mais abrangente ao pensar o Espírito como aquele que direciona o mundo de forma mais sutil. Mesmo que também compartilhe de uma espécie de "presença de Cristo oculta", é interessante observar que, em sua proposta, todos os indivíduos e, consequentemente, também todas as religiões podem receber o dom sem saber quem é o doador.

Assim, no que concerne às outras religiões, temos a impressão de que Pinnock assume uma visão imperialista, uma vez que a Igreja é, como já foi dito, o baluarte da verdade, e, dessa forma, as outras religiões seriam, muitas vezes, ignorantes ao atribuir a um deus errado o dom da salvação que acreditam receber.

Do mesmo modo, a proposta de Pinnock no que tange ao diálogo inter-religioso pela via pneumatológica nos traz um aspecto utilitarista quando este diz que o diálogo leva à oportunidade de falar de Cristo como Deus revelado e encarnado. Embora seja verdade que o diálogo abre possibilidade para se falar a respeito do que se crer, dentro do conjunto da obra de Pinnock, essa proposta soa muito mais como tentativa proselitista, cujo diálogo seria somente uma porta de entrada para isso, do que como "a busca da verdade", como diria Moltmann.

Do lado progressista dessa questão, a posição de Samartha é de que não há fronteira para a ação do Espírito, portanto, estar em Cristo não é a única maneira de estar em Deus. Assim, ele se mostra totalmente contrário à ideia corrente de seu tempo de que o pluralismo relativizava a verdade.

Nessa linha, podemos pensar também a proposta de Yong para ação do Espírito nas outras religiões. De seu ponto de vista, todas as religiões são sustentadas pelo Espírito para propósitos divinos, portanto, não se deve distorcer o propósito em que elas acreditam, mas deve-se tratá-las com base em seus próprios termos. Como o Pentecostes mostra que o testemunho da verdade ocorre em diversas línguas, Yong propõe que se aprenda a falar as diversas línguas para traduzi-las em termos cristãos e vice-versa, o que implica olhar as religiões a partir de si mesmas, evitando, desse modo, qualquer tipo de preconceito.

Nesse ponto, embora seja extremamente interessante a proposta trazida por Amos Yong, aparentemente, ele não consegue conciliar essas diversas línguas, pois, ao negociar o princípio da Trindade, se abre mão da própria linguagem cristã para adequá-la às outras religiões. Em outras palavras, ao se preocupar em demasia em dizer as categorias cristãs nas linguagens das outras religiões, Yong se esquece daquilo que é fundamentalmente cristão, sendo esse o mesmo risco que corre, a nosso ver, em seu diálogo com a neurociência, que, até onde temos conhecimento, ainda se mostra incipiente.

Moltmann não fala explicitamente da ação do Espírito nas outras religiões, mas, à luz do que vimos sobre sua pneumatologia, é possível afirmar isso, uma vez que o Espírito, no pensamento de nosso teólogo, age em toda a Terra, o que, consequentemente, leva-nos a concluir que também age nas outras religiões. Do contrário, a primeira afirmação não seria verdadeira. Se esse Espírito (que é o mesmo Espírito de Cristo) age nas outras religiões, então, como pensar a relação do cristianismo com essas religiões? Como mencionamos anteriormente, Moltmann pensará o cristianismo como catalisador crítico, ou seja, aquele que promove uma "contaminação indireta" das outras religiões com ideias cristãs, sem, contudo, associar "ideias cristãs" com ideias ocidentais.

Nesse sentido, podemos dizer que o diálogo, para Moltmann, ao mesmo tempo que faz as outras religiões pensarem sobre si, faz também o cristianismo repensar a si mesmo e a sua postura, tanto em relação às outras religiões quanto em relação ao mundo, reconhecendo, assim, sua incompletude e a necessidade de comunhão com elas.

Dessa forma, o diálogo, no pensamento moltmanniano, faz parte também da história de Deus, direcionando-a para o Reino que há de vir. Nesse ponto, embora possa haver críticas a respeito do direcionamento que Moltmann faz das outras religiões para o Reino de Deus, afirmando que essa categoria não existe nelas e, assim, direcionando todas ao Reino de Deus, isso seria também uma forma de absolutismo; a meu ver, se mostra como fruto de uma leitura parcial da proposta de Moltmann no que tange à questão do diálogo inter-religioso.

Como vimos neste livro, o diálogo na perspectiva moltmanniana serve para o enriquecimento mútuo e parte do pressuposto de que o cristianismo se vê não como detentor da verdade, mas, sim, como incompleto, e que, nesse sentido, por meio do diálogo, também é possível conhecer e enriquecer a si mesmo. Ora, por si só, essa postura já se mostra totalmente contrária a uma postura absolutista e fechada em si.

Assim, quando Moltmann fala do direcionamento de todas as religiões para o Reino que há de vir, ele se baseia em toda a sua teologia, desenvolvida ao longo de sua vida, que diz respeito à criação que acontece na história de Deus, e que, por meio Dele, é direcionada ao seu futuro, que é a nova criação de todas as coisas. Nesse sentido, pensar que as religiões também são direcionadas para o Reino de Deus, uma vez que tudo começa e termina Nele, não se mostra absolutista, mas, sim, coerente com sua teologia.

Como último contraponto entre os teólogos que estudamos, abordamos a questão do discernimento. Que o Espírito aja nas outras religiões, como foi mostrado, é um ponto com o qual todos os teólogos analisados concordam, independentemente de sua tradição teológica. Contudo, para o cristianismo, pensar a questão da ação do Espírito implica também pensar na não ação do Espírito e em como identificar se determinada ação é ou não uma ação que procede do Espírito de Deus. Nesse sentido, a categoria do discernimento do espírito se faz imprescindível ao se abordar a temática do diálogo inter-religioso pela perspectiva cristã.

Jacques Dupuis e Georges Khodr, claramente, pensam assim quando abordam o diálogo inter-religioso por meio da pneumatologia em seus trabalhos. Afinal, uma vez que querem perceber como ocorre a ação salvadora do Espírito nas outras religiões, na verdade, estão tentando discernir onde está o Espírito nessas religiões.

No caso desses dois teólogos, não é difícil para nós identificar que o critério de discernimento, caso fosse explicitado, se daria por intermédio da Igreja e de seus dogmas. Uma vez que esta é responsável por levar as outras religiões ao pleno conhecimento da verdade e ensiná-las o real sentido daquilo que fazem, então, tudo aquilo que se adequa a ela provém de Deus em sua perfeição, e tudo o que não se adequa, então, está em seu estado imperfeito.

Talvez por isso seja facilmente dedutível o motivo de os dois teólogos não abordarem a questão do discernimento do Espírito de uma maneira explícita em seus textos. De certa forma, esse critério se mostra muito facilmente verificável, sendo também um critério totalmente visível e facilmente aplicado, ainda que possa trazer diversos males, frutos de posturas absolutistas, como em um passado não tão distante.

No entanto, em todo caso, os que seguem na linha de Dupuis e Khodr têm diante de si critérios já bem estabelecidos; alguns até mesmo documentados. O problema é que, diante desses critérios, as respostas às novas questões correm o risco de se tornar meramente dogmáticas e não propriamente teológicas, o que implica a morte de vários elementos por conta da dureza da interpretação da letra, como acontece em diversos lugares

Parece claro que esse critério de discernimento não fomenta o diálogo e, uma vez que as tentativas de diálogo de Dupuis e Khodr pela via pneumatológica, em última análise, não parecem tentativas dialógicas, mas um proselitismo *light*, o critério de discernimento adotado é coerente com a proposta deles.

Por outro lado, Stanley Samartha, partindo do pressuposto que o pluralismo religioso não relativiza a verdade, é capaz de propor um critério de discernimento que tem seu caráter objetivo e seu caráter subjetivo. Do lado objetivo, esse critério se funda nas ações éticas, ou também nos chamados frutos do Espírito, e, do lado subjetivo, tem a ver com a marca da interioridade que não precisa de provas. Essa marca da interioridade, que, como vimos, é também marca do Espírito, pode ser identificada, para Samartha, ao se trazer novos relacionamentos e novas comunidades, destruir as velhas e opressivas estruturas da vida, fazendo emergir uma nova vida, que tenha força para lutar contra as injustiças do mundo.

Esses dois critérios, por sua vez, não devem ser tomados isoladamente. Avaliar apenas o compromisso ético sem a marca da interioridade é algo com que Samartha não concordaria. À luz do pensamento de Moltmann, também não podemos concordar que se tenha somente o critério ético, uma vez que nem todo fruto ético pode ser considerado fruto do Espírito. Isso é facilmente verificado tomando-se um ato eticamente correto que não é feito em amor. Nesse sentido, embora o ato seja eticamente louvável, interiormente ele se torna digno de total descrédito. Nisso, é preciso lembrar que nem sempre os atos misericordiosos são virtuosos por si só.

Assim, o critério de discernimento proposto por Samartha torna-se um critério interessante. Ainda que seja possível perceber, em seu lado subjetivo, um critério de forte caráter social, esse lado considera somente as estruturas de vida em sua relação humana, desconsiderando totalmente a vida da própria natureza.

Nesse ponto, a teologia de Moltmann vem em grande auxílio, complementando, assim, esse critério de discernimento. Além das ações éticas e da promoção de vida social nas diversas estruturas da vida que deduzimos da proposta de Samartha, a vida da natureza precisa ser considerada e, desse modo, a promoção da vida individual, da comunidade e da natureza deve ser, à luz do pensamento moltmanniano, um complemento para o critério de discernimento proposto por Samartha.

Essa característica não torna o discernimento da ação do Espírito palpável como o são os critérios deduzidos das propostas de Dupuis e Khodr, no entanto, abre novo leque para o diálogo inter-religioso por meio da pneumatologia.

Quanto à proposta de Clark Pinnock, a nosso ver, ele não propõe nada novo, somente concilia aquilo que Samartha e Moltmann já disseram a respeito dessa temática. De Samartha, ele toma o critério dos frutos do Espírito, e de Moltmann, o critério do seguimento de Jesus Cristo. Nesse sentido, não traz nada de novo ao debate, mas revela as influências que recebeu dos que lhe antecederam.

Amos Yong, por sua vez, como mostramos, foi o que mais se preocupou em abordar os critérios de discernimento para o diálogo pneumatológico das religiões, ainda que não tenha desenvolvido esses critérios de forma detalhada. Sua maior preocupação, que pode ser percebida em seus textos, é com a questão do demoníaco, que ele define como a ausência de Deus. Assim, discernir os espíritos nas outras religiões tem a ver com identificar a presença de Deus ou do demoníaco nelas.

Para ele, o mundo é imerso no pecado e, dessa forma, a completa manifestação da Palavra e do Espírito se mostra distorcida e emudecida, uma vez que esse pecado faz com que o mundo somente reflita a Palavra e o Espírito em algum grau, mas nunca de forma perfeita. Com isso, o que se propõe é uma hierarquização das manifestações do Espírito, da Palavra e do próprio demoníaco.

À luz do pensamento de Moltmann, é possível fazer algumas perguntas a Yong a respeito da força do pecado frente ao Espírito da vida. Será que o pecado do mundo é tão forte a ponto de ser capaz de distorcer e até emudecer a manifestação da Palavra e do Espírito? A ação do Espírito estaria condicionada a essa postura humana, fruto do pecado? Como fica a manifestação do Espírito na natureza? Ela deve ser desconsiderada, uma vez que, pelo fato de a natureza não ser dotada de liberdade e vontade, não tem opção senão continuar sofrendo as consequências do pecado do mundo? Ora, se o pecado gera a morte e esse pecado emudece e distorce a manifestação de Deus, a morte é mais poderosa do que o Espírito que dá a vida a toda criação?

Capítulo 12
Possíveis contribuições de Moltmann para o diálogo inter-religioso atual

Com tudo o que vimos ao longo deste livro, acredito que seja possível elencar algumas contribuições que a pneumatologia de Moltmann possa trazer para o diálogo inter-religioso atual. Consideremos três contribuições.

1 — Trata-se de uma pneumatologia trinitária. Pelo que vimos, os autores que se debruçaram sobre a tentativa de fazer um diálogo inter-religioso por meio da pneumatologia não deram muita atenção à questão trinitária, o que nos leva a uma pneumatologia que, ainda que muitas vezes atenda a algumas demandas no diálogo inter-religioso, perde sua identidade como cristã.

A negação do *Filioque* que é considerada por todos os autores que iniciaram o debate seguiu por uma linha perigosa ao considerar somente a teoria das duas mãos do Pai, que foi proposta por Irineu ainda no início da era cristã. Levada às últimas consequências pelos teólogos que estudamos, passa a ideia de que, enquanto uma mão está trabalhando, a outra está dentro do bolso, sem saber absolutamente nada e sem se envolver em nada que a outra mão faz.

Contudo, isso nos leva a uma pneumatologia sem Cristo e, consequentemente, a uma pneumatologia não cristã. Nesse ponto, a pneumatologia proposta por Moltmann, a meu ver, corrige essa posição tanto por meio de sua formulação da questão do *Filioque*, que descarta uma pneumatologia desvencilhada da pessoa do Filho, uma vez que o Espírito é o Espírito do Pai do Filho e está em mútua relação com ambos, em coigualdade de importância na vida trinitária, quanto se mantém firme à identidade cristã necessária para um diálogo inter-religioso honesto.

Nesse sentido, a pneumatologia de Moltmann, que só pode ser entendida em seu ambiente trinitário, se mostra como uma importante lente, caso queiramos, de forma cristã, dialogar com as outras religiões, e, ao mesmo tempo, já antecipa aquilo que Kärkkäinen mostrou em 2014, ou seja, que as diversas tentativas de um diálogo inter-religioso por meio da pneumatologia,

> deixadas por si mesmas, não são capazes de entregar as promessas ligadas a elas como abertura, tolerância e diálogo genuíno. Assim, uma estrutura mais coerente está para ser encontrada no esforço de relacionar a confissão trinitária da fé cristã para outra fé viva em uma genuína e autêntica abordagem trinitária[1].

2 — Trata-se de uma pneumatologia "encarnada". Como mostramos, a pneumatologia de Moltmann não deve nunca ser pensada em sua forma meramente abstrata. Ela é uma pneumatologia totalmente comprometida com a vivência e a experiência humana. Assim, não se trata de uma pneumatologia que seja alheia à vida, ou de um Espírito que seja visto como um fantasma que paira pelo mundo. Muito pelo contrário, há o envolvimento do Espírito com o mundo e com a vivência da humanidade, de modo que toda experiência mundana seja também uma experiência do próprio Deus.

Ao termos em mente que toda a experiência humana é também uma experiência do próprio Deus, então os eventos do mundo e os eventos da natureza não podem ser considerados alheios a esse Deus. Esse Espírito, então, age no mundo de formas efetivas, trazendo paz, libertação, conforto, comunhão, e quebrando os ciclos demoníacos e de morte que se encontram em nossa sociedade. Como esse Espírito não é outro senão o Espírito de Cristo, sua obra no mundo é antecipação daquilo que aconteceu com o próprio Jesus em sua ressurreição, ou seja, vida que nasce da morte.

Como podemos perceber, a pneumatologia de Moltmann é uma pneumatologia totalmente envolvida com o mundo. Assim, assumi-la é afirmar que o Espírito que dá e promove a vida nos leva também a considerar que esse mesmo Espírito é aquele que nos guia na busca de soluções comuns para as ameaças que nosso mundo vive atualmente. Nesse sentido, vemos

---

1. KÄRKKÄINEN, VELI-MATTI. *Trinity and Revelation*, Michigan, Eerdmans, 2014, 340-341.

aquilo que Moltmann denominou como o diálogo indireto entre as religiões, como consequência de assumirmos uma pneumatologia ligada à vida e preocupada com ela.

Perceber o Espírito de Deus em cada experiência humana, a nosso ver, também abre as portas para que possamos dialogar com as outras religiões. Se partirmos do pressuposto de que o Espírito de Deus é a fonte de vida, então, ali onde as formas de vida são afirmadas e incentivadas, de forma que solidifiquem sua dignidade, ali também está a ação do Espírito de Deus, independentemente de qual seja o povo, a cultura e a religião. Assim, podemos dizer que também se trata de uma pneumatologia de abertura.

Levar isso às últimas consequências nos faz, enquanto cristãos, abrir mão de toda e qualquer forma de imperialismo em nossa evangelização, bem como nos convida a nos esvaziar de todo e qualquer preconceito em relação às outras religiões e culturas. Uma pneumatologia que tem a ver com a vida nos convida à humildade, por reconhecermos que, assim como as experiências de vida são diversas, também o são as experiências que se fazem do Espírito de Deus.

Ao fazer isso, a nosso ver, aceitamos o amor de Deus enquanto amor livre e não exclusivo, amor que visa à comunhão em torno da afirmação da vida humana, dos animais e da própria natureza.

3 — Lança uma nova luz com relação à questão do discernimento dos espíritos. Embora seja, como mostramos, muito simples o critério de discernimento dos espíritos proposto por Moltmann, a nosso ver, esse critério nos convida a repensar a forma como vemos os diversos espíritos que agem na sociedade, seja culturalmente, seja religiosamente.

Vimos que esse critério se baseia na cruz de Cristo. Aquilo que permanece após passar pelo crivo da cruz de Cristo vem do Espírito de Deus, e aquilo que não permanece não pode vir Dele. Nesse ponto, novamente reforçamos o caráter trinitário que Moltmann enfatiza ao falar a respeito do Espírito. Esse Espírito está totalmente ligado à cruz e ao amor que se entrega em benefício dos outros e é percebido na pessoa de Jesus Cristo.

Permanecer ao crivo da cruz tem a característica de que esta é colocada como parâmetro para qualquer "medida" a respeito dos espíritos. Diante daquilo que vemos na cruz de Cristo, ou seja, um amor autossacrificial, que se esvazia de si mesmo em prol dos outros e que não busca os seus próprios interesses, todo e qualquer espírito deve ser discernido.

Devemos lembrar que falamos a partir de uma doutrina cristã do discernimento dos espíritos, e, nesse sentido, todo e qualquer discernimento deve partir de uma premissa cristã. Isso não quer dizer que se coloca o cristianismo como o melhor critério para o discernimento, mas que, em um diálogo com as outras religiões, se quisermos manter nossa identidade, precisaremos apresentar de forma cristã esses critérios.

Como a própria cruz, como vimos, é também um evento trinitário, pensar na cruz é também pensar no Espírito. Com isso, podemos falar sobre o Espírito que está presente na cruz e na ressurreição de Cristo e, dessa forma, falar sobre o Espírito que faz a vida vencer a morte. Assim, a pneumatologia de Moltmann pode ser usada como corolário do critério da cruz, de forma que possamos dizer que todo espírito que resiste à vida que nasce a partir do Espírito que se manifesta na cruz não provém do próprio Deus.

A consequência disso para o diálogo inter-religioso, a meu ver, se mostra bastante clara. Onde a vida é afirmada em todas as suas formas, seja humana, seja animal, seja a da natureza, ali se faz presente o Espírito de Deus. Nesse sentido, ao dialogarmos de forma cristã, temos de procurar o que nas outras religiões promove a vida para podermos identificar a ação ou não do Espírito de Deus. Coerentemente com o pensamento de Moltmann, em que os demônios são definidos como "forças pessoais de destruição", podemos dizer que todo espírito que vai contra essas forças provém do Espírito de Deus.

A nosso ver, isso também abre um leque para o diálogo inter-religioso, uma vez que afasta do cristianismo toda ideia de que conosco se encontra a religião santa e pura enquanto nas outras impera o reino das trevas e as ações demoníacas. Muito pelo contrário, considerar os demônios como forças pessoais de destruição nos leva a uma ação de discernimento constante a fim de distinguirmos as ações demoníacas em todas as religiões, inclusive no próprio cristianismo.

Nesse sentido, o critério da promoção da vida e sua afirmação em todos os seus modos de existência, ao mesmo tempo em que corrige as visões quase animistas de alguns segmentos pentecostais, também traz melhor compreensão acerca da cruz como critério de discernimento, como proposto por Moltmann.

Que diremos, pois, à vista dessas coisas?

Ao final deste estudo, é possível perceber que ainda se tem um longo caminho a se seguir no campo do diálogo inter-religioso caso se queira construir uma ponte de acesso mútuo entre o cristianismo e as outras religiões.

Essa ponte, embora tenha sua construção iniciada pelas mãos de diversos teólogos que vieram antes de nós, precisa ainda ser restaurada e ampliada em alguns pontos, para que sejam evitados possíveis desabamentos.

Como todo processo de reparação e ampliação, para que seja executado, é preciso fazer um estudo cuidadoso de todas as variáveis envolvidas e avaliar quanto tempo e esforço serão necessários para tal empreendimento. Este livro é, então, um resultado desse esforço e, a meu ver, deve ser considerado mais um tijolo que se soma aos outros tijolos colocados por teólogos bem mais hábeis que eu.

Com relação à minha pesquisa, ressalto a grande importância que uma pneumatologia hermenêutica tem para a contemporaneidade e, mais especificamente, para o diálogo inter-religioso atual. Reconhecer a ação do Espírito em sua ação no mundo e nas outras religiões é uma tarefa importante no universo plural em que vivemos, e é tarefa da teologia abrir o leque de possibilidades para essa identificação. Ao mesmo tempo, essa pneumatologia deve sair de um discurso meramente metafísico para ser um discurso que faça sentido a homens e mulheres de nosso tempo, e essa é a importância de uma pneumatologia que carrega esse adjetivo.

Uma pneumatologia que diz algo ao nosso tempo fortalece o discurso teológico e cria pontes onde antes não havia. Desse modo, fazer pneumatologia hermenêutica indica uma abertura da própria teologia, que se deixa interpelar pelas questões da sociedade atual, ao mesmo tempo que também apresenta sua própria leitura para a sociedade na qual está inserida. Nesse sentido, não é mais uma pneumatologia meramente distante, que trata somente das questões "espirituais", uma vez que tenta cada vez mais se mostrar como uma pneumatologia encarnada que fale e se ressignifique de acordo com as situações concretas da vida.

Como vimos aqui, a pneumatologia de Moltmann cumpre esse papel, uma vez que toda ela é marcada tanto por uma forte base teológica como também pelas marcas das experiências pessoais de cada indivíduo. Além disso, a pneumatologia de Moltmann também abarca o tema da natureza, colocando o Espírito em estreita ligação com a Criação, o que abre um excelente caminho para se pensar uma pneumatologia capaz de dialogar com as outras religiões e aberta a reconhecer a ação do Espírito nelas.

No que tange ao diálogo inter-religioso por meio da pneumatologia, é possível perceber que, embora grande amadurecimento tenha sido dado à questão na teologia atual, diversos autores que abordam a temática pelo viés pneumatológico partem de uma postura pouco humilde com relação à questão das outras religiões. Vários, como foi possível observar nesse nosso trabalho, têm em mente que o cristianismo é a religião por excelência e que as outras são somente estágios para a verdade última que só se encontra na proposta cristã.

Alguns deles, como também foi possível perceber, tendem a uma postura triunfalista na qual as outras religiões só estariam completas quando fossem instruídas pelo cristianismo a respeito daquilo que elas creem. Dessa forma, o cristianismo seria, ao mesmo tempo, tanto o caminho quanto a chegada do percurso pelo qual toda religião deveria passar para se tornar completa.

Mas nos perguntamos: assumir esse tipo de postura não implica pregar o fim de todas as outras religiões? Nessa linha de raciocínio, se todas as religiões são vistas apenas como estágios que encontram na proposta cristã seu ápice e seu fim, e, ao mesmo tempo, o cristianismo seria responsável por ensiná-las e melhorá-las até chegar a esse ápice, nessa chegada não se extinguiriam todas as religiões, sobrando somente a religião cristã?

Diante desse discurso que se apresentou entre quatro dos seis teólogos que vimos, questiono o que levaria a tal postura. Seria algum tipo de medo de perder a própria identidade e, para evitar isso, afirma-se o cristianismo como superior e fim para o qual todas as outras religiões tenderiam? Não haveria a grande ênfase dada na afirmação da "superioridade" do cristianismo por parte da maioria dos teólogos analisados nessa ideia?

Se assim for, este livro mostra que a tentativa de diálogo inter-religioso por meio da pneumatologia serviu para revelar que o cristianismo ainda tem grandes questões para resolver consigo mesmo, para, por meio disso, poder se apresentar como realmente aberto para o diálogo com as outras religiões, sem, com isso, negociar sua identidade. Nesse aspecto, a proposta de Moltmann que desenvolvemos e que visa à "maturidade na fé" para a "dignidade" para o diálogo vem em auxílio para se trabalhar essas questões.

Não desconsidero o risco de perder a identidade cristã quando se entra em um diálogo. Muitas vezes, na ânsia de chegar a um acordo, negociam-se termos inegociáveis, como foi possível perceber nas propostas de separação das economias do Filho e do Espírito presentes em Amos Yong e Georges Khodr, bem como na tentativa de Yong de dialogar com o islamismo ao assumir a posição unicista. Em ambos os casos, o dogma trinitário, parte da identidade cristã, é negociado. Isso mostra que caminhar no terreno do diálogo inter-religioso é sempre um caminho perigoso e que cada passo deve ser dado cuidadosamente.

Nessa questão, como vimos, a pneumatologia de Moltmann é de grande auxílio, uma vez que mantém o seu caráter trinitário, não desassociando a pessoa do Espírito da pessoa do Cristo e da pessoa do Pai. Antes, sua pneumatologia ressalta a *pericoresis* na qual todos estão em relação. Com isso em mente, a pneumatologia moltmanniana ajuda a corrigir alguns deslizes cometidos por alguns dos teólogos que vimos.

Consideramos de grande valia a ênfase que Moltmann dá no aspecto maternal do Espírito como gerador da vida. Essa imagem do Espírito, baseada na pneumatologia sírio-armênia, a nosso ver, torna-se uma imagem mais favorável para trabalhar a questão do diálogo inter-religioso do que a proposta de Irineu das duas mãos do Pai, que constantemente é usada para abordar a ação do Espírito nas outras religiões, uma vez que com ela se evita a separação das economias, como se fossem mãos que agem de maneiras independentes. Pensar o aspecto maternal do Espírito, ao mesmo tempo que o tira de uma visão meramente patriarcal, dando espaço para o feminino nas relações trinitárias, também coopera fortemente para o diálogo com as religiões que têm como base a mãe Terra, tais como as indígenas.

Outro ponto que consideramos interessante é que todos os teólogos que abordamos acreditam que o cristianismo deve ter uma postura humilde em relação às outras religiões. Contudo, aparentemente, vários deles não conseguem lidar com as exigências que essa humildade proposta gera, a saber, de que à *kenosis* do Espírito deve responder a *kenosis* do próprio cristianismo. Admitir isso não implicaria, então, abrir mão de todas as suas pretensões de ser a religião por excelência, tendo a Igreja como baluarte da verdade? Também não quer dizer que assumir a postura humilde frente às outras religiões traz como consequência que o cristianismo as veja como iguais e se preocupe em aprender suas diversas formas de ver e explicar o mundo para, por meio delas, também se tornar um cristianismo melhor?

Que isso seja uma tarefa difícil, não tenho dúvida. Até mesmo em virtude da própria história que temos como religião hegemônica no Ocidente. Humildade implica abrir mão das posições de poder e do lugar junto aos poderosos para se colocar ao lado dos marginalizados e dos esquecidos. Em outras palavras, torna-se necessário que o catolicismo romano e ortodoxo, bem como o protestantismo, em suas diversas vertentes, assumam o autoesvaziamento proposto na doutrina cristã para caminhar junto aos pobres e aos discriminados, o que tem como consequência se colocar também ao lado das religiões perseguidas, sofrendo com elas.

Se partirmos de uma pneumatologia hermenêutica, ou seja, de uma pneumatologia que transmita e faça sentido às pessoas de nosso tempo, como a que neste estudo percebemos ser proposta por Moltmann, veremos que é necessário que ouçamos as demandas atuais para não correr o risco de darmos respostas para as quais não houve perguntas. Isso implica tentar compreender com o coração humilde como as outras religiões nos veem e que perguntas nos fazem, e ao mesmo tempo tentar compreender o que elas falam daquilo que nós cristãos denominamos Espírito, no intuito de aprender e aprofundar o conhecimento que temos a respeito Dele, vendo até mesmo, nas outras religiões, pontos em comum e traços do mesmo Espírito, numa espécie de ponte de livre acesso para que o diálogo inter-religioso ocorra.

Isso, ao contrário do que alguns podem pensar, não leva a uma "religião universal" ou a uma espécie de nominalismo proposto por uma corrente pluralista, mas, sim, ressalta as identidades de cada religião que entra nesse diálogo com a disposição de ensinar, aprender e conviver em paz uma com as outras.

Da mesma forma, partir da premissa de que o Espírito age em toda a criação implica pensar que esse mesmo Espírito também age nos lugares mais inóspitos do planeta, como já disse Pinnock. Por sua vez, isso deve nos levar a perceber que é muito pretensioso tentar encerrar a ação do Espírito de Deus dentro de um conjunto de normas predefinidas, ou pensar que podemos, de alguma forma, definir critérios certos e inerrantes para o discernimento de Sua ação.

Caso se pretenda levar a sério a premissa de uma postura humilde, então será necessário entendermos que todos os critérios de discernimento propostos são somente um tatear para a identificação da ação do Espírito. Claramente, isso não quer dizer que não se deva propor esses critérios. Isso se mostra um ponto muito importante para estabelecer o diálogo e identificar os pontos concordantes e discordantes quando este ocorre. Contudo, por melhores que estes sejam, assumir a postura de um cristianismo humilde leva a assumir que somente tateamos esses critérios de discernimento.

Ao visualizar esses critérios como tentativas tateantes, vemos que, com base na pneumatologia moltmanniana, é possível propor um novo critério para o discernimento da ação do Espírito nas outras religiões, que é o da promoção da vida em sua integralidade.

Ainda que Pinnock, a meu ver, influenciado pelo pensamento moltmanniano, afirme que ali onde há transformação da vida e abertura para a pessoa de Jesus e seus ideais está o Espírito, e Samartha fale sobre os critérios éticos a serem observados para se discernir a ação do Espírito de Deus, ambos falam a respeito das relações interpessoais e desconsideram a relação com o mundo natural. Assim, a natureza é totalmente desconsiderada nos critérios de discernimento desenvolvidos por todos os teólogos que analisamos. O próprio Moltmann, ao tratar dos critérios de discernimento, também não apresenta a vida da natureza, restringindo-se somente a dizer que "aquilo que passa pelo crivo de Cristo" deve ser considerado pelo Espírito. Ao inserir esse critério e ao trazermos a pneumatologia de Moltmann para o diálogo inter-religioso, ampliamos suas reflexões e mostramos a atualidade de seu pensamento para o cristianismo atual.

Como consequência de afirmar que a pneumatologia de Moltmann pode ser usada como aporte para o diálogo inter-religioso, devemos pensar a integralidade da vida em todos os seus aspectos, inclusive a vida da natureza, como critério para o discernimento do Espírito nas outras religiões, de maneira que seja possível dizer que onde a vida humana e a vida da natureza são afirmadas em todas as suas formas está a ação e a presença do Espírito. Portanto, em toda e qualquer religião onde a morte é afirmada não pode haver o Espírito que dá a vida.

Esse pequeno degrau construído abre uma grande porta para o diálogo com as religiões de matrizes indígenas e africanas, para as quais a natureza tem um papel fundamental em sua forma de crer e se relacionar com o divino. Se partimos do princípio de que o Espírito age em toda a Criação e também age nas religiões, uma vez que nada está fora do seu alcance, veremos então que o cristianismo é instigado a propor o diálogo com as religiões sem "doutrinas" e sem "escrituras".

Com o advento da Modernidade, o cristianismo incorporou uma visão da natureza enquanto mero utensílio para a humanidade, de maneira que a destruir não era visto como problema, uma vez que ela estava ali para ser "dominada" pelos humanos. Como consequência, assistimos hoje a uma crise ambiental enorme com secas, fomes, variações climáticas drásticas, derretimento das calotas polares etc.

Ainda que esse tipo de visão caminhe para uma mudança em diversos setores do cristianismo, a vida da natureza nunca foi vista como algo que devesse ser trazido para as questões daquilo que foi denominado por Moltmann como diálogo inter-religioso direto. Ao colocarmos a vida da natureza como critério de discernimento da ação do Espírito nas outras religiões, além de abrirmos pontes para o diálogo com religiões indígenas e africanas, também damos à natureza um *status* de igualdade com as questões éticas comumente abordadas ao se tratar de critérios de discernimento para o diálogo inter-religioso.

Da mesma forma, abrimos perspectivas, dentro de um pensamento decolonial, para ouvir e aprender com a pluralidade dos saberes encontrados nas outras religiões, principalmente aquelas que não receberam influências das epistemologias europeias. Isso, sem dúvida, pode levar o estudo pneumatológico a uma nova forma de pensar que esteja mais conectada com o cosmos e que nasce a partir de baixo, como diz Victor Codina.

Com tudo isso em mente, à luz da pneumatologia de Moltmann, que mostramos ser uma pneumatologia hermenêutica, e visando ao diálogo inter-religioso por meio da pneumatologia, podemos dizer que o cristianismo é chamado a uma verdadeira *kenosis*, o que implica se colocar não mais como uma religião para a qual todas as outras tendem, mas, sim, como aquela que está disposta a compreender as categorias das outras religiões e aprender com elas para o amadurecimento mútuo, tendo, assim, um papel importante na construção de uma ponte que ligue as diversas religiões mundiais e reconhecendo a categoria do diálogo como algo que é próprio da Trindade, em seu caráter pericorético. Desse modo, podemos dizer que o diálogo faz parte da própria Trindade e que, por esse motivo, faz parte da própria essência do cristianismo, sendo, portanto, sua tarefa no mundo contemporâneo. Da mesma forma, implica assumir a vida integral (humana e da natureza) como critério de discernimento, o que leva a uma postura mais respeitosa e de abertura para o diálogo com as religiões orientais e de matrizes indígenas e africanas, que pode cooperar muito para que o cristianismo se torne mais consciente de sua identidade, que, de acordo com a doutrina trinitária, implica uma abertura ao outro.

Referências bibliográficas

Abe, Masao. Kenotic God and Dynamic Sunyata. In: Cobb, John B.; Ives, Christopher (ed.). *The Emptying God: A Buddhist-Jewish-Christian Conversation*. Faith Meet Faith Series. New York: Orbis Books, 1990, 3-65.

_____. A Rejoinder. In: Cobb, John B.; Ives, Christopher (ed.). *The Emptying God: A Buddhist-Jewish-Christian Conversation*. Faith Meet Faith Series. New York: Orbis Books, 1990, 161-204.

Amaral, Maria Nazaré de Camargo Pacheco. Dilthey: Conceito de vivências e os limites de compreensão nas ciências do Espírito. In: *Trans/Form/Ação*, Revista de Filosofia, Unesp, Marília, v. 27, n. 2, 2004, 51-73.

Aristóteles. *Metafísica*. Porto Alegre: Globo, 1969.

Austin, J.L. *Quando dizer é fazer: Palavras e ação*. Porto Alegre: Artes Médicas, 1990.

Barbiero, Daniel. Tacit Knowledge. In: *Dictionary of Philosophy of Mind*. Disponível em: <https://sites.google.com/site/minddict/knowledge-tacit>. Acesso em: 3 out. 2016.

Barth, Karl. *Autobiografia critica*. (1928-1958). Vicenza: La Locusta, (1979).

_____. *Church Dogmatics*. Edingburg: T&T Clark, 1958.

_____. *Dogmatique: La doctrine de la parole de Dieu: prolégomènes à la Dogmatique*. Tomo II/1. Genève: Éditions Labor et Fides, 1955.

Bauckham, Richard. *The Theology of Jürgen Moltmann*. Edinburg: T&T Clark, 1995.

Bíblia — Tradução Ecumênica (TEB). A.T. *Sabedoria*. 13. ed. São Paulo: Loyola, 2012.

Bledsoe, David Allen. *Movimento neopentecostal brasileiro: Um estudo de caso*. São Paulo: Hagnos, 2012.

Boff, Leonardo. *Como fazer teologia da libertação*. 2. ed. Petrópolis: Vozes, 1986.

Bultmann, Rudolf. *Crer e compreender: Artigos selecionados*. São Leopoldo: Sinodal, 1986.

_____. *Desmitologização*. São Leopoldo: Sinodal, 1999.

_____. *Jesus Cristo e mitologia*. ed. Local: editora, 2003.

_____. *Teologia do Novo Testamento*. São Paulo: Teológica, 2004.

_____. *Theology of the New Testament 1*. London: SCM Press, 1968.

Burns, Lanier. Moltmann´s Theological Anthropology. In: Chung, Sung Wook (ed.). *Jürgen Moltmann and Evangelical Theology: a Critical Engagement*. Oregon: Pickwick, 2012, 69-103.

Calvino, João. *A instituição da religião cristã*. Tomo I. São Paulo: Unesp, 2009.

_____. *A instituição da religião cristã*. Tomo II. São Paulo: Unesp, 2009.

_____. *A instituição da religião cristã*. Tomo III (25,1). São Paulo: Unesp, 2009.

Cannon, William Ragsdale. *The Theology of John Wesley: With Special Reference to the Doctrine of Justification*. New York: Abingdon-Coresbury, 1946.

Cesar, Constança Marcondes. A ontologia hermenêutica de Paul Ricoeur. In: _____. *A hermenêutica francesa: Paul Ricoeur*. Coleção Filosofia, 140. Porto Alegre: EdiPUC-RS, 2002, 43-55.

Cesareia, Basílio. *Tratado sobre o Espírito Santo*. Patrística, 14. São Paulo: Paulus, 2014.

Chan. Simon K.H. An Asian Review. In: *Journal of Pentecostal Theology*, Cleveland, v. 2, n. 4, 1994, 35-40.

Cobb, John B.; Ives, Christopher (ed.). *The Emptying God: a Buddhist-Jewish-Christian Conversation*. Faith Meet Faith Series. New York: Orbis Books, 1990.

Collins, Kenneth J. *The Theology of John Wesley: Holy Love and the Shape of Grace*. Nashville: Abingdon Press, 2007.

Congar, Yves. *Creio no Espírito Santo: Revelação e Experiência do Espírito*. 2. ed. V.1. São Paulo: Paulinas, 2009.

_____. *Creio no Espírito Santo: Ele é o Senhor e dá a vida*. 2. ed. V.2. São Paulo: Paulinas, 2009.

_____. *Creio no Espírito Santo: O Rio da vida (Ap 22,1) corre no Oriente e no Ocidente*. 2. ed. V.3, São Paulo: Paulinas, 2009.

Costa Júnior, Josias. Espírito e natureza na teologia de Jürgen Moltmann. In: *Caminhando*, São Paulo, v. 13, n. 22, 80-84, jul.-dez. 2008.

Crites, Stephen. The Narrative Quality of Experience. In: *Journal of the American Academy of Religion*, Oxford, v. 39, n. 3, sept. 1971, 291-311.

Declaração teológica de Barmem. Disponível em: <http://www.luteranos.com.br/textos/a-declaracao-teologica-de-barmen>. Acesso em: 11 out. 2016.

Descartes, René. *Meditações*. Coleção Os Pensadores. 2. ed. São Paulo: Abril Cultural, 1979.

DILTHEY, Wilhelm. *Gesammelte Schriften*. Leipzig: Teubner, 1914-1931.

DIRSCHERL, Erwin. *Der Heilige Geist und das menschlich Bewußtsein: Eine theologie-geschichtlich-systematiche Untersuchung*. Würzburg: Echter, 1988.

DOHM, Terry. The Key to Dialogue and Peaceful Co-Existence. In: KONING, Andrea (ed.). *Glaube und Denken Mission, Dialogue and Peaceful Co-Existence: Living Together in a Multireligious and Secular Society: Situation, Initiatives and Prospects for the Future*. Frankfurt: Peter Lang, 2010, 69-76.

DUNN, James. *Jesus y El Espíritu*. Salamanca: Secretariado Trinitário, 1981.

DUPUIS, Jacques. *Jesus-Christ a la reencontre des religions*. Paris: Desclé, 1989.

_____. *Rumo a uma teologia cristã do pluralismo religioso*. São Paulo: Paulinas, 1999.

DUPUIS, James. *Jesus Christ and His Spirit*. Nova Delhi: Theological Publications in India, 1976.

EVDOKIMOV, Paul. *O Espírito Santo na Tradição Ortodoxa*. São Paulo: Ave Maria, 1996.

FOLEY, Augusta E. El alumbrismo e sus possibles origines. In: Congreso de la Asociación Internacional de Hispanistas, 8, 1983, Providence. *Actas...* Madri: Rogar, 1986. 527-532. Disponível em: <http://cvc.cervantes.es/literatura/aih/pdf/08/aih_08_1_055.pdf>. Acesso em: 18 jul. 2016.

FRESTON, Paul. Breve história do pentecostalismo brasileiro. In: ANTONIAZZI, Alberto et al. *Nem anjos nem demônios: interpretações sociológicas do pentecostalismo*. Rio de Janeiro: Vozes, 1994, 67-159.

FREUD, Sigmund. Recordar, repetir e elaborar: novas recomendações sobre a técnica da psicanálise II. In: *Edição Standard Brasileira das Obras Psicológicas Completas de Sigmund Freud* [ESB]. Rio de Janeiro: Imago, s/d., vol. XII, 1996, 163-171.

GADAMER, Hans-Georg. *Verdade e método I: Traços fundamentais de uma hermenêutica filosófica*. 11. ed. São Paulo: Vozes, 2011.

GEFFRÉ, Claude. *Como fazer teologia hoje: Hermenêutica teológica*. São Paulo: Paulinas, 1989.

_____. *Crer e interpretar: a virada hermenêutica da teologia*. Petrópolis: Vozes, 2004.

_____. Teologia Natural. In: LACOSTE, Jean-Yves. *Dicionário crítico de Teologia*. São Paulo: Loyola, 2004, 1233-1235.

GELPI, Donald L. *The Divine Mother: A Trinitarian Theology of the Holy Spirit*. Lanham: University Press of America, 1984.

GIBELLINI, Rosino. *A teologia do século XX*. 2. ed. São Paulo: Loyola, 1998.

GRECH, P. Prospero. La nuova ermeneutica Fuchs ed Ebeling. In: Associazione BIBLICA ITALIANA. *Esegesi ed ermeneutica: atti dela XXI settimana bíblica*. Brescia: Paideia, 1972, 71-90.

GREISCH, Jean. *L'Age herméneutique de la raison*. Paris: Cerf, 1985.

_____. *Le buisson ardente et les lumières de la raison: l'invention de la philosophie de la religion*. Tome III — Vers un paradigm herméneutique. Paris: Cerf, 2004.

GRENZ, Stanley J. *Redescovering the Triune God: The Trinity in Contemporary Theology*. Minneapolis: Fortpress, 2004.

GRIDER, J. Kenneth. *Entire sanctification: The Distinctive Doctrine of Wesleyanism*. Kansas City: Beacon Hill, 1980.

GRONDIN. Jean. *Hermenêutica*. São Paulo: Parábola, 2012.

GUTIERREZ, Gustavo. *Teología de la liberación*. Lima: Centro de Estudios y Publicaciones, 1971.

HAUSOUL, Raymond R. An Evaluation of Jurgen Moltmann's Concept of Time and Space in the New Creation. *Journal of Reformed Theology*, Amsterdã, v. 7 n. 2, 2013, 137-159.

HEIDEGGER, Martin. *Ontologia: Hermenêutica da faticidade*. Petrópolis: Vozes, 2012.

_____. *Ser y Tiempo*. Santiago. Disponível em: <http://philosophia.cl>. Acesso em: 22 mar. 2018.

HILBERATH, Bernd Jochen. *Pneumatología*. Barcelona: Herder, 1996.

HURTADO, Manuel. *A Encarnação: Debate cristológico na teologia cristã das religiões*. São Paulo: Paulinas, 2012.

JACKSON, Thomas. *The Works of John Wesley*. 3. ed., v. 5. London: John Mason, 1829.

JAMES, Montague Rodhes. *The Apocryphal New Testament: Being the Apocryphal Gospels, Acts Epistles, and Apocalypses with Other Narratives and Fragments*. London: Clarendon, 1953.

JEANROND, Werner G. *Introduction a l'herméneutique théologique*. Paris: Cerf, 1995.

JEREMIAS, Joachim. *Estudos no Novo Testamento*. Santo André: Academia Cristã, 2006.

KANT, Immanuel. *Crítica da razão pura*. São Paulo: Ícone, 2007.

KÄRKKÄINEN, Veli-Matti. *Spirit and Salvation*. Michigan: Eerdmans, 2016.

_____. *The Trinity: Global Perspective*. London: WJK, 2007.

_____. *Trinity and Religious Pluralism: The Doctrine of Trinity in Christian Theology of Religions*. Aldershot: Ashgate, 2004.

_____. *Trinity and Revelation*. Michigan: Eerdmans, 2014.

KHODR, Georges. An Orthodox Perspective of Inter-Religious Dialogue. In: *Current Dialogue*, Geneva, n. 19, jan. 1991, 25-27.

_____. Christianity in a Pluralistic World: The Economy of the Spirit. In: *Ecumenical Review*, Geneva, v. 23, n. 2, abr. 1971, 118-128.

KÜNG, Hans. *Does God Exist? An Answer for Today*. New York: DoubleDay, 1980.

_____. *Ser Cristão*. Rio de Janeiro: Imago, 1974.

_____. *Aquilo em que creio*. Lisboa: Temas e Debates, 2014.

KUZMIC, Peter. A Croatian War-Time Reading. In: *Journal of Pentecostal Theology*, Cleveland, v. 2, n. 4, 1994, 17-24.

LACOSTE, Jean-Yves. *Dicionário crítico de Teologia*. São Paulo: Loyola, 2004.

LAPIDE, Pinchas; MOLTMANN, Jürgen. *Jewish Monotheism and Christian Trinitarian Doctrine: a Dialogue by Pinhcas Lapide and Jürgen Moltmann*. Philadelphia: Fortress Press, 1981.

LEON XIII, Papa. *Divinum illud munus*. Roma, 1897. Disponível em: <https://www.vatican.va/content/leo-xiii/es/encyclicals/documents/hf_l-xiii_enc_09051897_divinum-illud-munus.html>. Acesso em: 22 mar. 2018.

LAPOORTA, Japie J. An African Response. *Journal of Pentecostal Theology*, Cleveland, v. 2, n. 4, 1994, 51-58.

LOSSKY, Vladimir. *Théologie mystique de L'Église d'Orient*. Montainge: Aubier Éditions, 1944.

LOWEN, Alexandre. *Alegria: a entrega ao corpo e a vida*. São Paulo: Summus, 1997.

LUTERO, Martinho. *Obras selecionadas*, v. 4, São Leopoldo: Sinodal, 1993.

_____. *Vida em comunidade: Comunidade, ministério, culto, sacramentos, visitação, catecismo, hinos*. Obras selecionadas, 7. São Leopoldo: Sinodal, 2000.

_____. *Debates e Controvérsias, II*. Obras selecionadas, 4. São Leopoldo: Sinodal, 1993.

LYON, San Ireneo de. *Contra lós herejes*. Ciudad de México: CEM, 2000.

MACCHIA. Frank D. A North American Response. In: *Journal of Pentecostal Theology*, Cleveland, v. 2, n. 4, 1994, 25-33.

MARCUSE, H. Tolerância repressiva. Trad. Kathlen Luana Oliveira. In: *Revista Eletrônica do Núcleo de Estudos e Pesquisa do Protestantismo (NEPP) da Escola Superior de Teologia*, São Leopoldo, v. 12 (jan.-abr. 2007), 1-31.

MÁRQUES, Antonio. *Los alumbrados*. Salamanca: Taurus, 1972.

MEYENDORFF, Jean. *Introduction a l'étude de Grégoire Palamas*. Paris: Éditions du Seuil, 1959.

MEYENDORFF, John. *La Teologia Bizantina*. Casale Monferrato: Casa Editrice Marietti, 1984.

MIRANDA, Mario de França. Unidade na liberdade: a contribuição de Jürgen Moltmann para uma questão atual. In: *Caminhando*, São Paulo, v. 13, n. 22 (jul.-dez. 2008), 48-52.

MOLNAR, Paul D. The Function of the Trinity in Moltmann's Ecological Doctrine of Creation. *Theological Studies*, Califórnia, v. 51, n. 4 (dez. 1990), 673-697.

MOLTMANN, Jürgen. A Common Earth Religions: World Religions from an Ecological Perspective. In: *Ecumenical Review*, Geneva, v. 63, n. 1 (mar. 2011), 16-24.

_____. *A fonte da vida: O Espírito Santo e a teologia da vida*. São Paulo: Loyola, 2002.

_____. A justiça que promove a paz. In: *Concilium Brasil*, Petrópolis, n. 215 (jan. 1988), 113-125.

_____. A plenitude dos dons do Espírito e sua identidade cristã. *Concilium Brasil*, Petrópolis, n. 279 (1999), 46-52.

_____. A Response to my Pentecostal Dialogue Partners. *Journal of Pentecostal Theology*, Cleveland, v. 2, n. 4, 1994, 59-70.

_____. A unidade convidativa do Deus Uno e Trino. *Concilium Brasil*, Petrópolis, n. 197 (jan. 1985), 54-63.

_____. Christianity and the World Religions. In: HICK, John; Hebblethwaite, Brian (eds.). *Christianity and Other Religions*. Philadelphia: Fortress Press, 1981, 191-211.

_____. *Deus na criação: Doutrina ecológica da criação*. Petrópolis: Vozes, 1993.

_____. Direitos humanos, direitos da humanidade e direitos da natureza. *Concilium Brasil*, Petrópolis, n. 228 (mar. 1990), 135-152.

_____. Ecumenismo en el servicio al mundo. In: *Selecciones de Teología*. Barcelona, v. 12, n. 46 (abr.-jun.1973), 174-177.

_____. El Dios Crucificado. In: *Selecciones de Teología*. Barcelona, v. 12, n. 45 (ene.-mar. 1973), 3-14.

_____. El Espíritu Santo y la teologia de la vida. In: *Isidorianum*, Sevilla, v. 7, n. 14 (1998), 359-360.

_____. *Experiências de reflexão teológica: Caminhos e formas da teologia cristã*. São Leopoldo: Unisinos, 2004.

_____. Fundamentalismo e modernidade. *Concilium Brasil*, Petrópolis, n. 241 (maio 1992), 141-148.

_____. *God in Creation: An Ecological Doctrine of Creation*. London: SCM Press, 1985.

_____. God is Unselfish Love. In: COBB, John B.; IVES, Christopher (ed.). *The Emptying God: A Buddhist-Jewish-Christian Conversation*. New York: Orbis Books, 1990, 116-124.

_____. *History and the Triune God: Contributions to Trinitarian Theology*. New York: Crossroad, 1992.

_____. *Igreja no poder do Espírito*. Santo André: Academia Cristã, 2013.

_____. Is "Pluralistic Theology" Useful for the Dialogue of World Religions? In: D'COSTA, Gavin (ed.). *Christian Uniqueness Reconsidered: The Myth of a Pluralistic Theology of Religions*. New York: Orbis Books, 1990, 149-156.

_____. La fuerza reconciliadora de la Trinidad. *Selecciones de Teologia*, Barcelona, v. 23, n. 91 (jul.-sep. 1984), 223-234.

_____. *Le origini dela teologia dialettica*. Bréscia: Queriniana, 1976.

_____. *Nella storia del Dio trinitário: Contributi per uma teologia trinitária*. Brescia: Queniniana, 1993.

_____. *O caminho de Jesus Cristo: Cristologia em dimensões messiânicas*. Santo André: Academia Cristã, 2014.

_____. *O Deus crucificado: A cruz de Cristo como base e crítica da teologia cristã*. Santo André: Academia Cristã, 2014.

_____. *O Espírito da Vida: Uma pneumatologia integral*. Rio de Janeiro: Vozes, 2010.

_____. O Pai Maternal: O patripassianismo trinitário vencerá o patriarcalismo teológico? In: *Concilium*, Petrópolis, v. 163, n. 3 (1981), 60-66.

_____. Pensamientos sobre la história trinitária de Dios. *Selecciones de Teologia*. Barcelona, v. 16, n. 62 (1977), 147-159.

_____. Rezension Y. Congar, Der Helige Geist. ThLZ 108, 1983, 624-627.

_____. Situación de la teologia al final del siglo XX. In: *Catharginensia*. Murcia, v. 15, n. 28 (jul.-dic. 1999), 247-250.

_____. *Teologia da Esperança*: Estudos sobre os fundamentos e as consequências de uma escatologia cristã. São Paulo: Loyola, 2005.

_____. *The Trinity and the Kingdom of God*: The Doctrine of God. London: SCM Press, 1981.

_____. *Théologie de l'esperance*. Paris: Cerf, 1983.

_____. Theological Proposals Towards the Resolution of the *Filioque* Controversy. In: *Spirit of God, Spirit of Christ: Ecumenical Reflections on the Filioque Controversy*, n. 103. Geneva: World Council of Churches; London: WCC, 1981, 164-173.

_____. *Trindade e Reino de Deus: Uma contribuição para a teologia*. 2. ed. Petrópolis: Vozes, 2011.

_____. *Vida, esperança e justiça: Um testamento teológico para a América Latina*. São Bernardo do Campo: Editeo, 2008.

NIETZSCHE, F. FP 12: 7[60] Outono 1885-outono 1887.

OORT, Johannes van. The Holy Spirit as Feminine: Early Christian Testimonies and their Interpretation. In: *Hervormd Teologiese Studies*. Vol. 72 (1) 2016, 1-6.

ORTIZ VALDIVIESO, Pedro. *Dicionário do grego do Novo Testamento*. São Paulo: Loyola, 2008.

PANNENBERG, Wolfhart. *Systematic Theology*. V. 1. Michigan: William B. Eerdmans Publishing, 1991.

PELLETIER, Anne-Marie. *Bíblia e hermenêutica hoje*. São Paulo: Loyola, 2006.

PETERSON, Erik. *El monoteísmo como problema político*. Madrid: Trotta, 1999.

PINNOCK, Clark H. *Most Moved Mover: A Theology of God's Openness*. London: Paternoster Press, 2001.

_____ et al. *The Openness of God: A Biblical Challenge to the Traditional Understanding of God*. Illinois: IVP Academic, 1994.

_____. *Flame of Love: A Theology of the Holy Spirit*. Illinois: IVP Academic, 1996.

RACE, Alan. *Christians and Religious Pluralism: Patterns in the Christian Theology of Religions*. London: SCM Press, 1983.

RATZINGER, Joseph. *El Dios de Jesucristo: Meditaciones sobre Dios Uno y Trino*. 2. ed. Salamanca: Sígueme, 1980.

RICOEUR, Paul. *Réflexion faite: Autobiographie intellectuelle*. Paris: Éditions Esprit, 2005.

_____. *A hermenêutica bíblica*. São Paulo: Loyola, 2006.

_____. *Soi-même comme um autre*. Paris: Édition du Seuil, 1990.

RODRIGUES, Hillary. *Introducing Hinduism*. Abingdon: Routledge, 2006.

ROSENZWEIG, Franz. *The Star of Redemption*. Boston: Beacon, 1972.

RUETHER, Rosemary Radford. *Sexism and God-Talk: Toward a Feminist Theology*. Boston: Beacon, 1983.

RUSCONI, Carlo. *Dicionário do Grego do Novo Testamento*. São Paulo: Paulus, 2003.

SAMARTHA, Stanley J. *One Christ — Many Religions: Toward a Revised Christology*. New York: Orbis Books, 1991.

_____. The Holy Spirit and People of Other faiths. In: *The Ecumenical Review*, Geneva, v. 42, n. 4 (1990), 250-263.

_____. *Between Two Cultures: Ecumenical Ministry in a Pluralistic World*. Geneva: WCC, 1996.

SÃO VITOR, Ricardo de. *La Trinité*. Paris: Cerf, 1959.

SCHELLING, Friederich Wilhelm Joseph von. *Investigações filosóficas sobre a essência da liberdade humana e das questões conexas*. Petrópolis: Vozes, 1991.

SCHLEIERMACHER, Friederich Daniel Ernst. Sobre a religião: Discursos a seus menosprezadores eruditos. São Paulo: Novo Século, 2000, apud DREHER, Luiz H. *Numen: revista de estudos e pesquisa da religião*, Juiz de Fora, v. 4, n. 2, (2001) 169-175.

SCHWEITZER, Albert. *A busca do Jesus histórico*. São Paulo: Novo Século, 2005.

SEPÚLVEDA, Juan. The Perspective of Chilean Pentecostalism. *Journal of Pentecostal Theology*, Cleveland, v. 2, n. 4, 1994, 41-49.

SIECIENSKI, A. Edward. The *Filioque*: History of a Doctrinal Controversy. New York: Oxford, 2010.

SPANNEUT, Michel. *Os Padres da Igreja*. Séculos IV-VIII, v. 2. São Paulo: Loyola, 2002.

SPENER, Jacob Phillip. *Pia Desideria*. São Paulo: Encontrão, 1964.

STANILOAE, Dumitru. The Basis of our Deification and Adoption. In: VISCHER, Lukas (ed.). *Spirit of God, Spirit of Christ: Ecumenical Reflections on the Filioque Controversy*, n. 103. Geneva: World Council of Churches; London: WCC, 1981, 182-184.

_____. The Procession of the Holy Spirit from the Father and His Relation to the Son, as the Basis of our Deification and Adoption. In: VISCHER, Lukas (ed.). *Spirit of God, Spirit of Christ: Ecumenical Reflections on the Filioque Controversy*, n. 103. Geneva: World Council of Churches; London: WCC, 1981, 174-185.

STIBBE, Mark W.G. A British Apprasial. *Journal of Pentecostal Theology*, Cleveland, v. 2, n. 4, 1994, 5-16.

SUURMOND, Jean-Jacques. *Word and Spirit at play: Towards a Charismatic Theology*. London: SCM Press, 1994.

TILLICH, Paul. *Christianity and the Encounter of the World Religions*. New York: Columbia University Press, 1963.

_____. *Systematic Theology*. V. III, Toronto: The University of Chicago Press, 1963.

TOMÁS DE AQUINO. *Suma Teológica*. V. 1. São Paulo: Loyola, 2001.

VAINIO, Olli-Pekka. *Justification and Participation in Christ: The Development of the Lutheran Doctrine of Justification from Luther to the Formula of Concord* (1580). Studies in Medieval and Reformation Traditions, 130. Boston: Brill, 2008.

VELIQ, Fabrício. *A relação entre o Jesus histórico e o Cristo da fé no pensamento de Joseph Ratzinger*, 2014, 90 p. Dissertação (Mestrado em Teologia). Faculdade Jesuíta de Filosofia e Teologia: Belo Horizonte, 2014.

_____. Graça e livre-arbítrio: Uma contraposição entre Lutero e Agostinho. In: *Reveleteo*, São Paulo, v. 9, n. 16 (jul./dez. 2015), 180-187.

VERHEYDEN, J.; HETTEMA, T.L; VANDECASTEELE, P. (orgs.). *Paul Ricoeur: Poetics and Religion*. Coleção BETL. Leuven: Uitgeverij Peeters, 2011.

VISCHER, Lukas. The *Filioque* Clause in Ecumenical Perspective. In: Idem (ed.). *Spirit of God, Spirit of Christ: Ecumenical Reflections on the Filioque Controversy*, n. 103. Geneva: World Council of Churches; London: WCC, 1981, 1981, 3-18.

WARE, Kallistos. God Immanent yet Transcendent: The Divine Energies according to Saint Gregorio Palamas. In: CLAYTON, Philip; PEACOCKE, Arthur. *In Whom we lie and move and have our being: Panentheistic Reflections on God´s Presence in a Scientific World*. Cambridge: William B. Eerdmans Publishing Company, 2004, 163-164.

WEBER, Otto. *Grundlagen der dogmatik*. V. II. Wageningen: Neukirchen, 1962.

WELKER, Michael. *God the Spirit*. Minneapolis: Fortress Press, 1994.

WESLEY, John. Sermon on the Mount, Discourse III, I.11. Standard Sermons 1. In: SUGDEN, E.H. (org.). *The Standard Sermons of John Wesley*. London: Epworth Press, 1935, 356-378.

WOLFF, Robert Paul; MOORE JR., Barrington; MARCUSE, Herbert. *A Critique of Pure Tolerance*. Boston: Beacon Press, 1969.

YONG, Amos. *Beyond the Impasse: Toward a Pneumatological Theology of Religions*. Minnesota: Baker Academic, 2003.

_____. *Discerning the Spirit(s): A Pentecostal-Charismatica Contribution to Christian Theology of Religions*. Sheffield: Sheffield Academic Press, 2000.

_____. *Pneumatology and the Christian-Buddhist Dialogue: Does the Spirit blow through the Middle Way?* Boston: Brill, 2012.

_____. *The Spirit Poured out on all Flesh: Pentecostalism and the Possibility of Global Theology*. Michigan: Baker Academic, 2005.

_____. The Turn to Pneumatology in Christian Theology of Religions: Conduit or Detour? In: *Journal of Ecumenical Studies*, Philadelphia, v. 35, n. 3-4, Summer/Fall, 1998, 437-454.

Edições Loyola

editoração impressão acabamento
Rua 1822 n° 341 – Ipiranga
04216-000 São Paulo, SP
T 55 11 3385 8500/8501, 2063 4275
www.loyola.com.br